이 책에 쏟아진

★ 책장을 넘길수록 다음 이야기가 ▨▨▨▨ ▨▨▨▨ 뇌과학, 심리학, 문화인류학, 경제학, 생태학 등 탄탄한 이론▨ ▨▨를 바탕으로 '성공의 비밀'에 대한 독특하고 대중적인 사례를 분석한 보기 드문 역작! _〈뉴욕타임스〉

★ 위대한 지적 산물, 고급스러운 지식 유희를 즐길 준비가 되었는가? _〈타임〉

★ 세상을 보는 방식과 성공에 대한 담론을 완전히 뒤바꿔주는 매혹적인 책! _〈포춘〉

★ 《아웃라이어》를 기업에 적용하면 후천적 재능을 계발할 수 있도록 적극적으로 지원하는 회사가 마지막 경쟁우위를 선점할 수 있다는 교훈을 남긴다. _〈월스트리트저널〉

★ 글래드웰은 그동안 상상하지 못했던 흥미로운 방식으로 우리가 잘못 알고 있던 것들을 하나하나 뒤집는다. 이 책은 완벽한 성공작이다. _〈시카고 선타임스〉

★ 우리가 사는 세상과 우리 자신에 대한 놀라운 통찰로 가득하다. 무엇보다 정말 재미있다. _SALON.COM

★ 글래드웰은 여전히 천재적이다! 그가 연구한 성공에 대한 이야기는 일반인뿐 아니라 학계 전문가들을 매료시킨다. 이 책은 사회과학 연구의 돌무더기에서 건져 올린 완전하고 빛나는 보석이다. _하워드 가드너(하버드대학교 교육심리학 교수)

★ 《아웃라이어》는 자기계발서가 아니다. 글래드웰은 우리의 관심을 훨씬 더 근본적인 곳으로 이끌어간다. 우리가 성공에 대한 기존의 통념에 사로잡혀 있는 동안 얼마나 많은 원석이 발굴되지도 세공되지도 않은 채 사장된 것일까? 얼마나 많은 가능성이 무시당한 채 묻혔을까? 읽는 즐거움을 즐긴 다음에는 창의적 아이디어가 머릿속을 가득 채우는 특별하고 획기적인 경험을 하게 될 것이다. _데이비드 레온하르트(경제칼럼니스트)

아웃라이어
OUTLIERS

OUT LI ERS

성공의 기회를 발견한 사람들

아웃라이어

말콤 글래드웰 | **노정태** 옮김 | **최인철** 감수

김영사

아웃라이어

1판 1쇄 인쇄 2009. 1. 20.
1판 141쇄 발행 2018. 11. 12.
2판 1쇄 발행 2019. 4. 29.
2판 11쇄 발행 2024. 7. 26.

저자 말콤 글래드웰
역자 노정태
감수 최인철

발행인 박강휘
편집 심성미 | 디자인 조명이
발행처 김영사
등록 1979년 5월 17일(제406-2003-036호)
주소 경기도 파주시 문발로 197(문발동) 우편번호 10881
전화 마케팅부 031)955-3100, 편집부 031)955-3200 | 팩스 031)955-3111

값은 뒤표지에 있습니다.
ISBN 978-89-349-9534-0 03320

홈페이지 www.gimmyoung.com   블로그 blog.naver.com/gybook
인스타그램 instagram.com/gimmyoung   이메일 bestbook@gimmyoung.com

좋은 독자가 좋은 책을 만듭니다.
김영사는 독자 여러분의 의견에 항상 귀 기울이고 있습니다.

아웃라이어

out · li · er/-,li(-ə)r/ 명사

1. 본체에서 분리되거나
   따로 분류되어 있는 물건.

2. 표본 중 다른 대상들과
   확연히 구분되는 통계적 관측치.

성공에 대한 혁명적 담론,
신화를 뒤집는 깊이 있는 통찰

2006년 5월 27일 토요일 저녁 5시 30분.

뉴욕 메리어트 호텔의 브로드웨이 볼룸(Broadway Ballroom). 수백 명의 심리학자들이 그날 밤의 주인공을 숨죽이며 기다리고 있었다. 마침내 작은 키에 곱슬머리, 약간 검은 얼굴에 유난히는 반짝이는 눈동자를 지닌 그가 연단에 나타났다.

말콤 글래드웰

『티핑포인트』와 『블링크』를 통해 그 어떤 심리학자보다 심리학의 대중화를 이끈 장본인이기에 그 자리에 있던 모든 사람들이 감사와 존경에서 우러나오는 기립박수를 멈추지 않았다. 나는 그날 저녁 그 수많은 심리학자들 틈에서 그의 강연을 듣는 영광을 누렸다. 우리 시대 최고의 저널리스트이자 이야기꾼의 입에서 흘러나온 것은 바로 이 책『아웃라이어』의 서곡이었다. 당시 글래드웰은 '아웃라이어'라는 말을 한 번도 사용하지 않았지만, 『아웃라이어』의 탄생을 은밀하게 그러나 확신에 찬 어조로 예고했다.

"어린 시절의 천재성은 어른이 된 후의 성공을 보장하지 않는다."
"성공은 무서운 집중력과 반복적 학습의 산물이다."

3년 후 우리 앞에 정식으로 모습을 드러낸 『아웃라이어』는 글래드웰의 지적 진화를 증명한다. 『블링크』가 직관적 판단의 위력을 다룬 '개인'에 관한 이야기라면, 『아웃라이어』는 개인을 넘어선 '문화'에 관한 이야기이다. 『블링크』가 상상력을 자극하는 심리학 연구들을 소개하여 독자들을 흥분만 시켰다면, 『아웃라이어』는 우리들로 하여금 '생각'을 하게 한다. 지금까지와는 전혀 다른 각도에서 탁월함과 성공, 그리고 천재성에 대하여 고민하게 하는 것이다. 그것도 아주 깊이…….

컴퓨터 황제 빌 게이츠, 프로그래밍 귀재 빌 조이, 록의 전설 비틀스, 뉴욕 변호사 계의 거물 조셉 플롬…….

보통 사람들의 범주를 뛰어넘은 이 아웃라이어들이 성공할 수 있었던 결정적 비밀은 무엇일까? 지금껏 수많은 책들이 이들의 성공에 대해서 이야기해왔는데, 도대체 왜 글래드웰은 이들에 관한 또 한 권의 책을 내놓은 것일까? 후속작에 대한 세상의 기대 때문에 누구보다 고민했을 글래드웰이 왜 다시 '성공'에 대해서 논하려고 하는 것일까? 그동안 우리가 알고 있던 성공 담론에 무슨 결정적 결함이 존재하기에 자칫 평범한 자기계발서 정도로 오해 받을 수도 있는 위험을 무릅쓴 것일까?

그 이유를 제대로 음미하기 위해서는 아리스토텔레스, 갈릴레오, 그리고 리처드 니스벳. 이 세 사람에 대해 알아야 한다.

아리스토텔레스 VS 갈릴레오

돌을 손에 쥐고 있다가 공중에서 놓으면 땅에 떨어지는 이유에 대해 아리스토텔레스는 돌 자체에 '중력(gravity)'이라는 특성이 있기 때문이라고 설명한다. 돌 자체에 떨어지는 특성이 있다는 것이다. 반면 갈릴레오는 돌이 떨어지는 이유를 돌과 전체 장(場) 사이의 '관계'로 설명한다. 돌 자체보다는 맥락을 봐야 한다는 것이다.

아리스토텔레스적 관점과 갈릴레오적 관점의 대립은 사람의 행동을 설명하는 방식에도 적용된다. 철수가 친절한 행동을 하는 이유에 대해 '철수가 친절하기 때문이다'라는 아리스토텔레적인 설명이 한 편에 있고, 그 대척점에는 '철수가 속한 상황 때문이다'라는 갈릴레오적 설명이 존재한다.

이 책에서 글래드웰은 이러한 '사람(Person) 대 상황(Situation)' 논쟁을 성공의 영역으로 가져왔다. 이 책은 그동안 우리가 보지 못했던 성공의 색다른 측면을 제시한다. 책을 덮는 시점에 우리는 세상을 보는 시각이 바뀐 것을 느끼게 될 것이다. 아리스토텔레스적인 설명에 사로잡혀있던 사람들에게 갈릴레오적 설명이 혁명 그 자체였듯, 성공 담론에 있어서『아웃라이어』는 가히 혁명적이라고 할 수 있다. 물론『아웃라이어』의 주장이 전혀 새로운 것은 아니다. 얼핏 보면 우리가 이미 알고 있던 내용들을 다시 한 번 정리한 것이라고 느낄 수도 있다. 하지만 여기에 글래드웰의 진가가 있다. 글래드웰은 우리가 이미 알고 있다는 사실, 그래서 당연한 것이라고 느끼는 것들을 새롭게 조명하는 데 있어서 가히 천재적이다.

리처드 니스벳 교수

글래드웰은 감사의 글 첫 머리에서『아웃라이어』가 탄생할 수 있었던 배경에 대해 설명하며, 가장 큰 공을 사회심리학자인 리처드 니스벳 교수에게 돌리고 있다.『생각의 지도』로 국내에도 잘 알려진 니스벳 교수와 글래드웰은 도대체 어떠한 지적 연결 고리를 가지고 있는 것일까? 바로 '문화'이다. 니스벳 박사는 우리가 생각하는 것 이상으로 개인의 사고방식과 행동양식에 문화가 결정적 영향을 끼친다는 점을 절묘한 실험들을 통해 증명해냈다. 니스벳 박사의 연구로부터 받은 영감이 바로 이 책을 탄생시킨 것이다.

그렇다면『아웃라이어』가 21세기 한국 사회에 던지는 도전과 메시지는 무엇인가? 나는 그것을 다음과 같이 세 가지로 정리했다.

첫째, 우리도 '아웃라이어'가 될 수 있다는 사실과 이를 위한 구체적인 방법을 제시한다. 자기 분야에서 최소한 1만 시간 동안 노력한다면, 누구나 아웃라이어가 될 수 있다는 것이다. 1만 시간이 별 것 아닌 것 같지만 매일 하루도 빼놓지 않고 3시간씩 연습한다고 가정했을 때, 10년을 투자해야 하는 엄청난 시간이다. 1만 시간의 노력을 다할 때 비로소 우리 뇌는 최적의 상태가 된다. 글래드웰은 우리가 성공에 대한 잘못된 신화(Myth)에 얽매여 있다고 주장한다. 그것은 바로 가장 똑똑하고 영리한(The best and brightest) 사람이 정상에 오른다는 신화이다. 그래서 보통 사람들의 범주를 벗어난 성공을 이룬 사람들, 즉 아웃라이어를 논할 때 그 사람의 지능을 가장 궁금해 한다. 이 신화에 따라 사회는 사람들의 IQ를 측정하고 그에 의거해 사람들을 선발하고 차별한다. 그러나 글래드웰에 따르면 아웃라이어가 되는데 필요한 제1 요인은 천재적 재능이 아니라 소위 '1만 시간의 법칙'이라고 불리는 쉼 없는 노력이다.

둘째, 기업을 경영하는 CEO의 경우 직원들에게, 아이를 키우는 부모의 경우 자녀들에게 후천적 재능과 가능성을 꾸준히 계발할 수 있도록 충분히 시간을 줄 것을 요구한다. 짧은 시간의 성과를 바탕으로 성공 가능성 여부를 판단하지 말고, 그들이 1만 시간의 노력을 실천할 수 있도록 기회를 주고 기다릴 것을 당부하는 것이다. 일이나 공부에서 보람과 가치, 재미와 의미를 느끼고 1만 시간을 투자한다면 그들은 분명 기대하는 성과를 창출하는 21세기 아웃라이어로 거듭날 것이다.

마지막으로 『아웃라이어』는 한국 사회를 향해 노벨상의 업적을 만들어 낼 천재를 무작정 기다릴 것이 아니라, 그런 아웃라이어들을 만들어낼 수 있는 문화적 유산과 기회를 제공할 것을 주문한다. 아웃라이어의 출현만을 꿈꾸지 말고, 한국 사회 자체가 아웃라이어가 될 것을 요구하는 것이다. 진정한 아웃라이어는 개인이 아니라 문화이기 때문이다.

서울대 심리학과 교수
최인철

로제토의 수수께끼

"그들은 제 수명을 다하고 늙어서 죽었다. 그게 전부다."

● ● ● ● ●

**일반적인 규칙을 넘어서는
그 무엇, 아웃라이어** 로마에서 동남쪽으로 100마일 정도 떨어진 이탈리아 포자(Foggia)지방의 아펜니노(Appennino)산맥 기슭에는 로제토 발포르토레(Roseto Valfortore)라는 작은 마을이 자리 잡고 있다. 중세시대의 중후한 멋이 물씬 풍기는 그 마을의 중앙에는 거대한 광장이 있고, 광장이 마주보이는 곳에 그 지역 최대 지주인 사게세가(Saggese 家)의 마르케살레(Marchesale) 궁이 웅장하게 서 있다. 궁의 아치 밑으로 이어진 길을 따라가면 마돈나 델 카르미네(Madonna del Carmine), 즉 '카르미네산의 성모'라는 이름의 교회가 나온다. 그리고 언덕을 따라 낮게 깔린 돌계단 양쪽으로는 붉은 타일로 지붕을 댄 석제 이층집이 다닥다닥 붙어 있다.

그곳에 사는 로제토의 농노들은 수세기 동안 도시를 둘러싼 언덕의 대리석 채석장에서 일하거나 계곡에서 농사를 지으며 입에 풀칠을 했다. 일터가 멀리 떨어져 있던 탓에 아침 일찍 일어나 7~8킬로미터를 걸어 산을 내려갔다가 해가 지면 다시 그 길을 돌아와야 하는 그들의 삶은 고통스럽고 고된 것이었다. 대다수가 문맹이었던 그들은 절망적일 정도로 가난했고, 19세기 말 바다 건너에 기회의 땅이 있다는 말이 들려오기 전까지는 경제적으로 나아지리라는 희망도 없이 살아왔다.

1882년 1월, 삶의 무게에 짓눌려 표정이 일그러진 열 명의 남자와 한 명의 소년이 가슴 속에 실낱같은 희망을 품고 뉴욕으로 가는 배에 몸을 실었다. 가까스로 미국에 도착한 그들은 첫날밤을 '맨해튼의 리틀 이탈리아'라고 불리는 멀버리(Mulberry) 근처의 술집 바닥에서 아무렇게나 쓰러져 잤다. 그들은 다음날부터 닥치는 대로 일거리를 찾았고, 뉴욕으로부터 서쪽으로 145킬로미터나 떨어진 펜실베이니아 뱅고어(Bangor) 인근의 함석 채석장에서 겨우 일자리를 구했다.

그 이듬해에는 열다섯 명의 로제토 사람들이 미국으로 건너왔고 그들 중 상당수가 뱅고어로 와서 지난해에 도착한 고향 사람들과 합류했다. 신세계에서 새로운 희망을 꿈꾸는 이들 이민자에 대한 이야기는 속속 로제토로 전해졌고, 로제토 사람들은 떼를 지어 펜실베이니아로 향했다. 1894년 한 해만 해도 1,200명의 사람들이 고향 거리를 통째로 비워버리고 미국에서 여권에 도장을 찍었다.

로제토 사람들은 가파르고 울퉁불퉁하긴 해도 수레가 다니는 길이 뱅고어까지 이어진 언덕배기 주변의 땅을 사들이기 시작했다. 그리고 고향에서와 마찬가지로 언덕을 오르내리는 좁다란 길 양쪽으로 함석 지붕을 얹은 이층집을 다닥다닥 지었다. 언덕의 중심부에는 교회를 지어 '카르멜산의 성모(Our Lady of Mount Carmel)'라는 이름을 붙였으며, 그 교회를 중심으로 이어진 거리를 이탈리아 통일운동에 헌신한 영웅의 이름을 따 '가리발디로(Garibaldi 路)'라고 불렀다. 이렇게 형성된 마을은 처음에 '뉴이탈리아'라고 불렸지만 곧 '로제토'로 바뀌었다. 대부분의 거주자가 이탈리아의 한 마을에서 건너왔다는 것을 고려하면 꽤 적합한 이름이라고 할 수 있다.

1896년, 새로운 삶을 개척하는 그들의 고단한 일상에 변화가 찾아들었다. '파스쿠알레 드 니스코(Pasquale de Nisco)'라는 열정적인 젊은 신부가 새로 부임해 카르멜산의 성모 교회를 맡게 되었던 것이다. 그는 마을 사람들에게 마을을 깨끗이 치우도록 권하고 씨앗과 구근을 나눠주며 양파, 콩, 감자, 멜론, 그밖에 과일나무를 집 뒷마당에 심게 했다. 그뿐 아니라 마을 사람들이 기쁜 마음으로 종교생활을 하도록 이끄는 동시에 그들의 지친 심신을 달래줄 축제도 열었다.

그의 열정에 서서히 마음을 열게 된 로제토 사람들은 뒷마당에 돼지를 치고 집에서 와인을 담그기 위해 포도나무를 가꾸기 시작했다. 이어 학교, 공원, 수녀원, 공동묘지가 만들어졌고 가리발디로에는 작은 상점과 빵집, 식당, 술집이 문을 열었다. 또한 시장에 내다 팔 블라우스를 만드는 옷 공장이 열두개나 넘게 들어섰다.

뱅고어의 이웃에는 웨일스인과 영국인이 주로 살았고 옆 마을에는 독일인이 압도적으로 많았다. 그 시절에는 영국인과 독일인, 이탈리아인의 교류가 활발하지 않았기 때문에 로제토는 그저 이탈리아인의 마을로만 남아 있었다. 만약 누군가가 1900년대 초에 펜실베이니아의 로제토 거리를 헤맸다면, 사방에서 들려오는 언어는 대개 이탈리아 남부 로제토 지방의 사투리였을 것이다.

이처럼 펜실베이니아의 로제토는 비록 규모는 작았지만 나름 자신들의 전통을 이어가고 있었다. 적어도 스튜어트 울프(Stewart Wolf)라는 남자가 도착하기 전까지는 주변 세상에 전혀 알려지지 않았다. 당시 소화기와 위장을 연구했던 울프는 오클라호마 대학 의대에서 강의를 하는 의사였다. 어느 날 울프는 로제토에서 멀지 않은 펜실베이니아의 한 농장에서 여름을 보내고 있었다. 물론 로제토 사람들은 옆 마을에 전혀 관심이 없었기 때문에 그가 그곳에 와 있다는 것도 알지 못했고 또한 그것이 그들에게 어떤 의미를 지니는지도 몰랐다.

훗날 울프는 인터뷰에서 이렇게 말했다.

"1950년대 후반쯤이었던 것 같습니다. 그곳에 여름을 보내러 갔다가 지역의료사회의 초청을 받아 강연을 하게 되었죠. 강연이 끝나고 그 지역의 의사 한 분이 맥주나 한잔 하자고 하더군요. 그 자리에서 저는 깜짝 놀랄 만한 얘기를 들었습니다. 그 의사가 '저는 이곳에서 17년간 일해 왔어요. 그동안 숱한 환자를 돌봐왔는데 이상하게도 로제토 지역에 사는 65세 미만 사람들 중에 심장마비 환자가 거의 없었습니다'라고 하더군요."

1950년대라면 콜레스테롤 저하제와 심장병 예방을 위한 적극적인 치료법이 개발되기 전이었으므로 울프가 놀라는 것은 당연했다. 안타깝게도 당시 미국에서는 심장마비가 65세 미만 남성의 사망원인 중 선두를 달리고 있었다. 따라서 상식적으로 의사가 특정 지역에서 심장마비 환자를 만나지 않는 것은 거의 불가능한 일이었다.

울프는 오클라호마 대학의 학생과 동료 연구진의 지원을 받아 즉각 조사에 착수했다. 최대한 오랜 시기로 거슬러 올라가 사망증명서를 확인한 그들은 의학적 역사를 추적하는 동시에 가계도를 구성해 분석했다.

"우리는 예비 연구(preliminary study)를 하기로 결정했고 1961년부터 작업을 시작했습니다. 시장님의 누이 네 명도 우리를 적극 도왔고 시장님은 시 의회실까지 내주었죠. 우리는 채혈을 하고 심전도를 기록할 수 있는 작은 부스들을 마련했습니다. 한 4주간 그곳에 있었던 것 같습니다. 그런 다음 마을의 지도자들을 만나 대화를 했는데, 그들은 우리가 여름 동안 학교를 사용할 수 있도록 해줬습니다. 덕분에 로제토의 모든 사람이 테스트를 받으러 올 수 있었죠."

결과는 충격적이었다. 로제토에서 55세 이하는 누구도 심장마비로 죽지 않았을 뿐더러 심장질환의 흔적조차 보이지 않았다. 65세 이상의 경우에도 로제토의 심장마비 사망률은 미국 전역에 비해 절반 수준에 불과했다. 아니, 모든 사망원인을 종합했을 때 로제토의 사망률은 기대치보다 30∼35퍼센트 낮았다.

　울프는 오클라호마 대학의 사회학자인 존 브룬(John Bruhn)에게 도움을 요청했다. 브룬은 당시에 자신이 어떤 일을 했는지 들려주었다. 그로부터 45년이 지났지만 그는 자신이 발견한 것을 설명하며 여전히 들뜬 목소리였다.

　"당시에 학생들이 일일이 가정방문을 해서 스물한 살 이상의 모든 로제토 사람들과 인터뷰를 했습니다. 그들은 부유하게 살진 않았지만 알코올중독자나 약물중독자가 없었고 자살률과 범죄율도 매우 낮았지요. 우리는 펩신성 궤양(peptic ulcer: 위장관에서 발생한 궤양)도 조사해봤는데, 어떤 종류의 궤양도 발견되지 않았어요. 로제토 사람들은 말 그대로 제 수명을 다하고 늙어서 죽었습니다. 그게 전부였죠."

　울프가 말하는 로제토는 미국인의 일상적인 경험을 넘어서는 곳, 일반적인 규칙이 적용되지 않는 곳이었다.

　한마디로 로제토는 아웃라이어(outlier)였다.

**건강의
조건**　울프가 처음으로 떠올린 생각은 로제토 사람들이 여느 미국인과 달리 유럽에서 먹던 식단을 그대로 유지하지 않을까 하는 것이었다. 조사결과 그렇지 않다는 것이 밝혀졌다. 로제토 사람들은 이탈리아에서 먹던 건강에 좋은 올리브유 대신 식용 돼지기름으로 요리를 했다. 이탈리아에서는 소금, 기름, 약간의 토마토, 엔초비, 혹은 양파를 얹어

바삭바삭 구운 피자를 먹었지만 펜실베이니아에서는 넓은 빵 위에 소시지, 페퍼로니, 살라미, 햄, 그리고 가끔 계란을 얹은 피자를 먹었다. 또한 이탈리아에서는 비스코티쿠키나 타랄리(스낵의 일종) 같은 단것을 부활절에만 먹었으나 로제토로 온 다음에는 1년 내내 먹었다.

울프는 영양사와 함께 로제토 사람들의 식습관을 분석한 다음, 그들이 칼로리의 41퍼센트 이상을 지방에서 섭취한다는 사실을 알아냈다. 더욱이 그 마을 사람들은 새벽에 일어나 요가를 하거나 조깅을 하지도 않았다. 건강에 신경 쓰기는커녕 오히려 담배를 뻑뻑 피워댔고 비만과 맞서 싸우느라 허덕이고 있었다.

식생활과 운동이 심장마비 사망률을 설명해주지 못한다면 유전은 어떨까? 로제토 사람들이 이탈리아의 한 지역에서 건너온 가까운 혈족집단이었기 때문에 울프는 그들에게 심장마비를 막아주는 특별한 유전적 요소가 있는 것은 아닌지 의심했다. 그는 미국의 다른 지역에 흩어져 사는 이탈리아 로제토 출신 사람들을 추적해 그들 역시 낮은 심장마비 사망률을 보이고 있는지 조사했다. 그런데 결과는 전혀 그렇지 않았다.

울프는 로제토 사람들이 살고 있는 지역을 살펴보았다. 혹시 펜실베이니아 동부의 언덕배기에 사는 것이 건강에 좋은 영향을 미치는 것은 아닐까? 로제토에서 가장 가까운 두 마을은 언덕 바로 밑에 있는 뱅고어와 몇 마일 떨어진 나자레스였다. 두 마을 모두 로제토와 면적이 비슷했고 또한 비슷한 수의 유럽 이민자가 힘들게 일하며 살고 있었다.

울프는 두 마을의 의료기록을 샅샅이 훑어보았다. 65세 이상의 경우 나자레스와 뱅고어에서 심장마비로 인한 사망률은 로제토에 비해 세 배나 높았다. 또 한 번의 헛발질이었다.

이 수수께끼의 해답은 과연 무엇일까? 울프는 그 해답이 식생활이나 운동, 유전, 지역에 있지 않다는 것을 깨달았다. 비밀은 로제토 마을 자체에 있었다. 브룬과 울프는 마을을 거닐다가 우연히 그 이유를 발견하게 되었다. 그들은 로제토 사람들이 서로를 방문하고 길을 걷다가 멈춰 서서 잡담을 나누며 뒤뜰에서 음식을 만들어서 나눠먹는 모습을 보았다. 그들은 그 마을의 사회적인 구조 밑에 깔린 일종의 '확장된 가족집단'에 대해 알게 된 것이다.

로제토 마을에는 한 지붕 아래 3대가 모여 사는 집이 꽤 많았고 나이든 사람들이 젊은 사람들로부터 존경을 받고 있었다. 또한 그들은 카르멜산의 성모 교회가 사람들을 결속시키고 마음의 평화를 가져다준다는 것을 알게 됐다. 더욱이 고작 2,000여 명이 사는 마을에 시민의 모임이 스물두 개나 되었고, 이들 공동체의 평등주의적인 정서가 부유한 사람들로 하여금 거들먹거리지 못하게 하고 가난한 사람들을 돕는 역할을 하고 있었다.

이탈리아 남부의 농노문화를 펜실베이니아 동부 언덕으로 옮겨온 로제토 사람들은 현대사회의 압박으로부터 스스로를 지켜내기에 충분할 만큼 강력한 사회적 안전망을 구축했던 것이다. 한마디로 로제토 사람들은 스스로 만들어낸 언덕 위의 작은 세계 덕분에 건강할 수 있었다.

브룬은 로제토 마을을 처음으로 찾아갔던 날을 떠올렸다.

"로제토에 처음으로 갔던 날 3대가 모여앉아 식사하는 모습, 사람들이 거리를 오가는 모습, 그리고 현관 앞 의자에 앉아 잡담을 나누는 모습을 볼 수 있었죠. 여자들은 하루 종일 블라우스 공장에서 일했고 남자들은 함석 채석장에서 일했습니다."

브룬과 울프는 자신들이 발견한 이 마법 같은 일을 의료계에 발표했다. 그러나 그들은 무슨 생뚱맞은 소리냐는 반응만 얻었을 뿐이다. 동료들이 복잡한 표에 담긴 긴 데이터를 제시하며 이런 유전자와 저런 신체적 과정을 설명하는 자리에서, 사람들이 거리에 서서 대화를 나누고 3대가 한 지붕 아래 사는 것이 낳는 마법 같은 의학적 혜택을 말했으니 그도 그럴 만했다.

당시에는 '장수는 우리가 어떤 유전자를 갖고 있느냐에 좌우된다'는 생각이 지배적이었다. 또한 장수는 우리가 내리는 결정, 식습관, 운동, 적절한 치료에 좌우되는 것으로 여겨졌다. 어느 누구도 건강을 공동체라는 개념과 더불어 생각하지 않았다.

울프와 브룬은 건강과 심장마비의 관계를 설명하며 동료 의료진을 완전히 다른 방향에서 설득해야만 했다. 그들이 고립된 한 개인의 선택이나 행동만 바라보고 있는 한, 누가 왜 건강한지를 이해할 수 없을 것이라는 점을 납득시켜야 했던 것이다. 의료계는 개인 너머를 바라봐야만 했다. 또한 환자가 속한 문화를 이해해야 했고 그들의 친구와 가족이 누구인지, 그들의 가족이 어떤 마을 출신인지 알아야 했다. 나아가 의료계는 우리가 살고 있는 세계의 가치관과 우리를 둘러싸고 있는 사람들이 미치는 엄청난 영향력을 인정해야 했다.

이 책을 통해 나는 스튜어트 울프가 건강에 대한 이해를 넓혀준 것과 마찬가지로, 성공에 대한 이해를 확장하고자 한다.

차례

① OPPORTUNITY 기회

4장 ⬤ 랭건과 오펜하이머의 결정적 차이

"장기간의 협상 끝에 오펜하이머의 정학 처분이 결정되었다."

5장 ⬤ 조셉 플롬에게 배우는 세 가지 교훈

"메리는 25센트만 받았다."

LEGACY 유산

P

1부
기회

1장

마태복음 효과
The Matthew Effect

"무릇 있는 자는 받아 풍족하게 되고 없는 자는
그 있는 것까지 빼앗기리라."
— 마태복음 25장 29절

미스터 하키로
성공하는 법　　2007년 5월의 어느 따뜻한 봄날, 캐나다 밴쿠버에서
열린 메모리얼컵 하키 챔피언십에서 숙명의 라이벌 메디슨 햇 타이거스
와 밴쿠버 자이언츠가 만났다. 타이거스와 자이언츠는 캐나다 하키리그
에서 가장 뛰어난 두 팀으로, 그 리그는 세계에서 가장 훌륭한 주니어 하
키리그이다. 그 리그에 참가하는 선수들은 막 걸음마를 떼자마자 스케이
트를 타고 퍽(아이스하키의 공)을 때려온 17~19세 청소년들로, 아이스
하키의 미래를 짊어질 스타이다.

　밴쿠버 시내의 가로등마다 메모리얼컵 깃발이 내걸리고 경기장은
초만원을 이룬 가운데, 빙상 위에 깔린 긴 레드카펫이 화면에 등장하
는 것을 시작으로 캐나다 국영방송이 중계를 시작했다. 브리티시 컬럼
비아주의 수상 고든 캠벨(Gordon Campbell)이 등장하는가 싶더니 곧
바로 장내 아나운서의 목소리를 깔아뭉갤 만한 엄청난 박수소리와 함

께 위대한 하키선수 고디 호위(Gordie Howe)가 걸어 나왔다. 아나운 서는 고래고래 소리를 질러댔다.

"신사 숙녀 여러분, 미스터 하키입니다!"

드디어 경기는 시작됐고 두 팀은 60분간 열정적으로 공격을 퍼부 어가며 수많은 환호성을 불러일으켰다. 첫 득점은 밴쿠버의 것이었 다. 2피리어드˚ 초반부에 마리오 블리즈낙(Mario Bliznak)이 리바운드 를 받아 골을 넣었던 것이다. 메디슨 햇의 차례는 2피리어드 늦게야 찾아왔고 팀의 최고 득점 선수 대런 헬름(Darren Helm)이 밴쿠버의 골 키퍼 타이슨 섹스스미스(Tyson Sexsmith)를 빠르게 가로지르는 숏을 찔러 넣었다. 하지만 밴쿠버는 3피리어드에 또다시 한 발 앞서나갔고 그게 게임의 결정 골이었다. 절망에 빠진 메디슨 햇이 골키퍼를 교체 할 때 밴쿠버는 세 번째 득점을 했다.

게임이 끝난 후, 선수들과 그 가족 그리고 전 세계에서 몰려온 스포 츠중계 리포터들이 승리팀의 라커룸으로 몰려들었다. 라커룸은 담배 연기와 샴페인, 땀에 전 하키 보호구 냄새로 가득했고 벽에는 손으로 쓴 현수막이 걸려 있었다.

"고통을 즐겨라."

◎ 아이스하키는 여섯 명으로 구성된 두 팀이 스틱으로 퍽을 쳐서 상대팀의 골에 넣는 스포츠로 20분씩 3 피리어드의 경기규칙이 적용된다. 휴식시간은 보통 5분이다.

라커룸의 한가운데에 서 있던 자이언츠의 코치 돈 헤이어스(Don Hayes)의 눈가에 물기가 어려 있었다.

"이 녀석들이 정말 자랑스럽습니다. 라커룸을 둘러보세요. 전심전력으로 노력하지 않은 녀석은 한 명도 없습니다."

캐나다를 중심으로 발전한 아이스하키는 캐나다 사람들에게 매우 각별한 스포츠다. 그곳에서는 수천 명의 소년이 유치원에 들어가기 전부터 이미 아마추어 수준의 플레이어가 된다. 그 나이또래부터 매 연령층에 리그가 있으며 각 리그는 다음 단계를 위해 소년들을 선별하고 다듬는다. 10대 중반에 이른 선수들이 주니어 단계에 오르면 그들은 네 갈래로 나뉘게 된다.

우선 재미로 하는 사람들을 위한 하우스리그가 있다. 그리고 지역팀 단위로 구성된 주니어 B하키가 있으며, 이보다 한 발 앞서나간 것이 주니어 A하키다. 그 다음이 메이저주니어 A리그인데 이것이 바로 피라미드의 정점이다. 따라서 누가 어떤 메이저주니어 A리그 팀에 속해 메모리얼컵에 나갔다면 이는 그가 최고의, 최고의 최고 수준에 올랐다는 것을 뜻한다.

대부분의 스포츠는 미래의 유망주를 이런 방식으로 선별한다. 유럽과 남미에서 축구리그가 구성되는 것도 그렇고 올림픽 육상선수가 발탁되는 과정도 마찬가지다. 클래식 음악계에서 미래의 명연주자를 골라내는 방식이나 발레계에서 미래의 발레리나를 뽑는 방식, 교육계에서 미래의 과학자와 지식인을 길러내는 방식도 크게 다르지 않다.

메이저주니어 A리그에 발탁되기 위해 돈이 필요한 것은 아니다. 아버지와 어머니 혹은 할아버지가 누구냐 하는 것은 전혀 고려 대상이 아니다. 캐나다의 최북단에 떨어진 후미진 마을에 살고 있다는 것도 문제가 안 된다. 능력이 있으면 재능 있는 사람을 찾고자 두 눈을 부릅뜬 하키 스카우터의 광대한 네트워크가 그를 찾아낼 것이고, 능력을 계발하려는 의욕을 보이기만 하면 시스템에 따라 보상을 받게 된다.

바로 이것이 중요하다. 선수들은 다른 누구도 아닌 자기 자신의 게임 수행 성과와 잠재력에 따라 평가를 받는다. 하키선수로 성공하는 것은 개인적인 성취에 달려 있으며 어떤 임의적인 요소에 좌우되지 않는다.

그런데 정말 그럴까?

**법칙에
돌을 던져라**　　　　이 책은 과학자들이 아웃라이어라고 부르는, 다시 말해 보통사람의 범위를 뛰어넘는 이들에 대한 얘기다. 행동과 사고방식이 평범한 수준을 넘어서는 그런 사람들 말이다. 책의 내용이 전개될수록 여러분은 아웃라이어들을 종류별로 만나보게 될 것이다. 천재를 비롯해 로버 배론(Robber Barons: 헨리 포드, 앤드루 카네기, 존 록펠러처럼 경제를 일궈낸 역사의 주역이자 한 시대를 풍미한 거부들 -역주), 록 스타, 컴퓨터 해커들이 화려하게 지면을 장식하고 있다.

뿐만 아니라 이름난 변호사의 비밀을 파헤치고 비행기를 추락시키는 조종사와 최고의 파일럿의 차이, 그리고 왜 아시아인이 수학을 잘하는지도 살펴볼 것이다. 결론적으로 우리 주변에 사는 기술 좋고 재능이 뛰어나며 추진력 있는 특별한 사람들을 검토하면서 나는 한 가지 간단한 주장을 내놓을 계획이다.

"우리가 성공에 대해 알고 있는 것은 전부 틀렸다!"

성공한 사람을 만나면 어떤 질문을 던지고 싶은가? 그들이 누구인지, 어떤 성격인지, 얼마나 똑똑한지, 어떤 특별한 재능을 타고났는지, 어떤 식으로 생활하고 있는지 궁금한가? 물론 궁금할 것이다. 그런데 우리는 그 대답을 듣기도 전에 어떤 개인적인 특성이 그 사람이 정상에 오르는 이유를 설명해줄 거라고 가정해버린다.

매년 출간되는 백만장자, 기업가, 록 스타, 유명인사의 자서전은 늘 똑같은 이야기로 전개된다. 초라한 환경에서 태어나 치열한 노력과 재능 계발을 통해 스스로의 길을 개척하고 영웅으로 거듭났다는 얘기가 마치 어떤 법칙에 따르듯 그려진다. 《성경》에서도 요셉은 형제들에게 쫓겨나 노예로 팔려가지만, 특유의 명석함과 지혜로움을 통해 파라오의 오른팔이 된다. 호라티오 앨거(Horatio Alger)의 유명한 19세기 소설들을 보면 가난하게 태어난 어린 소년들이 사회에 첫발을 내딛은 후 뼈가 부서지도록 노력해 부유층으로 떠오른다는 얘기가 주류를 이룬다. 젭 부시(Jeb Bush)는 미국 대통령의 아들이자 또 다른 미국 대통령의 동생이며 월스트리트의 부유한 은행가의 손자인 동시에 미국 상원 의원인 것이 자신의 비즈니스 커리어에 어떤 영향을 미쳤는지에 대해 이렇게 말했다.

"전 그게 결국은 불이익으로 작용했다고 봐요."

플로리다 주지사에 출마한 젭 부시는 남들이 눈살을 찌푸리든 말든 반복해서 자신을 '자수성가한 남자'라고 불렀다. 이것은 우리가 성공을 얼마나 개인적인 입장에서 판단하고 있는지 여실히 보여준다. 우리는 어떤 특별한 행동을 보면 본능적으로 그것을 개인적인 요소로 치부해버린다.

오래 전, 미국 독립의 위대한 영웅 벤저민 프랭클린의 동상 제막식에서 로버트 윈트롭(Robert Winthrop)은 군중을 향해 말했다.

"고개를 드시오. 무에서 유를 창조한 사람, 부모나 후견인에게 아무 것도 빚지지 않은 사람, 누구에게나 허락된 보통교육의 혜택을 전혀 누리지 못한 사람, 어린 시절부터 고용인이 되어 자신이 일하는 사업 분야에서 가장 낮은 일부터 시작했지만 왕 앞에 설 수 있었고 세계가 영원히 잊지 못할 이름을 남긴 이 사람의 모습을 바라보시오."

이 얼마나 개인적인 특성만을 강조한 견해인가! 이 책을 통해 나는 개인적인 특성만으로는 성공을 설명해낼 수 없다는 것을 보여줄 작정이다. 우리는 무에서 유를 창조하지 않는다. 우리는 부모와 후견인에게 뭔가를 빚진다. 왕 앞에 서는 이들은 모든 것을 스스로 해낸 것처럼 보이지만 사실 그들은 숨겨진 이점과 특별한 기회, 그리고 문화적 유산의 혜택을 누리고 있으며 바로 그러한 요소들이 그들로 하여금 다른 이들과 달리 열심히 배우고 일하고 세상을 바라보도록 해준다. 언제 어디에서 성장했느냐의 문제는 큰 차이를 만든다. 우리가 속한 문화와 선조로부터 물려받은 것은 성취의 방향을 결정한다. 따라서 성공한 사람은 어떤 종류의 사람인가를 묻는 것만으로는 충분치 않다. 그들이 어디에서 왔는가를 알아야만 어떤 사람은 성공하고 또 어떤 사람은 성공하지 못하는 현상의 이면에 깔린 논리를 밝힐 수 있다.

생물학자들은 흔히 '생태학'이라는 단어를 통해 구조적인 차원을 설명하곤 한다. 숲에서 가장 키가 큰 상수리나무가 그토록 성장할 수 있었던 이유는 가장 단단한 도토리에서 나왔기 때문만은 아니다. 다른 나무가 햇볕을 가로막지 않았고 토양이 깊고 풍요로우며 토끼가 이빨을 갈기 위해 밑동을 갉아먹지도 않았고 다 크기 전에 벌목꾼이 잘라내지 않은 덕분에 가장 큰 나무가 된 것이다.

우리는 성공한 사람은 모두 단단한 도토리에서 나왔다고 생각한다. 하지만 그들에게 빛을 준 태양, 뿌리를 내리게 해준 토양, 그리고 운 좋게 피할 수 있었던 토끼와 벌목꾼에 대해서도 충분히 알고 있을까? 이 책은 키가 큰 나무 자체에 대한 것이 아니다. 이 책은 그 나무가 자라난 숲에 관한 책이다. 이를 위해서 하키에 관한 이야기부터 시작하는 것은 꽤 적절한 선택이다. 왜냐하면 하키계의 최고가 되는 과정은 생각보다 훨씬 복잡하고 독특하기 때문이다. 자, 이제부터 기존의 생각을 와장창 깨뜨릴 준비를 하시라.

캐나다 하키를
지배하는 철의 법칙　　　여기 메디슨 햇 타이거스의 2007년 선수 명부
가 있다. 찬찬히 들여다본 후 뭔가 특이한 점을 찾아보자. 보이는가? 특
이한 점을 찾아내지 못했더라도 실망할 것 없다. 하키계에서조차 오랫동
안 아무도 그것을 찾아내지 못했으니까 말이다. 사실 1980년대 중반에
캐나다의 심리학자 로저 반슬리(Roger Barnsley)가 인접한 연령대의 어
떤 현상에 주목하기 전까지는 아무도 몰랐다.

　반슬리는 남부 앨버타의 레스브리지 브론코스 하키팀의 게임을 보
고 있었고, 그 팀은 밴쿠버 자이언츠나 메디슨 햇 타이거스처럼 메이
저주니어 A리그 소속팀이었다. 그의 곁에는 아내 파울라(Paula)와 두
아들도 있었는데 프로그램을 읽던 파울라가 선수 명부를 훑어보더니
이렇게 물었다.

　"여보, 당신은 이 젊은 친구들이 언제 태어났는지 알아?"

　"물론이지. 60년대 후반에 태어났을 테니 열여섯 살에서 스무 살 사
이겠지."

　"아니 그게 아니라, 몇 월에 태어났느냐고."

　반슬리는 그때를 회상하며 "저는 파울라가 쓸데없는 질문을 한다고
생각했어요"라고 말했다.

　"하지만 명부를 다시 들여다보니 아내가 말한 것이 눈에 확 들어오
더군요. 어떤 이유에서인지 모르지만 1월, 2월, 3월생이 월등히 많았
습니다."

등번호	이름	포지션	주로 사용하는 손	키(㎝)	몸무게(㎏)	생년월일
9	브레넌 보시	센터	오른손	173	78.47	1988년 2월 14일
11	스콧 와든	센터	오른손	185	85.27	1988년 1월 4일
12	콜튼 그랜트	레프트윙	왼손	175	80.28	1989년 3월 20일
14	대런 헬름	레프트윙	왼손	183	82.55	1987년 1월 21일
15	데릭 도르셋	라이트윙	왼손	180	80.74	1986년 12월 20일
16	댄 토드	센터	오른손	178	78.47	1987년 1월 10일
17	타일러 슈스턴	라이트윙	오른손	180	83.91	1988년 1월 15일
19	매트 로일리	센터	오른손	183	84.36	1988년 3월 2일
20	케빈 언터슈트	레프트윙	왼손	183	80.74	1987년 4월 12일
21	제리드 소이어	라이트윙	오른손	178	88.90	1987년 9월 12일
22	타일러 에니스	센터	왼손	175	72.57	1989년 10월 6일
23	조던 힉모트	센터	오른손	183	83.00	1990년 4월 11일
25	야굽 럼펠	라이트윙	오른손	173	75.29	1987년 1월 27일
28	브레튼 카메룬	센터	오른손	180	76.20	1989년 1월 26일
36	크리스 스티븐스	레프트윙	왼손	178	89.35	1986년 8월 20일
3	고드 발트윈	디펜스	왼손	195	92.98	1987년 3월 1일
4	데이비드 쉬렘코	디펜스	왼손	185	88.45	1987년 5월 7일
5	트레버 글래스	디펜스	왼손	183	86.18	1988년 1월 22일
10	크리스 러셀	디펜스	왼손	178	80.23	1987년 5월 2일
18	마이클 소이어	디펜스	오른손	190	92.98	1987년 8월 7일
24	마크 아이우드	디펜스	오른손	183	83.00	1989년 1월 31일
27	셴 브라운	디펜스	왼손	185	89.81	1989년 2월 20일
29	조던 벤드펠드	디펜스	오른손	190	104.32	1988년 2월 9일
31	얀 호펠드	골키퍼	왼손	180	75.29	1989년 6월 29일
33	매트 키틀리	골키퍼	오른손	188	85.73	1986년 4월 27일

그날 밤, 집으로 돌아온 반슬리는 집안에 있던 자료를 몽땅 찾아내 프로 하키선수들의 생일을 살펴보았다. 여기에 흥미를 느낀 그의 아내와 친구인 A.H. 톰슨(A.H. Thompson)까지 가세했고, 그들은 온타리오 주니어 하키리그 선수들의 통계표를 만들었다. 결과는 마찬가지였다. 1월에 태어난 선수가 가장 많은 것은 물론, 그 차이가 가히 압도적이었다.

두 번째로 많은 달은? 2월이다. 그렇다면 세 번째는? 흥미롭게도 3월이다. 반슬리는 온타리오 주니어 하키리그 선수 중 1월생이 11월생보다 다섯 배 반이나 많다는 것을 발견했다. 그는 열한 살과 열세 살의 올스타팀 선수들을 살펴보았다. 그들은 원정경기를 뛰기 위해 선발된 선수들로, 결과는 마찬가지였다. 내셔널 하키리그의 선수들도 결과는 똑같았다.

자료를 보면 볼수록 그것은 우연한 결과가 아니라 캐나다 하키를 지배하는 철의 법칙이라는 확신이 들었다. 최고 중의 최고로 구성된 어떤 엘리트 하키선수팀을 선택하더라도 그들의 40퍼센트는 1~3월, 30퍼센트는 4~6월, 20퍼센트는 7~9월, 10퍼센트는 10~12월에 태어났다. 그것이 어찌나 신기했던지 반슬리는 마음이 들떠 이렇게 말했다.

"오랫동안 심리학계에 몸담아왔지만 이렇게 강력한 효과는 본 적이 없는 것 같습니다. 통계적 분석을 할 필요도 없어요. 그냥 보면 나오니까요."

메디슨 햇 타이거스의 선수 명부를 다시 살펴보자. 이제 보이는가? 스물다섯 명의 선수 중 열일곱 명이 1~4월에 태어났다. 메모리얼컵 결승전의 득점 장면을 선수들의 이름 대신 생일을 넣어 다시 기록해보았다. 그러자 캐나다 청소년 하키 결승전이 아니라 점성술의 관점에서 염소자리, 물병자리, 물고기자리에 태어난 10대 소년들을 모아놓고 벌이는 이상한 스포츠적 제사 의식처럼 보였다.

3월 11일생 선수 타이거스의 골대 부근에서 동료인 1월 4일생 선수에게 퍽을 넘기고, 1월 4일생은 1월 22일생에게 패스한 가운데 3월 12일생에게 공이 돌아갔습니다. 3월 12일생 선수, 4월 27일생인 타이거스 골키퍼의 허점을 찌릅니다. 4월 27일생 골키퍼, 잘 막아냈지만 밴쿠버의 3월 6일생 선수가 리바운드해서 다시 쏩니다! 메디슨 햇의 수비수 2월 9일생과 2월 14일생, 1월 10일생이 속수무책인 가운데 퍽을 막기 위해 몸을 날립니다. 3월 6일생 득점!

그러면 2피리어드는 어떨까?

메디슨 햇의 차례입니다. 타이거스의 득점왕 1월 21일생, 경기장 오른쪽으로 치고 내려갑니다. 멈추고 한 바퀴 돌며 밴쿠버의 수비수 2월 15일생을 따돌립니다. 1월 21일생, 갑자기 팀 동료인 12월 20일생에게 퍽을 넘기고, 와우! 12월 20일생, 막아서는 수비수 5월 17일생을 어깨로 밀치고 1월 21일생에게 삼각패스합니다. 슛! 밴쿠버 수비수 3월 12일생 뛰어들어 슛을 막으려 합니다. 밴쿠버의 골키퍼인 3월 19

일생, 속수무책으로 바라봅니다. 1월 21일생 득점! 득의양양하게 손을 올립니다. 같은 팀 선수 5월 2일생이 1월 21일생을 얼싸안으며 기쁨을 함께합니다.

생일이 빠른 아이들과 하키의 상관관계

이러한 현상에 대한 설명은 간단하다. 점성술과는 아무런 상관이 없고 1년의 첫 세 달이 어떤 마법적인 힘을 갖고 있는 것도 아니다. 단지 캐나다에서 1월 1일을 기준으로 나이를 헤아리고 그에 맞춰 하키 클래스를 짜기 때문이다. 예를 들어 1월 2일에 열 살이 되는 소년은 그해 말까지 만으로 열 살이 되지 못한 소년과 함께 하키를 할 수 있다. 중요한 점은 사춘기 이전에는 열두 달이라는 기간이 엄청난 신체 발달의 차이를 낳는다는 것이다.

지구상에서 가장 하키에 미친 나라, 캐나다에서는 코치들이 아홉 살이나 열 살 무렵의 소년들을 대상으로 후보군을 찾기 위해 분주히 움직인다. 이때 몇 달간 더 숙달될 수 있는 기회를 누린 소년들이 더 크고 보다 재능이 있어 보이는 것은 당연한 일이다.

그렇다면 누군가가 후보군으로 선별된 다음에는 어떤 일이 일어날까?

지역리그에 남아 고작 20여 경기를 뛰는 아이들과 달리 보다 훌륭한 코치, 뛰어난 팀 동료와 함께 한 시즌에 75경기를 소화하고 두세 배로 연습하게 된다. 그밖에 다른 기회도 폭넓게 주어진다. 물론 출발점을

브리티시 컬럼비아
소속의 어린 하키선수들.

놓고 보면 후보군의 강점은 선천적이라기보다 그저 몇 개월 더 일찍
태어난 것에 지나지 않는다. 그러나 한창 성장기에 있는 소년들은 훌
륭한 코치와 강도 높은 연습 덕분에 정말로 뛰어난 선수로 거듭나게
된다. 그렇게 해서 메이저주니어 B리그에 도전해볼 만한 선수가 되고
거기서 더 큰 리그로 나아갈 수도 있다.*

반슬리는 연령대를 기준으로 사람을 선발하고 분류하고 차별적으로
대하게 되면, 특정한 시기에 태어난 아이들이 집중적으로 혜택을 누리
는 상황이 발생할 수밖에 없다고 주장한다. 이른 나이에 누가 잘하고
누가 그렇지 못한가를 결정하면, 다시 말해 재능의 유무를 가리고 재

● 캐나다에서 하키선수를 선별하는 과정은 사회학자 로버트 머튼(Robert Merton)이 말한 '자기실현적 예언'
의 가장 완벽한 예시라고 할 만하다. 이는 "시작 단계에서 잘못된 정의를 내렸을 때, 다음에 나타나는 새로운 행
동이 최초의 잘못된 정의를 올바른 것이 되도록 하는 상황"을 말한다. 캐나다인은 9~10세 소년 중 누가 최고
의 하키선수인지에 대해 잘못된 정의를 내린다. 그들은 그저 해마다 가장 나이가 많은 소년을 선별하고 있을 뿐
이다. 그렇지만 그 소년들을 '올스타'로 대접하는 것은 결과적으로 처음의 잘못된 정의가 옳은 것처럼 보이게
한다. 이러한 자기실현적 예언의 그럴 듯한 타당성은 오류가 받아들여지는 상황을 더욱 공고히 하는 결과를 낳
는다. 어떤 일이 벌어졌을 때 예언자가 마치 자신이 처음부터 예언했던 그대로인 양 행세하듯이 말이다.

능 있는 아이들에게 보다 나은 경험을 하게 해주면 특정한 시기에 태어난 아이들이 큰 이득을 누리게 되는 것이다.

미국의 경우 축구와 농구에서는 이러한 선발, 분류, 차별화를 하지 않는다. 그 결과 신체발육이 다소 뒤처진 아이들도 이미 숙달된 다른 친구들만큼 많은 경기를 할 수 있다.* 하지만 야구의 경우에는 얘기가 달라진다. 미국에서 학교 외 야구리그는 7월 31일을 기준으로 선수의 연령을 구분하고 일찍부터 선수를 선발한다. 이에 따라 메이저리그에 출전한 선수들을 보면 유난히 8월생이 많다(그 숫자를 보면 매우 충격적이다. 2005년, 메이저리그에 출전한 미국계 선수들 중 505명이 8월생이었고, 7월생은 313명에 지나지 않았다).

유럽 축구 역시 하키나 야구와 마찬가지로 특정한 날짜를 기준으로 선수들을 선발하기 때문에 결과는 마찬가지다. 영국의 경우 기준이 되는 날짜는 9월 1일인데, 1990년의 프리미어리그에 출전한 선수들 중에서 288명이 9~11월에 태어난 반면 고작 136명만 6~8월에 태어난 것으로 나타났다. 8월 1일을 연령 기준일로 삼는 국제 축구경기도 예외는 아니다. 최근 벌어진 국제 청소년 축구 토너먼트에 출전한 선수들 중 135명의 선수가 8월 1일 이후 3개월 사이에 태어났고, 고작 22명만 5~7월생이었다.

◎ 신체적으로 다소 미숙할지라도 같은 연령대에서 좀더 나이가 많은 아이들이 하는 만큼 농구경기를 할 수 있다. 왜냐하면 농구코트도 충분하고 또한 농구를 하는 사람도 그만큼 많기 때문이다. 아이스링크가 필요한 아이스하키와는 상황이 완전히 다르다. 농구는 누구나 쉽게 접근할 수 있고 부대장비가 필요 없어 이득을 보는 종목이다.

오늘날 국제 청소년 축구의 연령 기준일은 1월 1일이다. 그러면 2007년에 청소년 월드컵 결승에 진출한 체코슬로바키아 청소년 국가 대표팀의 선수 명부를 살펴보자. 여기서도 같은 현상이 발견된다.

순서	이름	생일	포지션
1	마르셀 게코브	1988년 1월 1일	미드필더
2	루덱 프리드리히	1987년 1월 3일	골키퍼
3	피터 잔다	1987년 1월 5일	미드필더
4	제이컵 도날렉	1988년 1월 12일	수비수
5	제이컵 마레즈	1987년 1월 26일	미드필더
6	마이클 헬드	1987년 1월 27일	수비수
7	마렉 스트레스틱	1987년 2월 1일	스트라이커
8	지리 바렌타	1988년 2월 14일	미드필더
9	잔 시무넥	1987년 2월 20일	수비수
10	토머스 오클레스텍	1987년 2월 21일	미드필더
11	루보스 칼라우다	1987년 2월 21일	미드필더
12	레이덱 피터	1987년 2월 24일	골키퍼
13	온드레즈 마주크	1989년 3월 15일	수비수
14	온드레즈 쿠델라	1987년 3월 26일	미드필더
15	마렉 수치	1988년 3월 29일	수비수
16	마틴 페닌	1987년 4월 16일	스트라이커
17	토머스 페카트	1989년 3월 26일	스트라이커
18	루커스 쿠반	1987년 6월 22일	수비수
19	토머스 시라	1987년 6월 24일	수비수
20	토머스 프라이스탁	1987년 8월 18일	골키퍼
21	토머스 미콜라	1988년 9월 26일	미드필더

국가대표팀 선발 과정에 참여한 체코의 축구코치들이 마치 여름 이후에 태어난 선수들을 짐 보따리와 함께 집으로 돌려보내기로 합의한 것 같다.

물론 하키와 축구는 선택된 소수와 관련된 것이지만, 이처럼 편향된 결과는 좀더 넓은 범위에서도 발견된다. 대표적인 것이 교육이다. 예를 들어 연말에 태어난 자녀를 둔 부모는 이듬해에 아이를 유치원에 보내야 할지 고민하게 마련이다. 다섯 살배기가 몇 개월 빨리 태어난 아이들과 섞이는 것을 막고 싶기 때문이다. 이 경우 대부분의 부모는 몇 개월 뒤처진 것으로 인해 유치원에서 겪는 불이익이 무엇이든 금세 사라질 것이라고 생각한다. 하지만 그렇지 않다. 이건 하키와 마찬가지다. 연초에 태어난 아이가 누리는 아주 작은 이익은 연말에 태어난 아이가 겪는 불이익과 마찬가지로 꾸준히 이어진다. 성취감과 낙담, 용기, 좌절이 일종의 패턴이 되어 그 아이를 수년간 묶어두는 것이다.

경제학자인 켈리 베다드(Kelly Bedard)와 엘리자베스 듀이(Elizabeth Dhuey)는 최근에 국제수학과학연구경향(TIMSS: 4년마다 전 세계 어린이들을 대상으로 실시하는 수학, 과학시험-역주) 성적과 그 시험을 본 아이들이 태어난 달을 비교해보았다. 그 결과, 4학년 학생들 중 일찍 태어난 학생들이 늦게 태어난 학생들에 비해 4~12퍼센트포인트 더 좋은 점수를 받고 있다는 사실을 발견했다. 이것은 듀이가 설명하는 것처럼 '거대한 효과'일 수밖에 없다. 지적으로 동등한 4학년 학생들을 학년 기준일의 양쪽으로 나눠 세우면, 일찍 태어난 학생들은 상위 18

퍼센트에 속하는 반면 늦게 태어난 학생들은 상위 68퍼센트에 머문다는 것을 뜻하기 때문이다. 이 정도면 영재반을 나눌 때 확실한 편차가 생길 수밖에 없다.

연구에 참여한 듀이는 보다 명쾌하게 설명을 덧붙인다.

"스포츠에서와 마찬가지죠. 우리는 어린 나이에 똑똑한 아이들을 선별합니다. 우등 독서반도 있고 우등 수학반도 있죠. 아이들이 유치원에 가거나 학교에 입학하면 교사는 숙달되어 잘하는 것과 정말로 똑똑한 것을 혼동할 수밖에 없어요. 그래서 몇 달 빨리 태어난 아이들은 상위코스에 들어가고 더 좋은 걸 배우죠. 이듬해가 되면 그 아이들이 상위그룹을 형성하고 있고 실제로 더 잘하기도 해요. 다음해에도 마찬가지죠. 이런 일이 벌어지지 않는 나라는 덴마크뿐입니다. 덴마크는 국가 차원에서 열 살이 되기까지는 아이들을 능력에 따라 분류하지 않는 교육정책을 펼치고 있으니까요."

덴마크는 선택적으로 변별하는 시기를 최대한 늦춘다. 다시 말해 몇 달 먼저 숙달되어 잘하는 효과가 없어질 때까지 기다리는 것이다.

실험결과에 흥미를 느낀 듀이와 베다드는 이번에는 대학생을 대상으로 같은 분석을 해보았다. 그들은 무엇을 발견했을까? 최고의 고등교육 기관인 4년제 대학교에서 같은 연령대 중 나이가 어린 학생들의 성적이 약 11.6퍼센트 낮게 나왔다. 첫 단계에서의 숙련도 차이가 사라지지 않은 셈이다. 그 효과는 오랫동안 지속된다. 첫 단계에서의 불이익이 수천 명의 학생에게 대학에 가느냐 못 가느냐, 즉 중산층에 진입하느냐 못하느냐를 결정짓는 요인이 되기 때문이다.

듀이는 이러한 결과와 더불어 그에 대한 사회적 대응에 놀라움을 표시했다.

"정말 이해할 수가 없어요. 학년을 나누는 날짜에 따라 아이들을 분류하는 것이 이토록 장기적인 차이를 낳는데 아무도 거기에 신경 쓰지 않잖아요."

**누적적 이득의
치명적 효과**　　　　하키와 빠른 생일 이야기는 성공과 어떤 연관이 있을까? 우리가 지금까지 살펴본 이야기는 정상에 오르는 아이들이 가장 똑똑하고 재능이 많다는 통념을 뒤집는다. 물론 프로 하키선수들은 나나 독자 여러분보다 훨씬 더 뛰어난 재능을 지니고 있다.

하지만 그들은 매우 이른 시기부터 좋은 출발을 했고 그것은 그들이 노력을 통해 얻거나 마땅히 받아야 했던 것은 아니다. 그러나 바로 그 기회가 그들의 성공에 결정적이었다. 로버트 머튼은 이러한 현상을 마태복음의 유명한 구절을 따 '마태복음 효과'라고 불렀다.

"무릇 있는 자는 받아 풍족하게 되고 없는 자는 그 있는 것까지 빼앗기리라."

◎ 연령대를 나누는 기준은 수많은 사회 현상과 연결되어 있을 가능성이 크다. 반슬리와 두 동료는, 심지어 늦게 태어난 아이들의 경우 자살을 시도하는 횟수가 훨씬 더 많다는 것을 밝혀냈다. 저조한 성취감이 우울증을 낳는다는 것이 그들의 설명이다. 하지만 자살률과 연령대를 나누는 기준 사이의 상관관계는 하키선수의 성공과 생일의 상관관계만큼 명확히 밝혀진 것은 아니다.

다시 말해 미래의 성공으로 이어지는 특별한 기회를 얻어낸 사람이 성공을 거두게 된다는 얘기다. 예를 들어 최고의 부자들은 세금환급 혜택을 가장 많이 받는다. 최고의 학생들은 최고의 강의를 듣고 피드백을 받는다. 그리고 9~10세 어린이 중 덩치가 큰 아이들은 최고의 코치로부터 훈련을 받는다.

결국 성공은 사회학자들이 '누적적 이득'이라고 부르는 것의 결과라고 할 수 있다. 프로 하키선수는 동료들보다 좀더 나은 지점에서 출발한다. 그 작은 차이가 큰 차이를 낳는 기회로 이어지고, 그것은 또 다른 기회로 이어져 결국 그 하키선수는 천재적 아웃라이어로 거듭나게 된다. 그는 결코 아웃라이어로 시작한 것이 아니다. 그의 출발점은 그저 남보다 조금 달랐을 뿐이다.

누가 앞서 있는가를 결정하는 우리의 시스템이 반드시 효율적인 것은 아니다. 우리는 올스타리그를 최대한 빨리 시작하고 재능 있는 이들을 위한 프로그램을 서둘러 진행하는 것이야말로 단 하나의 새싹도 놓치지 않는 최선의 방법이라고 생각한다.

그러면 체코공화국의 축구선수 명부를 다시 살펴보자. 7월, 10월, 11월, 12월에 태어난 선수는 하나도 없고 8월과 9월생은 단 한 명뿐이다. 하반기에 태어난 많은 선수가 선발되지 못해 낙담했고 심지어 아예 축구계에서 밀려났다. 체코의 체육 인구 중 절반에 가까운 사람들의 잠재된 재능이 완전히 묻혀버린 것이다.

만약 누군가가 체코에서 태어난 체육 꿈나무인데 운 나쁘게 그해 하반기에 태어났다면 어떻게 될까? 나쁜 패를 갖고 태어난 탓에 축구선수로 성공할 가능성은 지극히 낮다. 그렇다면 체코인이 거의 백안시하는 다른 스포츠, 예를 들어 하키를 한다면 어떨까? 여기 2007년 세계 챔피언십에서 5위를 한 체코 주니어 하키팀의 선수 명부가 있다.

순서	이름	생일	포지션
1	데이비드 크베톤	1988년 1월 3일	포워드
2	지리 수치	1988년 1월 3일	디펜스
3	마이클 콜라즈	1988년 1월 12일	디펜스
4	제이컵 보흐타	1987년 2월 8일	디펜스
5	제이컵 킨들	1987년 2월 10일	디펜스
6	마이클 프롤릭	1989년 2월 17일	포워드
7	마틴 한잘	1987년 2월 20일	포워드
8	토머스 스보보다	1987년 2월 24일	포워드
9	제이컵 커니	1987년 3월 5일	포워드
10	토머스 쿠델카	1987년 3월 10일	디펜스
11	자로슬라프 바톤	1987년 3월 26일	디펜스
12	H.O. 포지빌	1987년 4월 22일	디펜스
13	다니엘 라코스	1987년 5월 25일	포워드
14	데이비드 쿠체흐다	1987년 6월 12일	포워드
15	블라디미르 소보카	1987년 7월 2일	포워드
16	제이컵 코바	1988년 7월 19일	골키퍼
17	루커스 반투크	1987년 7월 20일	포워드
18	제이컵 보라켓	1989년 8월 15일	포워드
19	토머스 포스피실	1987년 8월 25일	포워드
20	온드레흐 파블렉	1987년 8월 31일	골키퍼

순서	이름	생일	포지션
21	토머스 카나	1987년 11월 29일	포워드
22	마이클 레픽	1988년 12월 31일	포워드

그해 하반기에 태어난 이들은 결국 하키도 포기해야만 했다.

선발의 결과가 성공에 어떤 영향을 미치는지 이제 확실히 보이는가? 성공을 개인적인 것으로만 간주하면 결국 상위권에 올라갈 수 있는 이들의 기회를 박탈하고 만다. 성취감을 빼앗는 규칙이 적용되기 때문이다. 우리는 사람들에게 너무 성급하게 실패의 딱지를 붙인다. 또한 우리는 성공한 사람은 지나치게 추앙하는 반면, 실패한 이들은 가혹하게 내버린다. 성공하지 못한 이들에게 불리한 잣대를 들이댔으면서도 말이다. 우리는 누가 성공하고 누가 그렇지 못할지를 결정하는 우리의 역할이 얼마나 큰 비중을 차지하는지 쉽게 간과해버린다(여기서 '우리'는 '사회'를 뜻한다).

굳이 선발을 해야 한다면 기준일의 문제를 해소할 수 있는 방법을 찾아야 한다. 태어난 달에 따라 나뉜 두세 개의 하키리그를 운영할 수도 있다. 같은 달에 태어난 선수들끼리 뛰게 한 다음 올스타팀을 선별하는 것도 좋다. 만약 하반기에 태어난 캐나다와 체코의 하키선수들이 공정한 기회를 누릴 수 있었다면, 체코와 캐나다 국가대표팀의 선택폭은 두 배로 넓어졌을 것이다.

학교에서도 같은 선택을 할 수 있다. 초등학교와 중학교에서 1~4월생, 5~8월생, 9~12월생 단위로 끊어서 학급을 운영하는 것이다. 그러면 같은 발육단계에 놓인 학생들끼리 공정하게 경쟁할 수 있는 여건을 만들어줄 수 있다. 물론 학생들의 등록과정은 예전에 비해 다소 복잡해질 수 있지만, 특별히 돈이 많이 드는 일은 아니다. 무엇보다 그동안 자기 잘못도 아닌데 주어진 교육제도 내에서 큰 불이익을 누렸던 학생들에게 기회를 넓혀줄 수 있다.

실제로 우리는 스포츠보다 훨씬 더 복잡한 영역에서조차 성공과 실패를 결정하는 방식을 결정할 수 있다. 하지만 그렇게 하지 않는다. 왜 그럴까? 성공이란 그저 개인의 장점에 따른 결과이며 우리가 만든 규칙이 성공을 좌우하는 것은 아니라는 단순한 생각에 얽매여 있기 때문이다.

**또래 중 가장 큰
아이라는 특권**　　메모리얼컵 결승전이 벌어지기 직전, 메디슨 햇 타이거즈 소속인 스콧(Scott)의 아버지 고드 와든(Gord Wasden)은 빙판 옆에 서서 아들에 대한 이야기를 들려주었다. 그는 메디슨 햇 팀의 로고가 적힌 모자와 검은 티셔츠를 입고 있었다.

"아들이 네다섯 살 시절이었죠. 그 조그마한 체구에 워커를 신고 하키스틱을 든 채 부엌바닥에서 아침부터 밤까지 하키를 했어요. 스콧은 언제나 열성적이었죠. 마이너리그에서 뛸 때는 늘 AAA급 팀에 속해 연습경기를 했어요. '별난 꼬마'라거나 '싸움닭'으로 불리면서 항상 최고의 연습 팀에 있었죠."

그는 아들이 생애 최대의 경기를 치를 예정인 빙판 옆에 서서 흥분을 감추지 못했다.

"어떤 팀에 속하든 열심히 했죠. 저는 제 아들이 자랑스럽습니다."

사람들은 흔히 열정, 재능, 그리고 노력을 성공의 기본적인 요소라고 부른다. 하지만 또 다른 뭔가가 있다. 와튼은 아들에게 특별한 게 있다는 것을 언제 처음으로 알게 됐을까?

"제 아들은 언제나 또래 중에서 가장 컸어요. 누구보다 튼튼했고 어린 시절부터 강슛을 날려 득점할 수 있었죠. 그리고 나이답지 않게 자상하고 배려심이 있어서 팀의 리더였고……."

또래 중에서 가장 큰 아이? 물론 그랬을 것이다. 스콧 와튼은 1월 4일에 태어났다. 운 좋게도 엘리트 하키선수가 되기에 가장 적합한 시기에 태어난 것이다. 만약 캐나다 하키리그의 연령 기준일이 하반기에 있었다면, 스콧은 메모리얼컵 챔피언십에 참가하는 대신 집에서 TV로 경기를 봐야 했을지도 모른다.

2장

1만 시간의 법칙
The 10,000 - Hour Rule

"우리는 함부르크에서 하루에 여덟 시간씩
연주해야 했어요."

**멍청한 학생에서
천재 프로그래머로**   1971년, 미시건 대학은 앤 아버(Ann Arbor)의
빌 애비뉴(Beal avenue)에 베이지색 벽돌로 지은 컴퓨터센터를 설립했
다. 건물의 큰 방 한가운데에 거대한 메인컴퓨터가 놓여 있었는데, 그곳
에서 일했던 어떤 사람에 따르면 그것이 영화〈2001년 스페이스 오디세
이(2001:A Space Odyssey)〉의 마지막 장면을 연상케 했다고 한다. 그 방
옆에는 열두 개의 천공기, 다시 말해 당시에 컴퓨터 단말기 역할을 하던
장비가 놓여 있었다.

  1971년 무렵, 그것은 가히 예술의 경지에 있었다. 미시건 대학에는
세계 최고의 컴퓨터공학 교육 프로그램이 있었고 컴퓨터센터에서 진
행되는 과정을 위해 수천 명의 학생이 그 큰 방을 오가고 있었다. 그들
중 가장 유명한 사람은 빌 조이(Bill Joy)라는 좀 모자라 보이는 10대
소년이었다.

조이는 컴퓨터센터가 문을 연 해에 미시건 대학에 입학한 열여섯 살 짜리 소년이었다. 빼빼 마른 데다 키가 큰 조이의 머리에는 제멋대로 자라난 머리카락이 대걸레처럼 얹혀 있었다. 디트로이트의 외곽에 있는 노스파밍턴(North Farmington) 고등학교를 졸업할 당시 그는 '가장 멍청한 학생' 투표 후보에 오른 적이 있고, 그의 말마따나 '여자 손도 한 번 못 잡아본 머저리'였다.

본래 조이는 생물학자나 수학자가 될 생각이었지만, 1학년 내내 컴퓨터센터를 문턱이 닳도록 드나들더니 그 세계에 완전히 빠지고 말았다. 컴퓨터센터는 그의 삶 자체였고 그는 프로그래밍을 할 수 있는 것이면 뭐든 했다. 다행히 그는 컴퓨터공학 교수의 신임을 얻었고 여름 내내 교수와 함께 프로그래밍을 할 수 있었다.

1975년, 버클리에 있는 캘리포니아 대학원에 들어간 조이는 컴퓨터 소프트웨어의 세계 속으로 더욱 깊이 빠져들었다. 박사과정을 위한 구술시험에서 그는 세밀하고 복잡한 알고리즘을 만들어내 시험 감독관들의 말문을 막아버렸다. 그의 수많은 추종자 중 한 명은 "그들 중 한 사람은 당시의 경험을 '예수가 장로들을 꾸짖는 것'에 비유했다"고 썼다.

이후 조이는 소규모 프로그래머 그룹과 협업하며 유닉스(UNIX: AT&T가 개발한 메인프레임 컴퓨터용 소프트웨어 시스템)의 코드를 다시 쓰는 일을 맡았다. 조이가 만든 버전은 기막힐 정도로 훌륭했다. 어찌나 훌륭한지 전 세계 수백만 대의 컴퓨터가 그것을 운영체계로 채택했다. 조이는 이렇게 말한다.

—— 기회

"만약 매킨토시를 프로그램 코드가 다 보이도록 해놓는다면 저는 제가 25년 전에 타이핑했던 것까지 기억해낼 수 있습니다."

실제로 인터넷 접속을 위해 필요한 소프트웨어를 가장 많이 만들어낸 사람은 누구일까? 정답은 빌 조이다. 버클리를 졸업한 빌은 선마이크로시스템이라는 실리콘밸리 기업을 창업했고, 그 회사는 컴퓨터 혁명에서 결정적인 역할을 한 기업 중 하나다. 이어 빌은 또 다른 프로그래밍 언어인 자바(Java)를 다시 쓰면서 전설적인 존재로 부상하기 시작했다.

예일 대학의 컴퓨터공학자인 데이비드 겔런터(David Gelernter)에 따르면, "빌은 현대 컴퓨터 역사에서 가장 영향력 있는 사람 중 하나"다. 빌 조이의 천재성에 대한 이야기는 수차례 반복되었고 그때마다 '순수한 능력 위주의 사회'라는 말이 뒤따랐다. 실제로 컴퓨터 프로그래밍은 돈이나 인맥을 통해 앞서나갈 수 있는 구시대적 네트워크와는 차원이 다르다. 그곳은 오로지 재능과 성취로만 평가를 받는 열린 공간이다. 컴퓨터 세계는 최고만 승리할 수 있는 곳으로 조이는 분명 최고 중의 최고였다.

만약 우리가 하키와 축구선수의 세계를 미리 살펴보지 않았다면 이러한 설명을 믿는 것이 조금은 쉬웠을지도 모른다. 우리는 운동선수역시 순수한 능력 위주의 사회에 살고 있다고 생각해오지 않았는가. 하지만 사실은 그렇지 않았다. 우리는 아웃라이어들이 특정 분야에서 능력에만 의존하는 것이 아니라 능력, 기회, 결정적인 장점을 조합해 높은 위치에 도달하게 되었는지 알게 되었다.

빌 조이의 이야기로 돌아가 그에게도 같은 법칙이 적용되었는지 살펴보기로 하자.

진정한 아웃라이어가 되기 위한 매직넘버　　전 세계의 심리학자들은 보통 사람들이 오래전부터 해결되었다고 생각해온 질문에 대해 거의 한 세대에 걸쳐 토론을 거듭해왔다. 그 질문은 바로 이것이다.

"타고난 재능이라는 게 있을까?"

당연히 대다수가 "그렇다"라고 대답한다. 1월에 태어난 모든 하키선수가 프로 레벨에 도달하는 것은 아니다. 그들 중 오직 타고난 재능이 있는 이들만 그렇게 된다. 성취 공식은 '재능 더하기 연습'이다. 문제는 심리학자들이 재능 있는 이들의 경력을 관찰하면 할수록 타고난 재능의 역할은 줄어들고 연습이 하는 역할은 커진다는 데 있다.

두 명의 동료와 함께 베를린 음악 아카데미 학생들을 연구한 심리학자 K. 안데르스 에릭슨(K. Anders Ericsson)은 1990년대 초에 〈재능 논쟁의 사례 A〉라는 연구결과를 내놓았다. 우선 그들은 바이올리니스트들을 세 그룹으로 나누었다. 첫 번째 그룹은 '엘리트'로 장래에 세계 수준의 솔로 주자가 될 수 있는 학생들이었다. 두 번째 그룹은 그냥 '잘한다'는 평가를 받는 학생들이고, 세 번째 그룹은 프로급 연주를 해본 적이 없고 공립학교 음악교사가 꿈인 학생들이었다. 연구진은 그룹과 상관없이 그들에게 똑같은 질문을 했다.

"처음으로 바이올린을 집어든 순간부터 지금까지 얼마나 많은 연습을 해왔는가?"

세 그룹에 속하는 모든 학생은 대략 다섯 살 전후에 연주를 시작한 것으로 나타났다. 초기 몇 년간은 대략 일주일에 두세 시간씩 비슷하게 연습을 했지만, 여덟 살이 될 무렵부터 변화가 나타났다. 자기 반에서 가장 잘하는 아이는 다른 아이보다 연습을 더 했던 것이다. 아홉 살때는 일주일에 여섯 시간, 열 살 때는 열두 시간, 열네 살 때는 열여섯 시간으로 연습시간은 점점 길어졌고, 스무 살이 되면 자신의 실력을 갈고닦겠다는 확고한 목적을 가지고 일주일에 서른 시간을 연습했다. 결과적으로 스무 살이 되면 엘리트 학생은 모두 1만 시간을 연습하게된다. 반면 그냥 잘하는 학생은 모두 8,000시간, 미래의 음악교사는 4,000시간을 연습한다.

이어 에릭손과 그의 동료들은 아마추어 피아니스트와 프로 피아니스트들을 비교해보았다. 결과는 마찬가지였다. 아마추어들은 어릴 때 일주일에 세 시간 이상 연습하지 않았고, 그 결과 스무 살이 되면 모두 2,000시간 정도 연습한 것으로 나타났다. 반면 프로는 스무 살이 될 때까지 매년 연습시간을 꾸준히 늘려 바이올리니스트와 마찬가지로 결국 1만 시간에 도달했다.

에릭손의 연구에서 무릎을 치게 되는 부분은 그들이 '타고난 천재', 즉 다른 사람이 시간을 쪼개 연습하고 있을 때 노력하지 않고 정상에 올라간 연주자를 발견하지 못했다는 점이다. 더불어 그들은 '미완의 대기', 다시 말해 어느 누구보다 열심히 노력하지만 정상의 자리에 오르기엔 뭔가가 부족한 사람도 발견하지 못했다.

이들의 연구결과는 어느 연주자가 최고 수준의 음악학교에 들어갈 만큼 재능이 있다면, 실력 차이는 그가 얼마나 열심히 노력하느냐에 달려 있다는 것을 보여준다. 그게 전부다. 덧붙이자면 최고 중의 최고는 그냥 열심히 하는 게 아니라 훨씬, 훨씬 더 열심히 한다.

복잡한 업무를 수행하는 데 필요한 탁월성을 얻으려면, 최소한의 연습량을 확보하는 것이 결정적이라는 사실은 수많은 연구를 통해 거듭 확인되고 있다. 사실 연구자들은 진정한 전문가가 되기 위해 필요한 '매직넘버'에 수긍하고 있다. 그것은 바로 1만 시간이다.

신경과학자인 다니엘 레비틴(Daniel Levitin)은 어느 분야에서든 세계 수준의 전문가, 마스터가 되려면 1만 시간의 연습이 필요하다는 연구결과를 내놓았다.

"작곡가, 야구선수, 소설가, 스케이트선수, 피아니스트, 체스선수, 숙달된 범죄자, 그밖에 어떤 분야에서든 연구를 거듭하면 할수록 이 수치를 확인할 수 있다. 1만 시간은 대략 하루 세 시간, 일주일에 스무 시간씩 10년간 연습한 것과 같다. 물론 이 수치는 '왜 어떤 사람은 연습을 통해 남보다 더 많은 것을 얻어내는가'에 대해서는 아무것도 설명해주지 못한다. 그러나 어느 분야에서든 이보다 적은 시간을 연습해 세계 수준의 전문가가 탄생한 경우를 발견하지는 못했다. 어쩌면 두뇌는 진정한 숙련자의 경지에 접어들기까지 그 정도의 시간을 요구하는 지도 모른다."

우리가 신동이라고 부르는 이들도 예외는 아니다. 예를 들어 모차르트는 여섯 살에 작곡을 시작했다고 알려져 있지만, 심리학자 마이클 호위(Michael Howe)는 《천재를 말하다(Genius Explained)》에서 이렇게 서술하고 있다.

"숙달된 작곡가의 기준에서 볼 때 모차르트의 초기 작품은 놀라운 것이 아니다. 가장 초기에 나온 것은 대개 모차르트의 아버지가 작성했을 것으로 보이며 이후 점차 발전해왔다. 모차르트가 어린 시절에 작곡한 협주곡, 특히 처음 일곱 편의 피아노 협주곡은 다른 작곡가들의 작품을 재배열한 것에 지나지 않는다. 현재 걸작으로 평가받는 진정한 모차르트의 협주곡(협주곡 9번, 작품번호 271)은 스물한 살 때부터 만들어졌다. 이는 모차르트가 협주곡을 만들기 시작한 지 10년이 흐른 시점이었다."

음악평론가 헤롤드 쇤베르그(Herold Schonberg)는 여기서 한 걸음 더 나아간다. 그는 모차르트의 위대한 작품들이 작곡을 시작한 지 20년이 지나서야 나오기 시작한 것을 볼 때, 모차르트의 재능은 "늦게 개발되었다"고 평가한다.

마찬가지로 위대한 체스 그랜드마스터가 되려면 약 10년이 필요하다(전설적인 바비 피셔(Bobby Fischer)는 그 시간을 좀 단축해 9년 만에 엘리트 레벨에 들어갔다). 대체 그 10년이 의미하는 것은 무엇이란 말인가? 1만 시간의 고된 연습을 하려면 그 정도의 세월이 필요하다는 얘기다. 1만 시간은 위대함을 낳는 '매직넘버'이다.

우리는 체코와 캐나다의 국가대표 스포츠팀 선수 명부를 보면서 혼란스러웠다. 그렇지 않은가? 그 팀에 9월 1일 이후에 태어난 사람이 없다는 것이 어딘지 모르게 이치에 맞지 않는다는 생각이 들었기 때문이다. 늦게 태어나긴 했어도 재능이 워낙 탁월해 생일이 늦다는 장애를 이겨내고 일찍 태어난 아이들과 어깨를 겨루며 성장한 신동이 최소한 몇 명은 있어야 하는 게 아닐까?

하지만 에릭손과 그밖에 재능의 역할에 의문을 제기하는 이들의 관점에서는 체코 팀의 선수 명부가 전혀 이상하지 않다. 9월 이후에 태어난 신동은 여덟 살 무렵 체격이 작아 올스타팀에 끼지 못하고 더불어 추가적인 훈련을 받을 수 없다. 그리고 추가적인 훈련이 없으면 프로 하키팀에서 눈독을 들일 만한 선수가 되는 데 필요한 1만 시간을 채울 수 없다. 1만 시간의 훈련으로 뒷심을 쌓지 않으면 최고 수준의 플레이를 하는 데 필요한 기술을 익히는 것도 불가능하다. 모든 시대를 통틀어 최고의 음악 신동이라 불리는 모차르트도 1만 시간의 훈련을 통해 독창적인 작품을 썼다.

연습은 잘하는 사람이 하는 것이 아니라 잘하기 위해 하는 것이다. 1만 시간의 법칙에서 무엇보다 흥미로운 것은 1만 시간이 엄청난 시간이라는 점이다. 성인이 아닌 경우, 스스로의 힘만으로 그 정도의 연습을 해낼 수는 없다. 격려해주고 지원해주는 부모가 필요하다. 경제적으로 곤궁해 아르바이트를 하느라 연습을 위해 충분한 시간을 낼 수 없으면 안 되므로 가난해서도 곤란하다. 대개의 경우, 특수 프로그램이나 특별한 종류의 기회를 붙잡아야 그 수치에 도달할 정도로 연습을 할 수 있다.

첫 번째 증거:
밤샘의 기억, 빌 조이　　　이제 빌 조이의 이야기로 돌아가보자.

1971년, 키 크고 조금은 모자란 듯 보이는 열여섯 살 소년이 있다. MIT나 칼텍, 워털루 대학 등은 외모와 상관없이 수학을 꽉 잡고 있는 이런 학생을 매년 수백 명씩 데리고 간다. 빌의 아버지 윌리엄은 아들의 어린 시절 모습을 이렇게 전해준다.

"알고 싶다는 것이 뭔지도 모를 나이부터 빌은 모든 것을 알고 싶어 하는 꼬마였어요. 아들이 질문을 하면 우리는 대답할 수 있는 것은 뭐든 대답해줬죠. 모르는 것을 물어보면 그와 관련된 책을 건네줬어요."

대학 입학을 앞둔 조이는 SAT에서 수학점수가 만점으로 나왔다.

"조금도 어렵지 않았어요. 두 번 검산을 하고도 시간이 남았죠."

그는 한 짐 가득 재능을 타고났지만 그것만 고려해서는 안 된다. 그의 재능이 계발될 수 있었던 결정적 이유는 조이가 빌 애비뉴의 간판 없는 베이지색 건물에 빠져들었다는 데 있다. 조이는 1970년대 초반에 프로그래밍을 배웠고 그 무렵의 컴퓨터는 커다란 방 하나를 다 차지할 만큼 거대했다. 오늘날의 전자레인지만도 못한 메모리와 연산력을 가진 기계 한 대가 백만 달러를 넘었으며, 그것도 1970년대에 백만 달러였다. 그만큼 컴퓨터는 귀했고 접근을 허락받는 것이 쉽지 않았다. 설사 접근할 수 있다고 해도 빌려 쓰는 데 막대한 돈이 필요했다.

더욱이 프로그래밍 자체가 엄청나게 지루한 일이었다. 컴퓨터 프로그램이 카드에 구멍을 뚫어서 만들어지던 시절이라 코드의 모든 행은 천공기로 뚫은 구멍을 통해 표현되었다. 따라서 복잡한 프로그램의 경우에는 수백 장에서 수천 장의 카드 뭉치가 필요했다. 어쨌든 프로그램이 준비되면 프로그래머는 자신이 접근 권한을 갖고 있는 메인컴퓨터로 가서 관리자에게 카드 뭉치를 넘기고 차례를 기다렸다. 그런데 컴퓨터가 한 번에 한 가지 일만 처리했기 때문에 순번에 따라 결과를 보기까지 몇 시간에서 며칠이 걸릴 수도 있었다. 만약 프로그램에 단 하나의 에러라도 발생한다면 설사 그것이 오타 수준에 불과할지라도 프로그래머는 카드를 돌려받아 모든 과정을 다시 시작해야 했다.

이런 환경에서 프로그래머가 되는 것은 극도로 어려운 일이다. 20대 초반에 시작할지라도 전문가 수준에 이르는 것은 불가능하다. 컴퓨터실에서 한 시간에 고작 몇 분만 프로그래밍에 할애할 수 있는데 어떻게 1만 시간을 연습한단 말인가? 당시 이런 환경에 놓여 있던 한 컴퓨터 과학자는 "카드로 프로그래밍을 하는 건 프로그래밍을 배우는 게 아니라 인내와 오류 찾기를 배우는 겁니다"라고 말했다. 1960년대 중반까지 프로그래밍 문제의 해법은 발견되지 않았다.

그러다가 컴퓨터가 한 번에 하나의 예약만 처리하지 않아도 될 만큼 발달하자, 컴퓨터 과학자들은 만약 운영체계를 다시 만들어낸다면 컴퓨터를 많은 사람들이 동시에 공유할 수도 있으리라는 것을 깨달았다. 그들은 컴퓨터가 한 번에 수백 개의 일을 처리할 수 있도록 만들 수도 있었다. 이는 프로그래머들이 관리자에게 수백 장의 카드를 넘길 필요가 없다는 것을 의미한다. 수백 개의 단말기가 세워지고 그것이 메인 컴퓨터와 전화선으로 연결된다면 모든 사람이 동시에 온라인으로 작업할 수 있다!

그러면 컴퓨터 공유를 통해 얻게 된 결과에 대해 역사의 한 자락을 살펴보자.

"이것은 혁명을 넘어선다. 아니, 계시와도 같다. 관리자, 카드 뭉치, 기다림은 전부 잊어라. 컴퓨터를 공유하는 프로그래머가 두어 개의 명령어를 입력하면 즉각 대답이 튀어나온다. 공유는 상호작용이다. 입력된 프로그램은 프로그래머가 타자를 치고 잠시 기다리는 동안 작동해 그 결과를 보여준다. 그것도 실시간으로 말이다."

이것은 최초로 카드시스템에서 공유시스템으로 전환한 미시건 대학에서 벌어진 일이다. 1967년에 공유시스템의 프로토타입이 건설되어 작동하기 시작했는데, 미시건 대학은 1970년대 초반에 백여 명이 컴퓨터센터에서 한꺼번에 프로그래밍을 할 수 있는 여력을 갖췄다. 컴퓨터시스템의 체계를 설정하던 초창기 무렵의 개척자 중 한 명인 마이크 알렉산더(Mike Alexander)는 이렇게 말한다.

"60년대 말과 70년대 초에 미시건과 비슷한 수준에 있던 학교가 또 있었는지 모르겠군요. MIT나 카네기 멜론, 다트머스 정도라면 그럴 수도 있겠죠. 그밖에는 생각나지 않네요."

이것이 1971년 가을, 빌 조이가 앤 아버 캠퍼스에서 만난 기회였다. 물론 조이는 컴퓨터 때문에 미시건 대학에 온 것이 아니었다. 고등학교 때만 해도 컴퓨터로 뭔가를 해본 적이 없던 조이의 관심은 수학과 공학에 있었다. 하지만 대학교 1학년 시절 조이는 우연히 발생한 프로그래밍 오류를 통해 컴퓨터센터의 매력에 깊이 빠져들었고, 자신이 열일곱 살짜리 프로그래머가 될 수도 있음을 깨달았다. 조이는 빙그레 웃으며 말했다.

"컴퓨터 카드와 컴퓨터 공유의 차이가 뭔지 아십니까? 그것은 우편으로 체스를 두는 것과 속기로 두는 것과의 차이죠."

프로그래밍은 더 이상 그에게 좌절을 안겨주지 않았다. 아니, 오히려 그는 그것을 즐겼다.

"저는 북쪽 캠퍼스 쪽에 살았고 컴퓨터센터는 남쪽 캠퍼스에 있었어요. 제가 그곳에서 몇 시간을 보냈느냐고요? 이루 말할 수 없을 정도였죠. 컴퓨터센터는 24시간 열려 있었고, 저는 밤새 그곳에 있다가 아침이면 집으로 가곤 했습니다. 그 시절에는 강의실보다 컴퓨터센터에서 더 많은 시간을 보냈어요. 그곳에 있는 사람들 모두가 수업에 출석하지 못했거나 수강신청을 했다는 사실조차 잊고 있다가 뒤늦게 깨닫는 악몽을 꾸곤 했죠. 그런데 한 가지 문제가 있었습니다. 학교 측이 학생들에게 돈을 내고 컴퓨터를 사용하도록 했거든요. 시간이 지나면 못쓰게 되죠. 자리에 앉으면 학생은 얼마동안 컴퓨터를 쓸 계획인지 컴퓨터에 입력해야 합니다. 만약 한 시간이 허락되면 그 시간밖에 사용할 수 없었죠."

그는 추억을 떠올리며 웃었다.

"그런데 누군가가 시간을 입력하라는 'time equals'라는 질문 옆에 글자를 써넣으면, 가령 't equals k'같은 명령어를 넣으면 시간이 줄어들지 않는다는 사실을 발견했어요. 프로그램 버그였죠. 덕분에 시간에 쫓기지 않고 컴퓨터를 마음껏 사용할 수 있었습니다."

그러면 빌 조이에게 쏟아져 들어온 기회들을 살펴보자. 운 좋게도 그는 미시건 대학처럼 미래를 내다보는 학교에 입학해 펀치 카드 대신 공유시스템을 이용해 프로그래밍을 할 수 있었다. 또한 미시건 대학의 컴퓨터시스템에 버그가 발생해 원하는 만큼 프로그래밍을 하게 되었다. 더욱이 학교 측에서 24시간 컴퓨터센터를 열어두겠다는 결정을 내린 덕분에 그는 밤새도록 프로그래밍을 할 수 있었다.

결국 엄청난 연습을 할 수 있었던 조이는 유닉스 코드를 다시 쓰는 문제가 불거졌을 때 그것을 맡을 수 있었다. 물론 조이는 명석했고 무엇보다 배우고 싶어 했다. 이것이 큰 부분을 차지하긴 하지만, 그가 전문가가 될 수 있었던 것은 전문가가 되기 위한 기회가 주어졌기 때문이다.

조이의 이야기가 이어졌다.

"미시건에서 하루에 8~10시간이나 프로그래밍을 했어요. 버클리에 있을 때는 밤낮으로 프로그래밍을 했죠. 집에 단말기를 갖다 놓고 새벽 두세 시까지 하다가 키보드 위에서 잠들어버린 적도 많았죠. 그러면 어떻게 되는지 아세요? 키가 계속 눌려 있으면 삐, 삐, 삐 하는 소리가 나죠. 그렇게 세 번쯤 키보드에 머리를 박고 나면 침대로 갑니다. 버클리에 갔을 때도 제 실력은 모자랐어요. 그곳에서 2년을 보내며 기술을 갈고닦았죠. 30년을 넘어 지금까지 사용되는 프로그램을 만든 것이 그때의 일입니다."

그는 말을 멈추고 잠시 암산을 했다.

"1971년에 미시건 대학에 입학해 2학년이 되기 전에 프로그래밍을 시작했고 버클리에서 밤낮으로 프로그래밍을 했던 첫해 여름을 추가하면 5년쯤 되네요. 아, 미시건에서의 새내기 시절은 치지 않았군요. 그러면 얼추 1만 시간은 되는 것 같네요."

두 번째 증거 :
비틀스, 차별화된 밴드의 비밀　　　'1만 시간'은 성공의 보편적인 규칙일까? 위대한 성공을 거둔 사람들의 밑바닥을 파헤치면 우리는 언제나 미시건 컴퓨터센터나 하키 올스타팀처럼 연습을 위한 특별한 기회를 발견할 수 있을까?

두 가지 사례를 놓고 실험을 해보자. 사례를 단순화하기 위해 세계에서 가장 유명한 록 밴드인 비틀스와 세계에서 가장 갑부인 빌 게이츠를 살펴보기로 하겠다.

존 레논, 폴 매카트니, 조지 해리슨, 링고 스타로 구성된 비틀스는

존 레논과 폴 매카트니, 조지 해리슨,
링고 스타로 구성된 영국의 전설적
그룹, 비틀스.
함부르크 시절, 그들은 1년 6개월
동안 일주일 내내 하루 여덟 시간씩
연습했다.

1964년 2월 미국에 도착해 음악계에서 흔히 말하는 '브리티시 인베이
전(British Invasion: 영국 출신 록 가수가 미국, 캐나다, 오스트레일리아 등
지에서 흥행에 성공을 거두는 경향-역주)'을 시작했고 대중음악의 형태를
뒤바꿔놓은 히트음반들을 속속 출시했다.

우리가 살펴봐야 할 첫 번째 흥미로운 점은 그들이 미국에 도착하기
전까지 얼마나 오랫동안 함께했는가 하는 것이다. 존 레논과 폴 매카
트니는 미국에 오기 7년 전인 1957년부터 함께 연주하기 시작했다(우
연인지 모르지만 그들의 시작과 최고 걸작으로 꼽히는 〈Sgt. Pepper's Lonely
Hearts Club Band〉 앨범이 출시되기까지의 기간을 추산하면 10년이 된다).
그리고 이들이 거쳐 온 오랜 준비기간을 보다 자세히 살펴보면 하키선
수와 빌 조이, 세계 수준의 바이올리니스트들과 놀라울 정도로 비슷한
뭔가가 발견된다.

1960년, 비틀스가 그저 열심히 노력하는 고등학교 록 밴드에 불과
할 때 그들은 독일의 함부르크로부터 초대를 받았다. 비틀스의 전기작

가로 《샤우트(Shout!)》를 집필한 필립 노먼(Philip Norman)은 이렇게 말했다.

"당시 함부르크에는 로큰롤(락앤롤) 클럽이 없었습니다. 전부 스트립 클럽이었죠. 그곳에 브루노라는 클럽 사장이 있었는데 그는 공정한 쇼맨으로 다양한 록 밴드 그룹을 데려다 연주를 시키는 발상을 떠올렸습니다. 예를 들면 이런 식이죠. 매시간 이어지는 거대한 논스톱 쇼에서는 많은 사람이 들이닥치고 또한 빠져나가죠. 그때 밴드는 사람들의 발걸음을 붙잡아놓는 연주를 하면 됩니다. 빨간 조명 아래서 연주를 했기 때문에 그것을 논스톱 스트립티즈라고 불렀어요. 당시 함부르크에서 연주한 수많은 밴드가 리버풀 출신이었죠."

노먼은 계속 설명을 이어갔다.

"당시 밴드를 알아보기 위해 런던에 온 브루노는 소호(Soho)에서 우연히 런던에 잠시 들른 리버풀의 사업가를 만나게 됩니다. 그렇게 해서 몇몇 밴드를 소개받았죠. 비틀스는 브루노뿐 아니라 다른 클럽 사장들과도 연줄을 맺게 되었습니다. 술도 많이 마시고 섹스까지 할 수 있었기 때문에 그들은 그 일을 계속했습니다."

함부르크에서는 과연 어떤 특별한 일이 있었을까? 급료가 제대로 나온 것도 아니고 음향이 훌륭했던 것도 아니다. 그렇다면 관객은 귀를 기울여 들어주었을까? 그렇지도 않았다. 특별한 것은 단지 그들이 엄청난 시간을 연주할 수 있었다는 점이다.

비틀스가 해체된 후, 함부르크의 인드라(Indra)라는 클럽에서 연주했던 일에 대한 존 레논의 인터뷰에 귀를 기울여보자.

"우리의 연주 실력은 점점 좋아졌고 자신감을 얻었습니다. 날이면 날마다 밤새도록 연주를 했으니 그럴 수밖에 없었죠. 우리는 그곳에서 더욱 열심히 노력했고 노래에 마음과 영혼을 담으려 애썼습니다. 리버풀에서는 고작 한 시간만 연주할 수 있었기 때문에 우리가 가장 잘하는 곡만 반복해서 연주했죠. 하지만 함부르크에서는 여덟 시간씩 연주할 수 있었기 때문에 여러 가지 곡들과 새로운 연주방법을 시도할 수밖에 없었습니다."

여덟 시간을 연주했다니 그 연습량이 얼마나 엄청난 것인가? 당시 비틀스의 드러머였던 피트 베스트(Pete Best)의 말을 들어보자.

"클럽은 우리가 쇼를 시작한다는 소식을 전하며 관객을 무더기로 입장시켰어요. 우리는 일주일에 7일 밤을 연주했습니다. 처음에는 밤샘 연주가 끝날 무렵 12~30명이 남았지만, 점점 실력이 좋아지면서 토요일이나 일요일 아침에는 꽤 많이 남아 있었죠."

일주일에 7일이라고? 하루도 쉬지 않았다는 얘기가 아닌가.

비틀스는 1960년에서 1962년 말에 걸쳐 다섯 차례나 함부르크에 다녀왔다. 처음 방문했을 때 그들은 106일 밤을 매일 네 시간 이상 연주했다. 두 번째 여행에서는 92번이나 무대에 올랐고 세 번째에는 48번을 무대에 올라 172시간이나 연주했다. 마지막 두 번의 함부르크 무대 예약은 1962년 11월과 12월에 있었는데, 그때 90시간을 더 연주했다. 모두 합하면 비틀스는 1년 반 넘는 기간에 270일 밤을 연주한 셈이다.

그들이 처음으로 성공의 대박을 터뜨린 1964년까지 그들은 모두 1,200시간을 공연한 것으로 추산된다. 이것은 얼마나 특별한 경험일까? 오늘날 수많은 밴드는 전체 경력을 통틀어도 그만큼의 연주를 하지 않는다. 함부르크의 용광로는 비틀스를 다른 밴드와 다르게 만들어낸 요소 중 하나다. 노먼은 아주 흥미로운 말을 전해주고 있다.

"함부르크에 가기 전까지 그들은 무대 위에서 그다지 좋지 않았지만 돌아왔을 때는 아주 훌륭해졌습니다. 지구력만 익힌 게 아닙니다. 수많은 곡을 익혔지요. 우리가 생각할 수 있는 모든 버전의 노래들, 다시 말해 로큰롤뿐 아니라 일부 재즈도 소화하게 되었죠. 그 전까지 그들은 무대 위에서 숙달되어 있다고 볼 수 없었습니다. 그러나 함부르크에서 돌아오자 그들은 차별화된 소리를 내기 시작했지요. 비틀스는 그렇게 만들어졌습니다."

세 번째 증거:
행운의 여신, 빌 게이츠를 쏘다

이제 빌 게이츠를 만나볼 시간이다. 그에 관한 대략적인 밑그림은 비틀스 이야기만큼이나 잘 알려져 있다. 젊고 똑똑한 수학 천재가 컴퓨터 프로그래밍에 눈을 떠 하버드를 중퇴한다. 친구들과 함께 마이크로소프트라는 작은 컴퓨터 회사를 차린 그는 엄청난 똑똑함, 저돌성, 두둑한 배짱으로 그 작은 회사를 소프트웨어 세계의 거인으로 만들어놓는다. 이 정도는 누구나 알고 있는 사실이다.

그러면 좀더 깊이 파고들어 보자. 빌 게이츠의 아버지는 시애틀의 부유한 변호사였고, 어머니는 잘 나가는 은행가의 딸이었다. 어린 시절부터 머리가 트인 빌은 공부에서 빨리 흥미를 잃는 편이었다. 고민을 하던 빌의 부모는 아들을 공립학교에서 빼내 시애틀의 사립학교 레이크사이드(Lakeside)에 보냈다. 빌이 레이크사이드에서 두 번째 해를 보내던 중, 그 학교에서는 컴퓨터 클럽을 운영하기 시작했다. 빌 게이츠는 장난스럽게 당시의 일을 들려주었다.

"그 학교 어머니회는 매년 돈 쓸 일을 찾아 사방팔방 헤매고 다녔지요. 한번은 시내에 사는 아이들을 대학으로 견학 보내는 여름 프로그램을 열었어요. 또 언젠가는 선생님들을 초청하더군요. 그해에 어머니회가 3,000달러를 투자해서 작고 우스꽝스런 방에 컴퓨터 터미널을 설치했어요. 그것은 우리 차지가 되었죠. 정말 놀라운 일이었습니다."

그것이 '놀라운 일'이었던 이유는 그때가 1968년이었기 때문이다. 1960년대에는 대학에서조차 컴퓨터 클럽이 있는 학교가 드물었다. 레이크사이드에서 구입한 컴퓨터의 종류는 더욱더 눈길을 끈다. 그 학교는 1960년대의 다른 학교처럼 학생들이 수고스럽게 카드에 구멍을 뚫어가며 프로그래밍을 공부하도록 하지 않았다. 대신 'ASR-33 텔레타이프'라는 공유 터미널을 설치해 시애틀 시내에 있는 메인컴퓨터와 직접 연결되도록 했다. 빌 게이츠의 회상은 계속된다.

"공유시스템이라는 발상이 완전해진 게 1968년의 일이었어요. 어머니회의 누군가가 앞날을 내다본 거죠."

빌 조이는 대학교 새내기였던 1971년부터 공유시스템을 통해 프로

그래밍을 배울 기회를 얻었다. 그것도 감지덕지할 판인데, 빌 게이츠
는 실시간 프로그래밍을 미국 학제로 8학년이던 1968년부터 배웠다.
이후 빌은 컴퓨터실에서 살다시피 했다. 그와 몇몇 학생은 그 신기한
기계의 사용법을 스스로 익혀 나갔다.

메인컴퓨터와 접속하는 비용이 비싸 어머니회가 미리 지불한
3,000달러가 오래지 않아 동났지만, 부모들은 아이들을 말리는 것이
아니라 돈을 더 내주었다. 마침 그때 워싱턴 대학의 프로그래머들이 지
역의 기업들에게 컴퓨터 사용 시간을 빌려주는 컴퓨터센터 코퍼레이션
(Computer Center Corporation, C-Cubed)이라는 벤처회사를 창업했다.
운 좋게도 그 회사의 창업자 중 한 명인 모니크 로나(Monique Rona)의
아들이 레이크사이드에 다녔고, 그 소년은 빌보다 한 학년 위였다.

그때 로나는 기막힌 생각을 떠올렸다. 공짜로 프로그래밍하는 시간
을 내주는 대신, 레이크사이드 컴퓨터 클럽 회원들이 우리 회사의 소
프트웨어 프로그램을 주말에 테스트해주면 안 될까? 안 될 리가 있나!
빌은 주말뿐 아니라 학교 수업이 끝나면 곧바로 C-Cubed 사무실로
가서 저녁까지 오래도록 프로그래밍을 했다.

C-Cubed가 부도나자 빌과 친구들은 워싱턴 대학의 컴퓨터센터에
다니기 시작했다. 이미 오래 전부터 그들은 ISI(Information Science
Inc.)라는 벤처기업과 딱 붙어살았는데, 그 회사는 빌과 친구들이 전자
장부 프로그램을 만드는 일 등을 돕는 대신 공짜로 컴퓨터를 사용할
수 있게 해줬다. 1971년 2/4분기와 3/4분기에 게이츠와 그의 친구들

은 ISI 메인프레임에서 1,575시간이나 컴퓨터를 사용했다. 평균적으로 하루에 여덟 시간, 일주일에 7일을 그곳에서 살았던 것이다.

빌은 미친 듯이 컴퓨터에 빠져들었던 고등학교 시절을 떠올렸다.

"좀 심하게 몰입했죠. 체육은 아예 제쳐두었어요. 저녁마다 우린 그곳에 갔습니다. 주로 주말에 프로그래밍을 했는데, 그곳에서 20~30시간을 보내는 것이 보통이었습니다. 그러다가 폴 앨런(Paul Allen)과 제가 패스워드를 한 뭉텅이 훔쳐내고 시스템을 충돌시키는 바람에 쫓겨나고 말았죠. 여름 내내 컴퓨터를 쓰지 못했어요. 그게 제가 열다섯, 열여섯 살 때의 일입니다. 이후 폴이 워싱턴 대학에서 컴퓨터를 무료로 이용할 수 있는 방법을 알아냈어요. 그 대학은 의과부와 물리학연구소에 기계를 두고 있었죠. 평소에는 24시간 내내 스케줄이 잡혀 있었지만, 새벽 세 시에서 여섯 시 사이에는 일정이 없었어요."

빌 게이츠는 도둑고양이처럼 밤길을 걸었던 이야기를 들려주며 환하게 웃었다.

"우린 남들이 자는 시간에 집을 빠져나왔어요. 집에서 워싱턴 대학까지 걸어가야 했으니까요. 대낮이었다면 버스를 탔겠죠. 제가 그 많은 시간 동안 컴퓨터를 사용할 수 있도록 해줬기 때문에 저는 지금도 워싱턴 대학에 깊은 애정을 갖고 있습니다."

수년이 지난 후, 빌 게이츠의 어머니는 당시의 일을 들려주었다.

"우리는 빌이 왜 아침마다 일어나기를 힘들어하는지 궁금해 했죠."

어느 날 ISI의 창립자 중 한 명인 버드 펨브로크(Bud Pembroke)는

TRW라는 기술회사로부터 전화를 받았다. 워싱턴주의 남부에 있는 거대한 보네빌발전소와 컴퓨터 프로그램을 계약한 TRW는 발전소에서 사용해온 프로그램에 익숙한 프로그래머를 필사적으로 찾고 있었다. 컴퓨터 혁명의 초창기라 이처럼 특별한 분야에 경험이 있는 프로그래머를 찾는 일은 무척 어려웠다.

하지만 펨브로크는 누구에게 전화를 걸어야 할지 정확히 알고 있었다. 바로 ISI 메인프레임에서 수천 시간이나 프로그래밍을 해온 레이크사이드 고등학교 녀석들이었다. 그 무렵 빌은 고등학교 졸업반이었고, 연락을 받자마자 독립적인 공부 프로젝트인 것처럼 가장해 교사들이 그를 보네빌에 보내도록 일을 꾸며놓았다. 그곳에서 그는 존 노튼(John Norton)의 지시를 받아 프로그래밍을 했는데, 빌에 따르면 존은 그가 만나본 어떤 사람보다 프로그래밍에 대해 많은 것을 가르쳐주었다.

8학년에서 고등학교 졸업반까지의 5년은 빌 게이츠에게 '비틀스의 함부르크 시절'이라고 할 수 있다. 어떤 각도에서 바라보더라도 빌 게이츠는 빌 조이보다 독특한 기회와 행운의 연속 속에서 살아왔다.

첫째, 부유한 부모 덕분에 레이크사이드로 보내졌다. 세계 어떤 고등학교에서 1968년에 공유 터미널을 통해 프로그래밍을 할 수 있었겠는가? 둘째, 레이크사이드의 어머니들은 비싼 컴퓨터 사용료를 낼 수 있을 만큼 여유로웠다. 셋째, 사용료가 부담스러워지는 시점에 부모 중 하나가 C-Cubed의 공동창업자가 됐고, 그 회사는 주말에 코드를 확인해줄 누군가를 필요로 했으며 부모들은 주말 내내 프로그래밍을

특별한 기회와 놀라운 행운의 연속 속에서
위대한 아웃라이어가 된 빌 게이츠

해도 나무라지 않았다. 넷째, 게이츠가 ISI를 발견했고 ISI는 장부 프로그램 관련 업무를 할 누군가를 필요로 했다. 다섯째, 게이츠는 워싱턴 대학까지 걸어서 갈 수 있는 거리에 살고 있었다. 여섯째, 워싱턴 대학에서 새벽 세 시에서 여섯 시까지 컴퓨터를 공짜로 사용할 수 있었다. 일곱째, TRW가 버드 펨브로크에게 전화를 걸었다. 여덟째, 펨브로크가 알고 있는 최고의 프로그래머는 두 명의 고등학생이었다. 마지막으로 아홉째, 레이크사이드 고등학교가 학교에서 벗어나 프로그래밍에 매진하는 것을 허락해주었다.

이 모든 행운에 공통되는 요소는 무엇일까? 바로 그 모든 기회를 통해 빌 게이츠가 추가적인 연습시간을 얻었다는 점이다. 그는 자신의 소프트웨어 회사를 차리기 위해 하버드를 중퇴한 대학교 2학년 때까지 거의 7년간 쉼 없이 프로그래밍을 해온 셈이다. 빌 게이츠 같은 경험을 할 수 있는 10대가 전 세계에 얼마나 될까? 빌 게이츠는 자신이 커다란 행운을 누렸다는 것을 인정한다.

"저와 비슷한 경험을 해온 사람이 50명쯤 된다면 저는 아마도 깜짝 놀랄 겁니다. 우리가 ISI와 함께 다뤘던 장부 프로그램, 그리고 TRW라는 기회가 한꺼번에 다가왔어요. 저는 어린 시절부터 그 시기의 누구보다 소프트웨어 개발과 관련해 좋은 경험을 하고 있었고, 그것은 믿을 수 없을 만큼 놀라운 행운의 연속이었지요."

**특별한 기회,
그리고 부자들의 타이밍**　　　　하키선수들과 비틀스, 빌 조이, 빌 게이츠의 이야기를 한데 모아놓으면 성공에 대해 더욱 완벽한 그림이 그려진다. 조이와 게이츠, 그리고 비틀스는 모두 재능을 타고났다. 존 레논과 폴 매카트니의 음악적 재능은 한 세대에 한 번 나올 만하고, 빌 조이는 앞서 말한 것처럼 순식간에 복잡한 알고리즘을 완성시켜 지도교수들을 놀라게 했다. 그건 확실히 타고난 재능이다.

하지만 그들의 역사를 구분 짓는 진정한 요소는 그들이 지닌 탁월한 재능이 아니라 그들이 누린 특별한 기회이다. 만약 비틀스가 함부르크에 초대받지 않았다면 그들은 다른 길을 걸었을지도 모른다. 빌 게이츠는 인터뷰 첫머리에 이렇게 말했다.

"저는 아주 운이 좋았어요."

그렇다고 그가 영리하지 않다거나 탁월한 기업가가 아니라는 뜻은 아니다. 그저 그가 1968년에 레이크사이드에 있었다는 것은 믿을 수 없을 만큼 큰 행운이었다는 얘기다.

우리가 살펴본 모든 아웃라이어는 평범하지 않은 기회를 누렸다. 그렇다고 그러한 평범하지 않은 행운을 통한 성공이 소프트웨어 백만장자나 록 스타, 유명한 하키선수에게만 주어지는 것은 아니다. 그것은 모든 분야의 아웃라이어에게서 보편적으로 발견되는 하나의 법칙이다.

마지막으로 아웃라이어가 누리는 숨어 있는 기회의 예를 하나만 더 살펴보자.

1장에서 만났던 하키선수들을 살펴보며 했던 테스트를 이번에는 태어난 달이 아니라 태어난 해에 맞춰 해보는 것이다. 최근에 〈포브스〉가 선정한 인류 역사상 가장 부유한 75인의 명단을 눈을 부릅뜨고 살펴보자. 그들의 재산은 현재의 미국 달러로 환산되어 있다. 명단에는 워런 버핏(Warren Buffett)이나 카를로스 슬림(Carlos Slim) 같은 요즘 사람들과 함께 몇 세기 전의 왕과 왕비도 포함되어 있다.

순서	이름	재산(US $)	출신	기업, 부의 출처
1	존 D. 록펠러	3183억 달러	미국	스탠더드오일
2	앤드루 카네기	2983억 달러	스코틀랜드	카네기 스틸 컴퍼니
3	러시아 황제 니콜라스 2세	2535억 달러	러시아	로마노프 가문
4	윌리엄 헨리 밴더빌트	2316억 달러	미국	시카고, 버링컨, 퀸시 철도
5	오스만 알리칸, 아사프 자하 7세	2108억 달러	하이데라바드	전제 군주
6	앤드루 W. 멜론	1888억 달러	미국	걸프 오일
7	헨리 포드	1881억 달러	미국	포드 자동차
8	마르쿠스 리시니우스 크라수스	1698억 달러	로마공화국	로마 원로원
9	바실 2세	1694억 달러	비잔틴제국	전제 군주
10	코르넬리우스 밴더빌트	1674억 달러	미국	뉴욕, 할렘 철도

순서	이름	재산(US $)	출신	기업, 부의 출처
11	알라누스 루프스	1669억 달러	영국	투자
12	아메노피스 3세	1552억 달러	고대 이집트	파라오
13	윌리엄 드 워랜, 제1대 서리 백작	1536억 달러	영국	서리 백작
14	영국 윌리엄 2세	1517억 달러	영국	전제 군주
15	엘리자베스 1세	1429억 달러	영국	튜더 가문
16	존 D. 록펠러 주니어	1414억 달러	미국	스탠더드오일
17	샘 월튼	1280억 달러	미국	월마트
18	존 제이콥 애스터	1150억 달러	독일	아메리칸 퍼 컴퍼니
19	바이외의 오도	1102억 달러	영국	전제 군주
20	스티븐 지라드	995억 달러	프랑스	미국 최초의 은행 설립
21	클레오파트라	958억 달러	고대 이집트	프톨레미의 상속
22	스티븐 반 런셀러 3세	888억 달러	미국	런셀러 재단
23	리처드 B. 멜론	863억 달러	미국	걸프 오일
24	알렉산더 터니 스튜어트	847억 달러	아일랜드	롱아일랜드 철도
25	윌리엄 백하우스 애스터 주니어	847억 달러	미국	상속
26	시몬 이투비	812억 달러	볼리비아	후아누니 양철 광산
27	술탄 하사날 볼키아	807억 달러	브루나이	크랄
28	프레드릭 와이어하우저	804억 달러	독일	와이어하우저 코퍼레이션
29	모세 테일러	793억 달러	미국	씨티은행
30	빈센트 애스터	739억 달러	미국	상속
31	카를로스 슬림 헬루	724억 달러	멕시코	텔멕스
32	송자문	678억 달러	중국	중국 중앙은행
33	제이 굴드	671억 달러	미국	유니온퍼시픽
34	마셜 필드	663억 달러	미국	마셜 필드 앤 컴퍼니
35	조지 F. 베이커	636억 달러	미국	뉴저지 중앙 철도
36	헤티 그린	588억 달러	미국	시보드 내셔널 은행

순서	이름	재산(US $)	출신	기업, 부의 출처
37	빌 게이츠	580억 달러	미국	마이크로소프트
38	로렌스 조셉 엘리슨	580억 달러	미국	오라클 코퍼레이션
39	리처드 아크라이트	562억 달러	영국	더웬트 계곡 방적공장
40	무케시 암바니	558억 달러	인도	렐리안스 인더스트리
41	워런 버핏	524억 달러	미국	버크셔 해서웨이
42	락시미 미탈	510억 달러	인도	미탈 스틸 컴퍼니
43	J. 폴 게티	501억 달러	미국	게티 오일 컴퍼니
44	제임스 G. 페어	472억 달러	미국	컨설리데이티드 버지니아 마이닝 컴퍼니
45	윌리엄 웨이트먼	461억 달러	미국	머크&컴퍼니
46	러셀 세이지	451억 달러	미국	웨스턴유니언
47	존 블레어	451억 달러	미국	유니언퍼시픽
48	아닐 암바니	450억 달러	인도	렐리안스 커뮤니케이션스
49	르랜드 스탠퍼드	449억 달러	미국	센트럴퍼시픽 레일로드
50	하워드 휴즈 주니어	434억 달러	미국	휴즈 툴 컴퍼니, 휴즈 에어크래프트 컴퍼니, 숨마 코퍼레이션, TWA
51	사이러스 커티스	432억 달러	미국	커터스 출판 그룹
52	존 인슬리 블레어	424억 달러	미국	댈라웨어, 라카와나, 웨스턴 레일로드
53	에드워드 헨리 해리먼	409억 달러	미국	유니언 퍼시픽 레일로드
54	헨리 H. 로저스	409억 달러	미국	스탠더드오일 컴퍼니
55	폴 앨런	400억 달러	미국	마이크로소프트, 벌컨 인더스트리
56	존 클루제	400억 달러	독일	메트로폴리탄 브로드캐스팅 컴퍼니
57	J.P. 모건	398억 달러	미국	제너럴일렉트릭, US스틸
58	올리버 H. 페인	388억 달러	미국	스탠더드오일 컴퍼니
59	요시아키 스스미	381억 달러	일본	세이부 코퍼레이션
60	헨리 클레이 프릭	377억 달러	미국	카네기 스틸 컴퍼니
61	존 제이콥 애스터 4세	370억 달러	미국	상속

순서	이름	재산(US $)	출신	기업, 부의 출처
62	조지 풀먼	356억 달러	미국	풀먼 컴퍼니
63	콜리스 포터 헌팅턴	346억 달러	미국	센트럴퍼시픽 레일로드
64	피터 애럴 브라운 와이드너	334억 달러	미국	아메리칸 토바코 컴퍼니
65	필립 댄포스 아머	334억 달러	미국	아모어 리프리지네이터 라인
66	윌리엄 S. 오브라이언	333억 달러	미국	컨설리데이티드 버지니아 마이닝 컴퍼니
67	잉바르 캄프라드	330억 달러	스웨덴	이케아
68	K.P. 싱	329억 달러	인도	DLF 유니버셜 리미티드
69	제임스 C. 플루드	325억 달러	미국	컨설리데이티드 버지니아 마이닝 컴퍼니
70	리카싱	320억 달러	중국	허치슨 왐포와 리미티드
71	안소니 N. 브래디	317억 달러	미국	브루클린 래피드 트랜싯
72	일라이어스 하스켓 더비	314억 달러	미국	선박업
73	마크 홉킨스	309억 달러	미국	센트럴퍼시픽 레일로드
74	에드워드 클라크	302억 달러	미국	싱어 재봉틀
75	알 왈리드 빈 탈랄 왕자	295억 달러	사우디아라비아	킹덤 홀딩 컴퍼니

이 명단에서 흥미로운 점을 찾았는가? 75인의 명단에는 놀랍게도 19세기 중반에 태어난 미국인이 열네 명이나 포함되어 있다. 잠깐 책을 덮고 생각해보라. 역사가들은 클레오파트라와 파라오로부터 지금까지의 인류 역사를 샅샅이 훑었고 특별한 부자를 찾아 세계 구석구석을 들여다보았는데, 흥미롭게도 그들이 찾아낸 이름 중 20퍼센트가 한 나라의 한 세대에 속해 있다. 그들의 이름과 태어난 해는 다음과 같다.

순서	이름	출생년도
1	존 D. 록펠러	1839
2	앤드루 카네기	1835
28	프레드릭 와이어하우저	1834
33	제이 굴드	1836
34	마셜 필드	1834
35	조지 F. 베이커	1840
36	헤티 그린	1834
44	제임스 G. 페어	1831
54	헨리 H. 로저스	1840
57	J.P. 모건	1837
58	올리버 H. 페인	1839
62	조지 풀먼	1831
64	피터 애럴 브라운 와이드너	1834
65	필립 댄포스 아머	1832

이게 대체 어찌된 일일까? 조금만 생각해보면 그 답은 분명해진다.

1860년대와 1870년대에 미국 경제는 역사상 가장 큰 변화를 겪었다. 그 시기에 철도가 건설되기 시작했고 월스트리트가 태어났다. 공업생산으로의 변화가 확고하게 일어나는 동시에 전통적인 경제를 지배하던 규칙이 부서지고 새로운 규칙이 만들어진 것이다. 이 명단은 그 변환기에 그들이 몇 살이었는지가 관건임을 보여준다.

만약 누군가가 1840년대 후반에 태어났다면 그는 기회를 놓친 것이다. 이 시기의 이점을 누리기엔 그가 너무 어리기 때문이다. 반대로 만약 1820년대에 태어났다면 너무 나이가 많다. 그의 사고방식은 남북전쟁 이전에 머물러 있을 것이다. 하지만 미래의 잠재력을 이해할 수 있는 나이대가 탄생할 수 있는 9년의 창이 열려 있었다. 여기에 포함된 열네 명은 모두 비전과 재능을 지니고 있었고 동시에 그들은 1~3월에 태어난 하키선수나 축구선수가 누리는 특별한 기회를 누렸다.*

빌 게이츠나 빌 조이 같은 사람에 대해서도 같은 방식으로 분석을 해볼 수 있다. 실리콘밸리의 베테랑들은 개인컴퓨터 혁명의 역사에서 가장 중요한 해는 1975년이었다고 말한다. 그 무렵 〈퍼퓰러일렉트로닉(Popular Electronic)〉은 앨타이어(Altair) 8800 컴퓨터라는 특별한 기계를 커버스토리로 다루었다. 앨타이어의 가격은 397달러였고 이것은 집에서 조립할 수 있는 장난감에 가까운 물건이었다. 잡지의 헤드라인은 사람들의 눈을 사로잡기에 충분했다.

"획기적인 프로젝트! 세계 최초의 상업적 미니컴퓨터 키트 등장."

당시 소프트웨어와 컴퓨터 세계에 첫발을 내디딘 이들에게 바이블

◎ 사회학자 C. 라이트 밀스(C. Wright Mills)는 1930년대에 태어난 사람들에 대한 관찰기록을 제공하고 있다. 식민시대부터 20세기까지 미국 기업인의 배경을 조사한 결과, 그는 대부분의 비즈니스 리더가 풍족한 배경에서 태어났음을 발견했다. 하지만 1830년대는 다르다. 이는 그 시대에 태어난 것이 얼마나 큰 이점이었는가를 보여준다. 그 시대는 평범하게 태어난 사람이 부자가 될 수 있는 현실적 기회를 누리던 유일한 시기였다. 밀스는 "1835년 전후는 미국 역사상 가난하고 야심 찬 소년이 사업을 통해 성공을 노려볼 수 있는 최고의 기회였다"라고 말한다.

로 불리던 그 잡지의 독자들에게 그 헤드라인은 계시와도 같았다. 그 이전까지 컴퓨터는 미시건 컴퓨터센터의 베이지색 건물에 들어앉아 있는 거대하고 비싼 메인프레임을 뜻했다. 그러나 모든 해커와 전자기기 광들은 수년간 컴퓨터가 작고 저렴한 물건이 되어 평범한 사람들도 개인컴퓨터를 갖게 될 날을 꿈꿔왔고 결국 그날은 왔다.

만약 1975년이 개인컴퓨터 혁명의 여명기라면 그 이점을 누리기 위한 최적의 시점은 언제일까? 존 록펠러와 앤드루 카네기 시대에 적용되던 원칙이 여기에도 적용된다. 오랫동안 마이크로소프트의 최고기술 책임자를 역임한 네이선 미어볼드(Nathan Myhrvold)의 말을 들어보자

"1975년에 이미 어느 정도 나이든 상태에서 IBM에 자리 잡은 사람은 새로운 세계를 향해 변화하는 데 큰 어려움을 겪었을 겁니다. 수백만 달러짜리 회사가 메인프레임을 만드는 일을 도우며 이렇게 생각했을지도 모릅니다. '저 작고 애처로운 컴퓨터 때문에 왜 내 인생을 망쳐야 하지?' 그런 생각을 하는 사람에게 컴퓨터는 산업일 뿐 혁명이 될 수는 없습니다. 그들은 단지 컴퓨터를 쳐다볼 뿐, 그 이상은 보지 못하는 장님이나 다름없습니다. 그럭저럭 잘 살 수는 있습니다. 하지만 그들은 수십억 달러짜리 부자가 되거나 세계에 충격을 안겨줄 기회를 갖지는 못합니다."

대학을 졸업한 뒤 수년 후에 1975년을 맞이한 사람들은 낡은 패러다임에 속해 있었다. 갓 집을 샀고 가정을 꾸려 자녀가 커 나가고 있던 터라 397달러짜리 컴퓨터 키트가 제시하는 그림의 떡을 먹기 위해 좋은

직장과 집을 포기할 수 없는 처지였다. 그러므로 1952년 이전에 태어난 사람들은 논외이다. 동시에 너무 젊어서도 안 된다. 아무리 1975년의 무대에 뛰어들고 싶을지라도 고등학교에 다니고 있으면 불가능하기 때문이다. 그러므로 1958년 이후에 태어난 사람도 빼자.

1975년에 가장 적합한 나이는 다가올 혁명의 일부가 될 수 있으면서도 그것을 놓칠 만큼 많지는 않은 그런 나이이다. 따라서 1954년과 1955년에 태어나 스물한 살에서 스물두 살에 이른 사람이 이상적이다.

이 이론을 시험해볼 가장 간단한 방법이 있다. 빌 게이츠는 몇 년생일까?

빌 게이츠: 1955년 10월 28일생.

완벽하다! 빌 게이츠는 1월 1일에 태어난 하키선수나 마찬가지다. 레이크사이드 시절에 빌 게이츠와 함께 컴퓨터실에 틀어박혀 있었고, 마이크로소프트를 공동창업한 폴 앨런의 생일은 언제일까?

폴 앨런: 1953년 1월 21일생.

마이크로소프트에서 세 번째로 부유한 사람은 2000년부터 그 회사의 일상사를 주관해왔고, 지금은 소프트웨어 세계에서 가장 신뢰받는 경영자로 변신한 스티브 발머(Steve Ballmer)이다. 발머의 생일은 언제일까?

스티브 발머: 1956년 3월 24일생.

컴퓨터 업계에서 빌 게이츠와 쌍벽을 이루는 애플 컴퓨터의 창립자 스티브 잡스(Steve Jobs) 역시 빼놓을 수 없다. 게이츠와 달리 잡스는 부유한 집안에서 태어나지 못했고 빌 조이처럼 미시건 대학에 가지도 않았다. 하지만 이것은 그 또한 나름대로 '함부르크 시절'을 겪었다는 사실에 대한 반박거리가 못 된다. 잡스는 샌프란시스코의 남쪽인 캘리포니아 마운틴뷰(Mountain View)에서 자랐는데, 그곳은 나중에 실리콘밸리의 중심이 되었다. 잡스의 이웃집은 휴렛팩커드의 엔지니어들로 꽉 차 있었고 그 회사는 세계에 널리 알려진 전자기업 중 하나다. 10대 시절에 잡스는 마운틴뷰에서 땜장이와 전자 애호가들이 남는 부품을 판매하는 벼룩시장을 기웃거렸다. 훗날 자신이 지배하게 될 비즈니스의 공기를 들이마시고 있었던 것이다. 잡스에 대한 수많은 전기 중 하나인 《액시덴털 밀리오네어(accidental millionaire)》의 한 단락을 보면, 그가 얼마나 특별한 경험을 하며 살았는지 짐작할 수 있다.

"잡스는 휴렛팩커드 기술자들의 토론에 참여했다. 그 토론은 전자전기 분야의 최신 발전 내용에 대한 것이었고, 잡스는 자신의 트레이드마크가 될 스타일을 연습하기라도 하듯 휴렛팩커드의 기술자들로부터 최대한 많은 정보를 이끌어냈다. 심지어 그는 회사 창업자 중 한 명인 빌 휴렛(Bill Hewlett)에게 부품을 요구하기도 했다. 이때 잡스는 자신이 원했던 부품만 얻은 게 아니라 여름방학 아르바이트 자리도 구했다. 잡스는 조립라인에서 일하며 컴퓨터 만드는 일에 매혹되었고 자기만의 스타일을 연구했다."

잠깐! 빌 휴렛이 부품을 줬다고? 이는 빌 게이츠가 열세 살 때 공유 컴퓨터에 무제한적인 접근권을 얻은 것과 마찬가지다. 패션에 관심이 있는 꼬마가 조지오 아르마니(Giorgio Armani)의 옆집에 살았다는 말과 다를 게 없다. 그렇다면 잡스는 언제 태어났을까?

스티브 잡스: 1955년 2월 24일생.

다음으로 소프트웨어 혁명의 또 다른 선구자 에릭 슈미트(Eric Schmidt)를 살펴보자. 그는 실리콘밸리에서도 두드러지는 소프트웨어 기업 중 하나인 노벨(Novell)을 경영하다가 2001년에 구글의 CEO가 되었다. 그렇다면 생일은 언제일까?

에릭 슈미트: 1955년 4월 27일생.

물론 실리콘밸리의 모든 소프트웨어 제왕이 1955년에 태어난 것은 아니다. 미국 산업계의 모든 거물이 1830년대 중반에 태어나지 않은 것처럼 일부는 그렇지 않다. 하지만 여기에는 분명한 패턴이 있고 놀라운 것은 우리가 그것에 관해 그다지 알려고 하지 않는다는 점이다. 우리는 성공을 개인적인 요소에 따른 결과라고 생각한다. 그러나 우리가 살펴본 모든 사례는 어떤 것도 그렇게 간단하지 않았다. 우리가 발견한 것은 열심히 일할 수 있는 기회를 꽉 움켜쥔 후, 그 특별한 노력이 사회 전체로부터 보상받을 수 있는 시대를 만난 사람들의 이야기였다. 그들의 성공은 그들만의 작품이 아니다. 그것은 그들이 자라난 세계의 산물이다.

그건 그렇고 빌 조이는 자신이 좀더 나이가 많았다면 카드에 구멍을 뚫어가며 프로그래밍을 하기보다 차라리 과학을 공부했을 거라고 말했다. 컴퓨터의 전설 빌 조이는 생물학자 빌 조이가 될 수도 있었던 것이다. 반대로 그의 나이가 몇 살 어렸다면 인터넷에 사용되는 코드를 작성할 수 있는 그 작은 기회의 창은 닫혀 버렸을지도 모른다. 그렇다면 빌 조이는 언제 태어났을까?

빌 조이: 1954년 11월 8일생.

빌 조이는 버클리 시절을 보낸 뒤, 실리콘밸리의 핵심 기업 중 하나인 선마이크로시스템을 공동창업 했다. 만약 아직도 언제 어디서 태어났는가는 중요하지 않다고 생각한다면, 선마이크로시스템을 창업한 나머지 세 사람의 생일을 확인해보자.

스콧 맥닐리(Scott McNealy): 1954년 11월 13일생.
비노드 코슬라(Vinod Khosla): 1955년 1월 28일생.
앤디 백톨샤임(Andy Bechtolsheim): 1955년 9월 30일생.

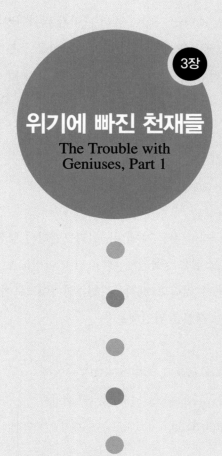

3장

위기에 빠진 천재들
The Trouble with Geniuses, Part 1

"한 소년의 높은 IQ는 수많은 영리한 소년과 만났을 때
거의 도움이 되지 않는다."

**미국에서 가장 똑똑한
사나이의 딜레마**
미국의 TV쇼 〈1 대 100〉은 2008년 시즌 다섯 번째 에피소드에 크리스토퍼 랭건(Christopher Langan)을 특별 게스트로 초청했다. 〈1 대 100〉은 TV 퀴즈쇼 〈누가 백만장자가 되기를 원하는가(Who wants to be a Millionaire)〉의 성공에 영향을 받아 생겨난 많은 TV쇼 중 하나다.

그 쇼에는 '군중'이라 불리는 100명의 평범한 사람이 등장하고, 그들은 매주 특별히 초청된 게스트와 지식을 겨룬다. 상금이 100만 달러나 걸려 있는 이 퀴즈쇼의 게스트는 100명보다 문제를 더 잘 맞힐 수 있을 만큼 똑똑해야 한다. 방송이 시작되자 내레이션이 깔렸다.

"오늘밤 군중은 가장 날카로운 적수를 만났습니다. 미국에서 가장 똑똑한 사람, 크리스토퍼 랭건입니다."

카메라는 작달막하고 근육질인 50대 남성을 천천히 비춰주었고 내

레이션은 계속되었다.

"평균적인 사람의 IQ는 100입니다. 아인슈타인은 150이었죠. 크리스의 IQ는 195입니다. 크리스는 그 뛰어난 두뇌를 이용해 우주에 대한 이론을 만들어가고 있습니다. 그렇다면 그 머리가 100만 달러를 향해 달려드는 군중을 상대로 충분히 능력을 발휘할까요? 지금 〈1 대 100〉을 주목해주십시오!"

불이 꺼지고 랭건은 큰 박수소리와 함께 무대 뒤로 내려왔다. 쇼의 진행자인 밥 사겟(Bob Saget)이 랭건을 마치 실험실에나 어울릴 법한 특별한 종(種)인 것처럼 바라보며 물었다.

"〈1 대 100〉에서 좋은 성적을 거두기 위해 그렇게까지 지적일 필요는 없다고 생각하지 않나요?"

"사실 저는 그게 짐이 될 수도 있다고 생각합니다. IQ가 높으면 심오하고 깊이 있는 생각에 몰두하다보니 사소하고 일반적인 상식에 대해서는 잘 모를 수 있습니다."

랭건은 무척 즐거운 듯한 표정으로 군중을 바라보았다. 그는 유명인사가 된 아웃라이어로, 지난 10년간 미국인의 천재성을 대변하는 사람이라는 명성을 얻어왔다. 설명하기 어려운 두뇌의 소유자라는 이유만으로 그는 TV 뉴스쇼에 출연하고 잡지에 이름이 오르내렸으며 영화제작자 에롤 모리스(Errol Morris)가 만든 다큐멘터리의 주제 인물이 되기도 했다.

TV 뉴스쇼 〈20/20〉은 신경정신과 의사를 고용해 랭건의 IQ 테스트를 의뢰한 적이 있는데, 그만 그의 점수가 차트를 넘어서고 말았다. 정확히 측정할 수 없을 만큼 높았던 것이다. 평범한 IQ 테스트로는 측정이 되지 않는 특별한 사람들을 위한 슈퍼 IQ 테스트를 받을 때 그는 한 문제를 빼고 모두 맞혔다.* 그는 생후 6개월부터 말하기 시작했고 10대 초반에 농장에서 일하며 이론물리학 분야의 책들을 폭넓게 읽어나갔다. 열여섯 살에는 버트런드 아서 러셀(Bertrand Arthur Russell)과 앨프리드 노스 화이트헤드(Alfred North Whitehead)가 쓴 어렵기로 유명한 수리철학의 걸작 《수학의 원리(Principia Mathematica)》를 읽고 스스로 진로를 결정했다. 그리고 시험을 보는 도중에 잠깐 졸긴 했지만 SAT에서 만점을 받았다.

크리스의 동생 마크(Mark)는 고등학교 시절에 형이 무엇을 공부했는지 들려주었다.

"수학하고 프랑스어, 러시아어를 한 시간씩 했죠. 그리고 철학책을 읽었습니다. 종교적인 자세로 매일 이런 공부를 했어요."

그의 또 다른 동생 제프(Jeff)도 한마디 거들었다.

"형이 열네 살이었나 열다섯 살이었나, 재미삼아 그림을 그리면 사진처럼 똑같았어요. 열다섯 살 때는 지미 헨드릭스(Jimi Hendrix)의 기타 연주를 따라할 수 있었죠. 음, 형은 수업을 절반 정도만 들었던

○ 슈퍼 IQ 테스트를 만든 로널드 K. 회플린(Ronald K. Hoeflin) 자신도 IQ가 높다. 동사 분석 부분에서 샘플 문제를 하나 뽑아보았다. "이빨이 암탉에게 그러하듯 둥지는 무엇에게 그러한가?" 답을 알고 싶을지라도 내게 묻지 마라. 나도 모르니까.

것 같아요. 그냥 시험만 봐도 될 정도로 선생님들께 배울 게 없었죠. 우리에게는 그것이 무척 신기했어요. 형은 한 학기 분량의 교과서를 이틀 만에 다 보고, 자기가 읽고 싶은 책을 보다가 다시 수업에 들어가곤 했죠. 그리고는 또다시 자기가 하고 싶은 일로 돌아갔어요."•

〈1 대 100〉의 세트 위에 앉은 랭건은 침착했다. 그는 주제 근처에서 맴돌지 않았고 정확한 답을 찾기 위해 고민하거나 이미 말한 내용을 번복하지도 않았다. 또한 "음…", "아…", "글쎄요"처럼 대화를 부드럽게 하기 위한 단어는 일절 사용하지 않았고, 마치 행진하는 군인들처럼 밝고 명료하게 또박또박 말을 이어갔다.

사겟이 던지는 모든 질문을 그는 가볍게 튕겨냈다. 이미 얻은 상금이 25만 달러에 이르렀을 때, 그는 더 많은 상금을 받기 위해 지금까지 번 것을 잃어야 할 위험을 무릅써야 할지를 놓고 잠시 머릿속으로 계

• 크리스 랭건의 성장기를 제대로 이해하려면 IQ 200이 넘었던 'L'이라는 아이를 살펴볼 필요가 있다. 이것은 예외적인 재능을 갖고 태어난 아이들의 사례를 최초로 연구한 리타 스테터 홀링워스(Leta Stetter Hollingworth)의 연구에서 추려낸 것이다. 다음의 내용에서 확연히 드러나는 것처럼 IQ 200은 아주, 아주 높은 수치다.

"어린 시절 L의 박학다식함은 정말 놀라웠다. 학문적 정확함과 일관성을 추구하는 그의 열정은 강렬했고 매우 높은 평가기준을 갖고 있었다. 그 넓고 견고한 지식 덕분에 교수라는 별명을 가졌던 그의 열정과 능력은 학생 및 교사에게 칭송을 받았다. 종종 그는 시간 측정 도구의 역사, 엔진 만들기에 대한 고대 이론, 수학, 역사 등에 관해 한 시간 정도 강의를 하기도 했다. 나아가 타이프라이터 리본처럼 평범한 물건을 이용해 시간 측정 도구의 원칙을 관찰하기 위한 괘종시계 등을 만들기도 했다. 그 시계는 '시간과 시간 기록'이라는 수업에서 보조교재로 사용하기 위해 만든 것이다. 그의 노트에는 학문적 발견이 가득 담겨 있었다. 특히 교통수단을 통한 육상여행에서 드러난 불공정한 처우에 불만을 느낀 그는 모든 것에 정의를 실현하기에는 시간이 너무 제한적이라는 사실을 깨달았다. 하지만 '적어도 그들은 고대 이론을 발견했어야 했다'고 단언했다. 여가시간에는 엔진과 기관차 등에 관한 고대 이론이 담긴 책과 그림 등을 구입하기도 했다. 이것은 그의 나이 열 살 때의 일이다."

산을 하는 듯했다. 갑자기 그는 멈추었다.

"현금을 받겠습니다."

그는 사겟과 악수를 한 후 내려왔다. 천재다운 모습 그대로 정상에서 내려왔던 것이다.

어린 천재
집단의 미래 제1차 세계대전이 막 끝났을 무렵, 스탠퍼드 대학의 젊은 심리학자 루이스 터먼(Lewis Terman)은 헨리 코웰(Henry Cowell)이라는 소년을 만났다. 가난과 혼란 속에서 자라난 코웰은 일곱 살 이후로 학교에 가본 적이 없었다. 하지만 스탠퍼드 대학에서 멀지 않은 곳에 위치한 자그마한 학교 건물의 관리인으로 일했던 코웰은 수업 내용을 훔쳐보고 학교 피아노를 몰래 연주하며 허기진 지식을 조금이나마 채웠다.

전 세계에서 사용하는 표준형 스탠퍼드-비네 검사*를 만든 터먼은 코웰의 IQ를 측정해보기로 했다. 소년의 IQ는 140이 넘었고 가히 천재 수준이었다. 터먼은 큰 충격을 받았다. 진흙 속에 묻힌 진주가 얼마나 더 많이 있을 것인가?

◎ 1916년 미국 스탠퍼드 대학의 심리학자 루이스 터먼이 도입한 개인지능검사의 한 방법. 언어 능력, 수리력, 추리력, 공간지각력 등 4가지 하위요소로 구성되어 있으며, 개발 당시 미국 육군이 단기간에 대규모 병력을 선발하기 위해 도입하면서 일반인에게까지 보편화되었다. 이후 개정판이 출시되면서 문항수가 증가하고, 측정집단의 연령범위 확대에 따라 나이별 검사가 달라졌다. 이 방식을 사용한 검사결과 백인이 흑인보다 평균 15점 정도 높은 지능지수를 기록했는데, 그것이 터먼 개인의 인종주의적 성향과 맞물려 남녀 및 인종 차별의 근거로 제시되는 등 역기능도 있었다.

또 다른 사람을 찾아 나선 그는 알파벳을 생후 9개월에 익힌 소녀와 네 살에 디킨스와 셰익스피어를 읽는 소녀를 발견했다. 그뿐 아니라 인간이 그토록 긴 법률적 판례 문구 하나하나를 모두 기억해내 정확하게 다시 쓸 수 있다는 것을 교수가 믿어주지 않아 로스쿨에서 쫓겨난 젊은이를 찾아내기도 했다.

1921년, 터먼은 재능 있는 이들에 대한 연구를 필생의 과제로 삼기로 했다. 영연방재단(Commonwealth Foundation)의 막대한 지원금으로 무장한 그는 현장 조사반을 꾸려 그들을 캘리포니아의 초등학교로 파견했다. 그들은 각 학급의 교사에게 가장 명석한 아이가 누구인지 물어 그 아이들에게 지능검사를 실시했다. 상위 10퍼센트 안에 속하는 아이들은 두 번째 지능검사를 받았고, 이때 130을 넘긴 아이들은 세 번째 IQ 테스트를 받았다. 그리고 그 결과를 종합해 명석한 아이들 중에서 최고를 가려냈다. 조사를 마쳤을 때, 터먼은 초등학교와 중등학교 학생 25만 명을 검사해 IQ가 평균적으로 140이 넘고 200에 다다르는 1,470명의 학생을 추려냈다.

'터마이트(Termites)'로 불린 이 어린 천재집단은 이후 역사상 가장 유명해질 심리학 실험의 대상자였다. 일생동안 터먼은 이들을 마치 어미닭처럼 지켜보았다. 그들은 평가, 분석, 추적, 실험의 대상이었고 교육 성과, 결혼, 질병 이력, 정신건강 차트, 직업 변화, 승진 등이 모두 엄격하게 기록되었다. 터먼은 그의 실험 대상자들을 위해 직장 및 학교 추천서를 아낌없이 써주었고, 자신의 상담과 조언이 담긴 《천재 유전학 (Genetic Studies of Genius)》이라는 두껍고 빨간 책들을 편찬했다.

"정신적인 요소를 제외한다면 개인의 성공에 지능만큼 중요한 것은 없다"라고 말했던 터먼은 높은 지능지수를 가진 사람들에 대해 강한 믿음을 보였다.

"우리는 과학, 예술, 정부, 교육, 사회적 복리를 전반적으로 증가시킨 지도자들의 성취를 잘 관찰해봐야 한다."

터마이트들이 성장함에 따라 터먼은 그들의 성장 과정을 업데이트해 발행했고 그들의 특별한 성취를 연대기처럼 기술했다. 그의 연구 대상자들이 고등학교에 들어갔을 때, 경솔하게도 터먼은 이렇게 적었다.

"캘리포니아의 소년 소녀들을 대상으로 한 그 어떤 경쟁이나 활동에서도 우리 그룹 멤버의 이름을 신문에서 하나 이상 발견하지 못하는 것은 거의 불가능한 일이다."

그는 연구 대상자 중 가장 높은 지능을 보인 이들의 작문 샘플을 받아 유명한 작가들의 초기 작품과 비교해보았다. 그 작업에 참여한 문학평론가들은 별다른 차이점을 발견하지 못했다. 그의 표현에 따르면 이는 연구 대상자가 '영웅적 위치'에 오를 잠재성을 지녔다는 것을 뜻했다. 터먼은 터마이트들이 미래에 엘리트가 될 운명임을 믿어 의심치 않았다.

터먼의 발상은 오늘날 우리가 생각하는 '성공'의 핵심을 이루고 있다. 실제로 학교는 재능 있는 학생들을 위한 프로그램을 운영하고, 엘리트 대학들은 지능검사(예를 들면 SAT 같은)를 입학 조건으로 요구한다. 또한 구글이나 마이크로소프트 같은 하이테크 기업은 그러한 믿음 아래 입사 희망자들의 인지 능력을 세심하게 측정한다. 그들은 가장 높은 지능지수를 지닌 사람이 잠재성도 가장 클 거라는 생각에 사로잡혀 있다(마이크로소프트의 경우 입사 응시자들은 자신의 영리함을 입증하기 위해 몇 가지 질문에 대답해야 한다. 가령 '맨홀 뚜껑은 왜 둥근가?'와 같은 것 말이다. 정확하게 대답하지 못하는 사람은 마이크로소프트에 입사할 만큼 똑똑하지 못한 것으로 평가받는다*).

만약 내가 마법의 힘을 이용해 이 책을 읽는 독자의 IQ를 30 높여주겠다고 제안한다면, 아마도 모두 '좋다'고 할 것이다. 그렇지 않은가? 대다수의 사람이 IQ가 높으면 남보다 앞서나가는 데 도움이 될 거라고 생각한다. 그렇기 때문에 랭건 같은 사람을 만나면 우리는 본능적으로 1세기 전에 터먼이 헨리 코웰을 만났을 때 그랬던 것처럼 깜짝 놀란다.

천재들은 궁극적인 아웃라이어이다. 이 말만큼 그들을 뒷받침해줄 수 있는 것은 없다. 그렇다면 그것은 사실일까? 지금까지 여러분은 이 책에서 특별한 성취가 재능이 아닌 기회에 좌우되고 있음을 봐 왔다.

이번 장에서 나는 천재들을 통해 '왜 지능보다 기회가 더 중요한지'를 깊이 파헤쳐볼 생각이다. 우리는 아주 오랫동안 터먼 같은 사람들

◎ 이 질문에 대한 답은 무엇일까? 둥근 맨홀 뚜껑은 어떤 경우에도 맨홀 속으로 빠지지 않는다. 정사각형 뚜껑은 빠질 수 있다. 대각선 방향으로 밀어 넣기만 하면 빠지고 만다. 이제 독자 여러분도 마이크로소프트에 입사할 수 있을 것이다.

의 견해에 의지해 높은 지능을 식별해왔다. 그러나 앞으로 살펴보겠지만 터먼은 실수를 저질렀다. 그는 그의 터마이트들에 대해 잘못 생각하고 있었으며 열여섯 살에 《수학의 원리》를 읽은 랭건의 사례를 볼 때 그는 아마도 같은 이유로 또다시 잘못 판단할 것이다. 터먼은 진정한 아웃라이어가 무엇인지 이해하지 못했다. 우리 역시 계속 잘못 이해하고 있다.

직관에 위배되는 지능과 성공의 상관관계

오늘날 가장 광범위하게 사용되는 지능검사는 '레이븐의 누진행렬(Raven's Progressive Matrices)'이라는 도형 유추 검사이다. 특정 언어에 대한 지식이나 특정한 신체적 조건 혹은 지식을 요구하지 않는 이 테스트는 추상적 추론 능력을 평가한다. 전형적인 레이븐 테스트는 48문제로 구성되어 있으며, 문제는 갈수록 어려워지고 정답을 얼마나 맞혔는가에 따라 지능지수를 평가한다.

그러면 일반적인 레이븐 테스트에서 뽑아낸 문제를 하나 풀어보자.

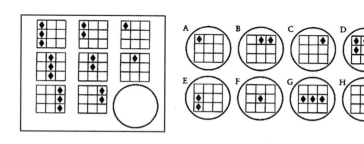

답은 무엇일까? 대부분 쉽게 풀었을 것이다. 정답은 C이다. 그렇다면 다음은 어떨까? 가장 마지막에 나오는 어려운 문제 중 하나다.

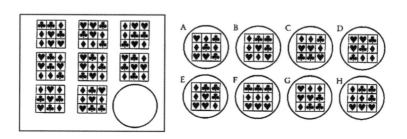

정답은 A다. 솔직히 나는 이 문제의 정답을 맞히지 못했고 독자 여러분 중에도 틀린 사람이 꽤 있을 것이다. 그러나 랭건이라면 거의 확실히 맞힐 수 있다. 우리가 랭건 같은 사람을 두고 지능이 높다고 할 때는 이런 문제를 잘 풀 수 있다는 것을 뜻한다.

오랫동안 레이븐 테스트 같은 지능검사 성적과 실제 생활에서의 개인적인 성공 사이에 어떤 연관이 있는지를 조사하는 연구가 수없이 진행되었다. 가장 낮은 점수를 받은 사람들, 즉 IQ 70 이하는 정신적으로 문제가 있다고 여겨진다. 평균치는 100인데, 대학에 가려면 이보다 좀더 높은 수치가 요구된다. 대학에 입학해 교육 프로그램 속에서 경쟁을 하려면 최소한 IQ가 115는 되어야 하기 때문이다.

일반적으로 지능지수가 높을수록 더 많은 교육을 받고 더 많은 돈을 벌 가능성이 크며, 믿거나 말거나 수명도 더 길다. 하지만 한 가지 빠진 것이 있다. IQ와 성공 사이의 상관관계는 일정 수준에서 더 나아가지 못한다. 만약 누군가의 IQ가 120을 넘는다면 그 이상의 IQ 지수는 실제 생활에서의 성공으로 연결되지 않는다는 얘기다. IQ 근본주의자 아서 젠슨(Arthur Jensen)은 1980년에 저술한 《지능검사의 편견(Bias in Mental Testing)》에서 이렇게 말하고 있다.

"IQ에 의해 분류되는 네 가지 주요 집단은 상당히 높은 확률로 그 사람이 누구인지 구분할 수 있게 해준다. 정상적인 학교에 들어갈 수 있느냐 없느냐(IQ 50), 초등학교 과정을 이수할 수 있느냐 없느냐(IQ 75), 고등학교 정규 과목을 성공적으로 습득할 수 있느냐 없느냐(IQ 105), 4년제 대학에 들어가 대학원 수준의 공부를 하거나 전문적 지식을 익힐 수 있느냐 없느냐(IQ 115)에 따라 그 사람의 인생이 판이하게 달라지는 것은 당연한 일이 아닌가. 하지만 115를 넘어서면 지능지수는 성공의 척도나 성취의 판단 요소로써 그다지 중요하지 않다. 그렇다고 IQ 115와 150 사이에, 혹은 150과 180 사이에 아무런 차이도 없다는 뜻은 아니다. 일반적인 의미에서의 성공을 판단할 때, 상위 레벨의 IQ지수 차이는 성격이나 인격 같은 요소보다 훨씬 덜 중요한 역할만 수행한다는 의미다."

영국의 심리학자 리암 허드슨(Liam Hudson)의 얘기를 들어보자

"IQ 70인 사람보다 IQ 170인 사람이 더 잘 생각한다는 것은 폭넓게 검증되었다. 이는 비교 대상의 폭이 좁을 때, 가령 IQ 100과 130의 경우에도 성립한다. 하지만 비교 대상 모두 IQ가 비슷한 수준에서 높을

경우에는 성립하지 않는다. IQ가 130인 숙련된 과학자가 노벨상을 탈 가능성은 IQ가 180인 사람과 비슷하다."

허드슨의 말은 IQ가 농구선수의 신장과 유사하다는 것이다. 키 160센티미터인 사람이 프로 농구선수가 될 가능성은 현실적으로 얼마나 되겠는가? 솔직히 희박하다. 적어도 180센티미터나 190센티미터는 되어야 하고, 다른 조건이 비슷하다면 190센티미터보다는 2미터인 편이 낫다. 그러나 특정 지점을 지나면 키는 더 이상 관건이 되지 않는다. 2미터인 선수가 그보다 5센티미터 작은 선수보다 저절로 더 뛰어난 선수가 되는 것은 아니다(마이클 조던은 195센티미터였다). 농구선수는 그저 충분할 만큼 키가 크면 된다. 이것은 지능도 마찬가지다.

〈1 대 100〉 에피소드에서 아인슈타인의 IQ는 150이고 랭건은 195라는 사실을 밝힌 바 있다. 랭건의 IQ는 아인슈타인보다 30퍼센트나 더 높다. 그렇다고 랭건이 아인슈타인보다 30퍼센트 더 똑똑하다는 것은 아니다. 우리가 말할 수 있는 것은 그저 물리학처럼 정말로 어려운 분야로 넘어오면 두 사람은 충분할 만큼 똑똑하다는 것뿐이다. 지능이 일종의 범위로 나뉘어져 있기 때문이다.

이것은 우리의 직관에 위배된다. 우리는 보통 과학 분야의 노벨상 수상자는 측정 불가능할 정도로 IQ가 높을 것이라고 생각한다. 그들은 고등학교에서 별처럼 빛나는 과학상을 줄줄이 수상하는 것은 물론 대학 입학시험에서 만점을 받고 그 나라 최고의 대학으로 껑충 뛰어들어가는 그런 사람들이라고 상상하는 것이다. 그러나 가장 최근에 노벨의학상을 수상한 미국인 연구자 스물다섯 명이 학사학위를 받은 대학의 목록을 살펴보면 생각이 달라질 것이다.

안티오크 칼리지(Antioch College)

브라운 대학교(Brown University)

UC 버클리(UC Berkeley)

워싱턴 대학교(University of Washington)

컬럼비아 대학교(Columbia University)

케이스 기술대학교(Case Institute of Technology)

MIT

캘리포니아 공과대학교(Caltech)

하버드 대학교(Harvard University)

해밀턴 대학교(Hamilton College)

컬럼비아 대학교(Columbia University)

노스캐롤라이나 대학교(University of North Carolina)

드포우 대학교(DePauw University)

펜실베이니아 대학교(University of Pennsylvania)

미네소타 대학교(University of Minnesota)

노틀담 대학교(University of Notre Dame)

존스 홉킨스 대학교(Johns Hopkins University)

예일 대학교(Yale University)

켄터키 유니온 대학교(Union College, Kentucky)

일리노이 대학교(University of Illinois)

텍사스 대학교(University of Texas)

홀리크로스 대학교(Holy Cross)

암허스트 대학교(Amherst College)

게티스버그 대학교(Gettysburg College)

헌터 대학교(Hunter College)

　누구도 이 대학들이 미국 최고의 고등학생만 엄선해 뽑는 대학이라
고 생각하지는 않을 것이다. 물론 예일이나 컬럼비아, MIT같은 학교
도 있지만 드포우와 홀리크로스, 게티스버그 대학도 있다. 이것은 그
저 '좋은' 학교의 목록일 뿐이다. 같은 맥락에서 노벨화학상을 수상한
스물다섯 명의 미국인 수상자가 졸업한 학교 목록도 살펴보자.

뉴욕 시립대학교(City College of New York)

뉴욕 시립대학교(City College of New York)

스탠퍼드 대학교(Stanford University)

오하이오 데이톤 대학교(University of Dayton, Ohio)

플로리다 롤린스 대학교(Rollins College, Florida)

MIT

그린넬 대학교(Grinnell College)

MIT

맥길 대학교(McGill University)

조지아주 공과대학교(Georgia Institute of Technology)

오하이오 웨슬리안 대학교(Ohio Wesleyan University)

라이스 대학교(Rice University)

호프 대학교(Hope College)

브링엄 영 대학교(Brigham Young University)

토론토 대학교(University of Toronto)

네브래스카 대학교(University of Nebraska)

다트머스 대학교(Dartmouth College)

하버드 대학교(Harvard University)

베레아 대학교(Berea College)

아우스버그 대학교(Augsburg College)

매사추세츠 대학교(University of Massachusetts)

워싱턴 주립대학교(Washington State University)

플로리다 대학교(University of Florida)

리버사이드 캘리포니아 대학교(University of California, Riverside)

하버드 대학교(Harvard University)

노벨상 수상자가 되는 데는 노틀담이나 일리노이 대학에 들어갈 수
있을 정도로만 똑똑해도 충분하다. 그게 전부다.*

이것은 충격적인 발상이다. 그렇지 않은가? 만약 여러분에게 10대 딸이 있고 그 딸이 하버드 대학과 워싱턴D.C.의 조지타운 대학으로부터 동시에 입학 허가를 받았다고 해보자. 이 경우 여러분은 딸을 어디에 보내고 싶은가? 아마 하버드일 것이다. 그 이유는 하버드가 더 '나은' 학교이기 때문이다. 하버드 학생들은 다른 학교 학생들보다 대학 입학시험에서 10~15퍼센트 높은 점수를 받는다.

그러나 여기에 우리가 지능에 대해 배운 바를 적용해보면 마치 달리기 선수처럼 학교에 순위를 매긴다는 발상은 이치에 맞지 않는다. 절대적인 수치를 놓고 볼 때, 조지타운의 학생들은 하버드 학생들만큼 똑똑하지 않을 수도 있다. 하지만 그들은 모두 충분히 똑똑하며 조지타운 대학도 하버드 대학과 마찬가지로 미래에 노벨상 수상자를 배출할 수 있다.

최근 심리학자 베리 슈워츠(Barry Schwartz)는 복잡한 입학 과정 대신 일정한 범위에 속하는 사람들을 무작위로 추첨할 것을 엘리트 학교에 권하기도 했다.

"사람들을 두 범주로 나누는 겁니다. 충분한 사람과 그렇지 않은 사람으로요. 충분한 사람들은 추첨 통에 들어가고, 그렇지 않은 사람들은 못 들어가지요."

◎ 물론 하버드가 다른 어떤 학교보다 노벨상 수상자를 많이 배출하고 있는 것은 사실이다. 하버드는 두 목록에서 여러 번 등장한다. 홀리크로스 대학은 단 한 번 등장했다. 하지만 하버드 대학에서 더 많은 노벨상 수상자가 나오는 것은 당연한 일이 아닐까? 하버드는 역사가 오래되었고 가장 부유하며 세계적으로 우수한 학생만 가려 뽑는 대학이 아닌가.

물론 슈워츠는 자신의 생각이 받아들여질 리 없다고 생각했지만, 그는 완벽하게 옳다. 허드슨의 말처럼(그의 연구는 1950년대와 1960년대에 백인 남성만 다니던 엘리트 학교를 대상으로 했음을 기억해야 한다) "한 소년의 높은 IQ는 수많은 영리한 소년과 만났을 때 거의 도움이 되지 않는다."•

그러면 이 '범위 효과'가 낳은 실제 사례를 살펴보자.

미시건 대학 로스쿨은 불리한 환경에 처한 지원자들을 위해 적극적 '차별 철폐 조처(Affirmative Action)'를 취하고 있다. 매년 가을 미시건 로스쿨에 새로 등록하는 학생 중 인종적 소수자의 비율은 약 10퍼센트이다. 만약 미시건 대학에서 지금처럼 낮은 학부 성적이나 자격시험 점수로도 입학이 가능하도록 기준을 완화하지 않았다면 그 비율은 3퍼센트까지 떨어졌을 것이다. 더욱이 로스쿨에 입학하는 인종적 소수자 학생과 백인 학생의 점수를 비교하면, 백인 학생이 더 낫다는 것을 알 수 있다.

이것은 그다지 놀라운 일이 아니다. 어떤 그룹이 다른 그룹보다 더 나은 학부 성적과 입학시험 성적을 받았다면 그들이 로스쿨 안에서도

✿ 다음의 통계를 보면 엘리트 아이비리그 학교의 신입생 선발 과정이 얼마나 해괴한지 감을 잡을 수 있을 것이다. 2008년에 전 세계에서 질적으로 가장 우수한 27,462명이 하버드 대학에 지원했다. 이들 중 2,500여 명은 SAT 읽기에서 만점을 받았고 3,300여 명은 SAT 수학에서 만점을 받았다. 그리고 3,300여 명 이상이 고등학교에서 1등이었다. 그렇다면 하버드에서는 이들 중 몇 명을 받아들였을까? 고작 1,600명인데 이는 지원자 100명 중에서 93명이 떨어졌다는 말과 같다. 학교 성적으로 동일하게 만점을 받은 이 학생들 중 누구는 하버드에 어울리고 누구는 그렇지 않다고 말하는 것이 과연 가능한 일일까? 당연히 그렇지 않다. 하버드는 정직하지 않은 것이다. 슈워츠가 옳다. 그들은 추첨을 해야 한다.

더 좋은 성적을 받을 확률이 높기 때문이다. 이것이 바로 적극적 차별 철폐 조처가 논란을 불러오는 이유다. 실제로 미시건 대학의 적극적 차별 철폐 조처에 대한 논란은 미국 대법원까지 올라갔다. 많은 사람이 친구보다 낮은 점수를 받은 학생들이 엘리트 교육기관에 들어가는 것을 보며 못마땅해 했던 것이다.

몇 년 전, 미시건 대학은 로스쿨을 졸업한 인종적 소수자 학생이 졸업 이후에 어떻게 살아가고 있는지 조사해보았다. 그들은 어느 정도의 수입을 올릴까? 그들은 어느 정도까지 승진할까? 그들은 자기 직업에 얼마나 만족할까? 그들은 사회적, 공동체적으로 어떻게 기여를 할까? 어떤 상을 받고 있을까? 실제로 미시건 대학은 현실 세계에서 성공의 지표가 될 만한 것은 모두 검토하고 분석했다. 그 결과, 놀라운 사실이 발견됐다.

미시건 대학의 연구진 중 한 명인 리처드 렘퍼트(Richard Lempert)는 이렇게 말했다.

"우리는 인종적 소수자 학생이 대체로 잘 해나가고 있다는 것을 알았습니다. 물론 졸업생 중 많은 수가 그럭저럭 해나가고 있긴 하지만 사실은 백인 졸업생에게 못 미치는, 다시 말해 절반 정도만 기대하고 있었죠. 그런데 정말 놀라운 결과가 나왔더군요. 졸업생들은 어떤 점에서도 거의 차이를 보이지 않았습니다."

결국 졸업생이 현실 세계에서 얼마나 잘 해나가는지에 초점을 맞춘다면 인종적 소수자 학생도 결코 뒤지지 않는다는 얘기다. 그들이 백인 학생만큼 성공적으로 살고 있다는 것을 연구결과가 보여준다. 그 이유는 무엇일까? 미시건 대학의 기준에서 볼 때 인종적 소수자 학생이 백인 학생에 미치지 못하긴 하지만, 사실 로스쿨에 들어올 정도의 학생은 이미 높은 범위에 속해 있기 때문이다. 그들은 충분히 똑똑하다. 단지 상대적 평가기준에 휘둘렸을 뿐이다.

**사라진 상상력은
어디로 갔는가**   '범위'에 대한 생각에서 한 발 더 나아가보자. 만약 지능이 어느 지점까지만 관건이 된다면, 그 지점을 넘어선 경우에는 지능 이외의 것이 관건이 된다. 이것 역시 농구와 비슷하다. 누군가가 충분히 키가 크다면 우리는 그 선수의 속도, 경기감각, 민첩성, 볼핸들링, 슈팅감각 등에 신경 쓰기 시작한다.

    그러면 IQ 이외의 것으로는 무엇이 있을까? 나는 독자 여러분에게 IQ 대신 다른 종류의 테스트 하나를 권하고 싶다. 다음 물건의 쓰임새에 대해 최대한 많이 적어보라.

   1. 벽돌
   2. 담요

이것은 '다이버전스(divergence)' 테스트의 한 예이다(레이븐 테스트는 이것과 정반대로 피실험자에게 문제를 제시하고 정답을 맞히도록 하는 것이다). 이 테스트는 상상력을 요구하며 가능한 한 다양한 방향으로 피실험자의 마음을 이끌어낸다.

다이버전스 테스트에서는 단 하나의 정답이 존재하지 않는다. 실험자가 보는 것은 피실험자의 답변의 개수와 그 각각의 창의성이다. 이 테스트에서 측정하는 것은 분석적인 지능과는 다른, 즉 창의성에 가까운 그 무엇이다. 다이버전스 테스트는 레이븐 테스트처럼 도전해볼 만하므로 이 책을 덮고 앞서 말한 벽돌과 담요 테스트를 직접 해보라.

그러면 여기서 리암 허드슨이 실시한 '사물의 쓰임' 테스트의 예시 답안을 살펴보자. 이 답안지는 영국의 우수한 고등학교에 다니는 풀(Poole)이라는 학생의 것이다.

벽돌 기습공격을 할 때 사용. 집을 지을 때 사용. 운동을 겸해 러시안 룰렛을 하고 싶을 때 사용(열 발자국을 걸어가 뒤돌아서서 던진다. 단, 회피 동작은 허용되지 않음). 깃털 이불의 네 모서리에 집어넣어 고정시킬 때 사용. 빈 코카콜라병을 깨부수는 용도로 사용.

담요 침대 위에서 사용. 숲 속에서 은밀한 성관계를 맺을 때 덮개로 사용. 연기가 난다는 사실을 사람들에게 알리기 위해 사용. 보트, 마차, 썰매의 돛으로 사용. 수건 대용으로 사용. 눈이 근시인 사람의 사격용 과녁으로 사용. 불타는 마천루에서 뛰어내리는 사람을 받아내는 용도로 사용.

풀의 답안지를 읽어보면 이 학생의 사고방식이 어떠한지 대충 알 수 있다. 이 재미있는 학생은 약간 파괴적이고 야한 것을 좋아하며 이야기에 천부적인 소질이 있다. 그의 정신세계는 폭력적인 상상과 섹스, 불타는 마천루에서 뛰어내리는 것은 물론 심지어 침대 위에서 깃털 이불을 고정시키는 방법처럼 매우 실용적인 분야까지 마구 넘나든다. 이 학생은 10분만 더 주면 새로운 사용법을 20가지도 넘게 찾아낼 수 있을 거라는 인상을 준다.*

이제 비교를 위해 또 다른 학생의 사례를 꺼내보자. 그의 이름은 플로렌스(Florence)이며, 허드슨은 그가 우등생으로 그 학교에서 IQ가 매우 높은 학생 중 하나라고 했다.

벽돌 건물 짓기, 던지기

담요 보온, 불끄기, 나무에 묶어서 그 속에서 잠자기(해먹으로 이용),
들것.

플로렌스의 상상력은 어디로 사라져버렸는가? 그는 벽돌과 담요를 이용하는 가장 일반적이고 기능적인 사용법만 적은 다음 그냥 멈춰버

⊙ 다른 학생의 답안지도 살펴보자. 이것은 풀의 것보다 한 술 더 뜬다.
"[벽돌] 강도질을 위해 유리창을 깬다. 우물의 깊이를 알아본다. 탄환으로 사용한다. 추로 사용한다. 조각 연습을 한다. 벽을 쌓는다. 아르키메데스의 원리를 구현해본다. 추상적인 조각의 일부다. 배의 바닥짐으로 사용한다. 강에 뭔가 빠뜨릴 때 무게추로 사용한다. 문이 바람에 흔들리지 않게 고인다. 발바닥을 문지른다. 망치. 길에 놓는 표식. 분필. 저울에 사용한다. 기울어진 탁자를 고인다. 종이가 날리지 않게 눌러둔다. 화덕을 만든다. 토끼 굴을 막아놓는다."

렸다. 플로렌스의 IQ가 풀의 것보다 높다는 사실은, 둘 다 일정 범위 이상에 속해 있기 때문에 별다른 의미가 없다. 관건은 풀의 생각이 폭력적 상상에서 섹스로, 불타는 빌딩에서 뛰어내리는 사람으로 쉴 새 없이 움직일 때 플로렌스의 생각은 정체되어 있다는 점이다. 이 두 학생 중 누가 창의적이고 기발한 연구를 통해 노벨상을 탈 가능성이 크다고 생각하는가?

바로 이것이 하버드에서뿐 아니라 홀리크로스에서도 노벨상 수상자가 나올 수 있는 두 번째 이유다. 하버드는 '벽돌 사용법' 테스트를 얼마나 잘 푸는지 따위는 입학시험에서 전혀 신경 쓰지 않기 때문이다. 또한 이것은 적극적 차별 철폐 조처로 미시건 로스쿨에 입학한 인종적 소수자 학생이 사회에서 백인에 비해 전혀 뒤떨어지지 않는 이유이기도 하다. 변호사로 성공하는 것은 IQ가 높은 것만으로는 충분하지 않다. 그것은 풀처럼 상상력이 뛰어난 것과 관계가 있다. 미시건의 인종적 소수자 학생이 문제의 정답을 잘 맞히지 못한다고 해서 그것이 성공에 필요한 다른 핵심요소들도 가지고 있지 않다는 것을 의미하는 것은 아니다.

**천재는 있다,
단지 꿈속에만**　　　이것은 터먼의 실수였다. 그는 터마이트들이 지능의 척도로 볼 때 1퍼센트 중의 1퍼센트로 제련된 정예라는 사실에 매료된 나머지, 그 특별한 사실이 얼마나 사소한 것인지 깨닫지 못한 것이다.

터마이트들이 성인이 되었을 때, 터먼의 실수는 확연하게 드러났다.

그 천재집단 중 일부는 책을 출판하거나 논문을 썼으며 비즈니스에 뛰어들었다. 다수가 공무원이 되었고 대법관 두 명, 지방법원 판사 두 명, 캘리포니아주 의원 한 명, 그리고 걸출한 주 관리 한 명이 나왔다. 그러나 그들 중에서 전국적으로 이름을 떨친 사람은 극소수에 불과했다. 다수가 그저 평범하다고 볼 수밖에 없는 직업에 종사했으며 놀랄 만큼 많은 사람이, 심지어 터먼이 실패로 보는 수준에서 경력을 마무리지었다.

그가 철저히 골라낸 천재집단에서는 단 한 명의 노벨상 수상자도 나오지 않았다. 오히려 그가 보낸 현장조사 요원들이 지능검사를 했지만 선별되지 않았던 아이들 중에서 노벨상 수상자가 나왔다. 윌리엄 쇼클리(William Shockley)와 루이스 앨버레즈(Luis Alvarez)가 그들이다. 그들은 IQ가 충분히 높지 않아 선택되지 않은 아이들이었다.

사회학자 피티림 소로킨(Ptirim Sorokin)의 비판은 한 줄기 영감을 던져준다. 그는 터먼이 IQ를 고려하지 않은 채 무작위로 선정한 아이들을 대상으로 같은 실험을 했더라도 그가 심혈을 기울여 선별한 천재집단과 별다른 차이가 발생하지 않았을 것이라고 주장한다. 소로킨은 "아무리 애써서 어떠한 기준을 적용해도 '어린 천재 집단'은 결국 다른 집단과 차이가 없고, 뛰어나지도 않다"는 결론을 내렸다.

터먼은 《천재 유전학》 제4권을 낼 때, 실망을 넘어서는 어조로 착잡함을 드러냈다.

"실제로 천재들은 천재로 남아 있지 않았다. 우리가 본 것처럼 지능과 성취도 사이에는 그 어떠한 상관관계도 없었다."

다시 말해 이번 장을 시작할 때 등장한 크리스토퍼 랭건의 특별한 지능은 현실 세계에서의 성공에 필요한 기회를 설명하는 데 그다지 도움이 되지 않는다는 얘기다. 물론 그는 백만 명 중에 한 명 나올까 말까한 지능의 소유자이며 열여섯 살에 《수학의 원리》를 독파할 능력이 있었다. 또한 그는 명료하고 정확한 문장을 마구 쏟아낼 수 있다. 그래서 그게 어쨌단 말인가? 만약 그가 진정한 아웃라이어로 거듭날 수 있는 가능성이 있는지 충분히 알고 싶다면, 우리는 그에 대해 보다 많은 것을 알아야 한다.

4장

랭건과 오펜하이머의 결정적 차이

The Trouble with Geniuses, Part 2

●

●

●

●

●

"장기간의 협상 끝에 오펜하이머의
정학 처분이 결정되었다."

**랭건의 비참한
어린 시절 이야기**　　　크리스 랭건의 어머니는 샌프란시스코 출신으로
네 명의 아들을 두었는데, 아버지가 모두 달랐다. 크리스가 첫째였다. 그
의 아버지는 크리스가 태어나기 전에 사라졌고 멕시코에서 죽었다는 말
만 들었을 뿐이다. 크리스 어머니의 둘째 남편은 살해당했고 셋째 남편
은 자살했으며 넷째 남편 잭 랭건은 실패한 저널리스트였다. 크리스 랭
건은 비참했던 어린 시절의 이야기를 들려주었다.

　"어린 시절에 저는 우리 가족처럼 가난한 사람들을 만나본 적이 없
어요. 짝이 맞는 양말이 하나도 없었죠. 신발에는 늘 구멍이 나 있었어
요. 바지에도 여기저기 구멍이 뚫렸죠. 옷은 딱 한 벌뿐이었어요. 동생
들과 욕실에 들어가 단 한 벌뿐인 옷을 입은 채로 목욕솔을 이용해 빨
래를 하고 나면 입고 나갈 옷이 없어서 엉덩이를 내놓은 채 벌거벗고
있던 일을 아직도 기억합니다."

—— 기회

잭 랭건은 언제나 술타령이었고 밖에 나갈 때마다 부엌 찬장의 문을 잠그는 바람에 아이들은 음식을 먹을 수 없었다. 더욱이 그는 아이들을 통제하기 위해 황소채찍을 사용했던 터라 아이들에게 공포의 대상이었다. 그의 돈벌이는 시원치 않았다. 그로 인해 가족이 인디언 보호구역에서 천막에 살며 정부에서 지원해주는 땅콩버터와 옥수수 빵을 먹고 살았던 때도 있었다.

한때 그들은 네바다에 위치한 버지니아시에 살기도 했는데, 마크 랭건은 당시의 살벌한 풍경을 회상했다.

"그곳에는 보안관이 딱 한 명 있었어요. 하지만 '지옥의 천사들'이라는 갱단이 마을에 오면 그는 사무실에 틀어박혀 꽁꽁 숨어 있었죠. 바도 하나 있었는데, 간판 이름이 '피의 양동이 살롱'이었어요."

아이들이 중학교에 갈 나이가 되자 그들 가족은 몬태나의 보즈만(Bozeman)으로 이사했다. 크리스 형제 중 한 명은 수양부모에게 맡겨졌고 소년원에 간 사람도 있었다. 제프는 지긋한 가난이 어떤 환경을 제공했는지 털어놓았다.

"형이 얼마나 큰 재능을 타고났는지 학교에서는 전혀 이해하지 못했던 것 같아요. 하긴, 당연한 일이었죠. 보즈만이었잖아요. 당시 그곳은 작은 촌동네였어요. 그곳에서조차 우린 찢어지게 가난한 축에 속했죠. 마을 사람들은 우리를 그저 한 뭉텅이의 가난뱅이쯤으로 취급했습니다."

자신과 동생들의 생계를 위해 크리스는 짐꾼 일을 시작했다. 크리스가 열네 살이던 어느 날, 잭 랭건은 종종 그래왔던 것처럼 아이들을 거칠게 대하기 시작했고 크리스는 엉겁결에 그를 때려눕히고 말았다. 그 길로 잭은 집을 떠나버렸고 다시는 돌아오지 않았다.

고등학교를 졸업하면서 크리스는 두 군데의 대학으로부터 전액 장학금 제의를 받았다. 한 곳은 오리곤주에 위치한 리드 대학이었고, 다른 한 곳은 시카고 대학이었다. 그는 리드를 선택했다.

"그건 커다란 실수였어요. 저는 진정한 의미에서 문화적 충격에 빠졌죠. 몬태나에 살았던 저는 선원처럼 짧은 머리에다 일을 하느라 손이 거친 소년이었지만, 그곳에는 대부분 뉴욕에서 온 장발의 도시 소년들이 가득했습니다. 그들의 스타일은 제가 살아오던 것과 완전히 달랐지요. 저는 대화에 끼어들 수가 없었습니다. 그들은 늘 저에게 질문을 해왔지만 저는 기숙사 방에 처박혀 있었죠. 기숙사에는 네 명이 있었는데 나머지 세 명은 완전히 다른 식으로 살고 있었습니다. 그들은 마리화나를 피웠어요. 여자친구를 기숙사 방 안으로 데려오기도 했죠. 그래서 저는 늘 도서관에 숨어 있곤 했습니다.

그런데 문제가 하나 생겼어요. 장학금을 박탈당한 겁니다. 장학금 신청 갱신을 하려면 어머니가 재정 지원 서류를 제출해야 했지만, 어머니는 그런 것에 전혀 신경 쓰지 않았습니다. 학교에서 요구하는 조건에 대해 제대로 알지 못했던 겁니다. 저는 사무실에 찾아가 장학금이 갱신되지 않는 이유를 물었죠. 그들은 '우리는 재정 지원 서류를 받지 못했고 장학금으로 들어갈 금액은 재편성되어 다른 곳에 전부 사용되었기 때문에 더 이상 장학금을 지급할 수 없습니다'라고 하더군요. 그게 그곳에서 일을 처리하는 방식이었어요. 그냥 신경 쓰지 않는 거죠. 학생을 쓰레기같이 대접하지는 않았지만 상담도 지도도 아무것도 없었습니다."

크리스는 마지막 시험을 앞두고 리드 대학을 떠나는 바람에 성적표에 F를 하나 가득 남기게 되었다. 다시 보즈만으로 돌아온 그는 건설 현장과 삼림보호 소방관으로 1년 반을 일했다. 다시 몬태나 주립대학에 등록한 그는 그곳에서 수학과 철학 수업을 들었다.

"마침 겨울이고 마을에서 약 20킬로미터나 떨어진 곳에 살고 있던 터라 저는 자동차를 이용해야만 했습니다. 그런데 비치힐 로드를 지나다가 자동차 변속기가 빠지는 사고를 당했죠. 여름 동안 철도공사를 하는 동생들이 철도 위로 몰고 다닌 탓에 고물이 되었던 겁니다. 그걸 수리할 돈이 없었죠. 그래서 상담사와 학장을 찾아가 말했습니다. 변속기가 빠져 차를 탈 수가 없으므로 오전 일곱 시 반과 여덟 시 반에 듣던 수업을 오후로 옮길 수 있게 해달라고 했던 거죠. 제 이웃에 목장주가 한 명 있었고 그가 저를 열한 시에 마을에 태워다줄 수 있었거든요. 하지만 팔자수염에 트위드 재킷을 입은 상담사는 이렇게 말했습니다. '이봐 학생, 리드 대학에서 받은 성적표를 보니 자네는 교육을 받으려면 뭔가를 희생해야 한다는 사실을 아직 덜 배운 것 같군.' 신청은 거절당했죠. 학장을 찾아갔지만 같은 대접을 받았습니다."

그의 목소리가 굳어갔다. 30년도 더 지난 일이지만 그 기억이 아직도 그를 분노하게 했던 것이다.

"그 시점에서 저는 학교를 계속 다니기 위해 필요한 돈이 없는 제 처지를 깨달았어요. 일을 하는 것조차 다른 사람의 차를 얻어 타지 않으면 안 되는 상황이었죠. 그럼에도 그들은 저를 위해 그 무엇도 해줄 생각이 없었지요. 그냥 버려둔 겁니다. 저는 대학을 다니지 않기로 결정했어요. 대학을 자퇴하는 것은 참 간단한 일이더군요."

리드 대학과 몬태나 주립대학에서의 경험은 크리스 랭건의 인생에서 하나의 전환점이 되었다. 어린 시절 그는 학자가 되겠다는 꿈을 꾸었고 반드시 박사학위를 따고 싶었다. 동생 마크는 대학을 떠나겠다는 결정을 내린 형을 이해할 수 없었다.

"저는 형이 대학에 들어가기만 하면 날아다닐 줄 알았어요. 정말 그렇게 생각했죠. 자신의 장점을 발견해낼 수 있을 거라고 생각했습니다."

학교를 떠난 랭건은 먹고살기 위해 고군분투했다. 건설현장을 전전하는 것은 물론 귀가 떨어질 만큼 추운 겨울에 조개잡이 배를 타기도 했다. 공장에서 일하거나 공공근무를 하기도 했으며 롱아일랜드의 바에서 일하며 돈을 벌기도 했다. 그 모든 과정을 거치면서도 그는 철학, 수학, 물리학을 깊이 연구해 스스로 'CTMU(우주의 인식론적 모델)'라고 이름붙인 포괄적인 저술 작업을 하고 있었다. 그러나 학계에 속하지 못한 그는 자신의 연구 성과를 학문적인 저널에 실을 수가 없었다.

"저는 그저 대학을 1년 반만 다닌 사람이잖아요. 설사 제 글이 어느 편집자의 눈에 띌지라도 동료 검토자에게 넘겨줄 테고, 그 검토자는 글을 읽기 전에 제 약력을 살펴본 후 아예 읽으려고 조차 하지 않을 겁니다. 어쩌면 그들은 이렇게 말할지도 모릅니다. '이 사람은 대학을 1년 반만 다녔군. 자기가 무슨 말을 하고 있는지 알기나 하는 거야?'"

정말 가슴 아픈 사연이다. 나는 그에게 만약 하버드 대학에서 교수직을 제의하면 수락할 의사가 있느냐고 물어보았다.

"흐음, 어려운 질문이군요. 확실히 하버드의 정교수직이라면 수락할 겁니다. 만약 그렇게 된다면 저는 하버드라는 연줄을 이용해 제 자리를 다지면서 생각을 가다듬을 수 있겠죠. 하버드 같은 곳은 막대한 지적 에너지의 원천이기 때문에 제가 그런 곳에 갈 수 있다면 새로운 바람을 불어넣을 수 있을지도 모릅니다."

그는 정말로 외롭게 살아왔다. 배움에 대한 광적인 열망을 갖고 있으면서도 성인이 된 이후 대부분의 삶을 지적으로 고립된 채 살아온 것이다.

"심지어 저는 대학에서의 1년 반 동안에도 그런 지적인 에너지를 감지했어요. 그곳에서는 사상들이 공기 중에 둥둥 떠다녔죠. 대학은 활기가 넘쳐납니다. 그렇다고 대학에 장점만 있는 것은 아닙니다. 하버드는 기본적으로 권위적인 집단이고 이윤 동기에 따라 움직이죠. 그래서 경직되어 있는 것인지도 모릅니다. 또한 수백억 달러를 보유하고 있기 때문에 그 학교를 운영하는 사람들은 진리와 지식을 찾아 헤맬 필요가 없습니다. 그런 사람들로부터 돈을 받게 되면, 그때부터는 제가 옳다고 생각하는 것을 할지 아니면 그들이 옳다고 생각하는 것을 하고 계속 돈을 받는 것을 택할지를 놓고 갈등하게 됩니다. 그곳에 들어가는 순간 그들의 손바닥 위에 올라가게 되는 거지요. 그들은 저에게 선을 넘지 않을 거라는 확신을 받아내려 할 겁니다."

**재능을 알리는 능력,
그리고 통찰력**   크리스 랭건의 이야기가 우리에게 전해주는 것은 무엇일까? 그의 이야기는 가슴 아프기도 하지만 동시에 어딘가 이상하기도 하다. 그의 어머니는 재정 지원 서류 작성에 신경 쓰지 않아 기회를 놓쳤고 그는 학위를 따지 못했다. 또한 그는 학생들이 늘 하는 것처럼 수업을 오후로 옮기려다 뜻대로 하지 못하고 거기서 뚝 멈춰버렸다.

또한 리드 대학과 몬태나 주립대학의 교수들은 랭건의 고난에 왜 그토록 무관심했을까? 일반적으로 교수는 그처럼 영민한 학생을 보면 무척 기뻐한다. 랭건은 리드 대학과 몬태나 주립대학 측과의 대화를 무례하고 무뚝뚝한 정부 관료와의 대화처럼 묘사했지만 대학, 특히 리드 대학처럼 작은 교양학부 대학은 관료주의에 그다지 얽매이지 않는다. 학교에 다니고 싶어 하는 학생을 돕기 위해 장학금을 마련해주는 것은 교수들이 언제나 하고 있는 일이다.

하버드에 대한 이야기를 보더라도 랭건은 자신이 말하고 있는 기관의 성격과 문화를 전혀 파악하지 못하고 있는 것처럼 보인다. 그런 사람들로부터 돈을 받게 되면, 그때부터는 자신이 옳다고 생각하는 것을 할지 아니면 그들이 옳다고 생각하는 것을 하고 계속 돈을 받는 것을 택할지를 놓고 갈등하게 된다고? 대학교수가 민간기업 대신 대학에 들어가 비교적 낮은 급료를 받는 주된 이유 중 하나는 대학이 그들이 옳다고 생각하는 것을 하도록 자유를 보장해주기 때문이다. 랭건은 하버드를 거꾸로 이해하고 있다.

랭건이 내게 그의 인생에 대해 말해주었을 때, 나는 핵무기를 개발해 제2차 세계대전을 종식시키는 데 가장 크게 기여한 물리학자 로버트 오펜하이머(Robert Oppenheimer)를 떠올렸다. 오펜하이머가 어린 시절에 보여준 능력은 모든 면에서 크리스 랭건과 비슷했다. 그의 부모는 그를 천재라고 생각했고, 그를 가르친 선생 중 하나는 "그는 모든 것을 완벽하고 아름답게 받아들였다"고 회상했다.

그는 초등학교 3학년 때 실험실에서 실험을 했으며 5학년 때 물리학과 화학을 공부했다. 아홉 살이 된 오펜하이머는 사촌에게 "나한테 라틴어로 물어보면 나는 그리스어로 대답해줄게"라고 말했다고 한다. 그는 하버드에 진학했지만 물리학 박사학위는 케임브리지 대학에서 취득하기로 했다. 그런데 평생 우울증에 시달린 오펜하이머는 케임브리지에서 큰 사고를 치고 말았다. 사실 그는 이론물리학에 재능이 있었지만 그의 지도교수였던 패트릭 블래킷(Patrick Blackett, 1948년 노벨 물리학상 수상자)은 오펜하이머가 싫어하는 실험물리학 수업에 참석하도록 강요했다. 그러자 그는 정서적으로 점점 더 불안정해졌고 결국 오늘날까지 누구도 이해하지 못할 만큼 이상한 짓을 저질렀다. 실험실에서 몇 개의 화학약품을 꺼내 지도교수를 암살하려 했던 것이다.

운 좋게도 블래킷은 뭔가가 잘못되어 있음을 깨달아 화를 면했고, 대학 측에 그 이야기가 들어가면서 오펜하이머는 호출 명령을 받았다. 그 다음에 벌어진 일은 그의 독살기도만큼이나 이해하기가 어렵다. 카이 버드(Kai Bird)와 마틴 셔윈(Martin Sherwin)이 쓴 오펜하이머의 전기 《아메리칸 프로메테우스(American Prometheus)》에는 그때의 일이 기록되어 있다.

> "장기간의 협상 끝에 오펜하이머의 정학 처분과 런던의 할리 스트리트(Harley Street)에 있는 한 심리치료사와의 정기적인 상담 처분이 결정되었다."

정학이라고?

우리는 지금까지 대학에서 자신의 경력을 위태롭게 하는 문제에 빠진 두 명의 명석한 학생을 살펴보았다. 랭건의 어머니는 재정 지원을 요청하는 서류를 기한 내에 제출하지 않았다. 오펜하이머는 자신의 지도교수를 독살하려고 했다. 이어 그들은 모두 자신의 상황을 대학 당국에 납득시켜야 했다. 결국 무슨 일이 일어났는가? 랭건은 장학금을 받지 못했고 오펜하이머는 심리치료사에게 보내졌다. 오펜하이머와 랭건은 모두 천재였지만 다른 각도에서 보자면 너무 다른 존재였다.

그로부터 20년 후 오펜하이머가 맨해튼 프로젝트의 과학관리자로

맨해튼 프로젝트를 통해 핵무기를 개발한
로버트 오펜하이머.

선택된 이야기를 보면 두 사람의 차이는 더욱 확실히 드러난다. 맨해튼 프로젝트를 책임지고 있던 레슬리 그로브스(Leslie Groves) 장군은 원자폭탄을 만들기 위한 실험가와 엔지니어를 찾고자 온 나라를 훑었다. 당연히 오펜하이머는 그 사정권 안에 들지 못했다. 그는 고작 서른 여덟 살로 프로젝트 관리자들보다 나이가 어린 데다 이론물리학자였다. 그는 정치색도 분명하지 않아 친구 중에 공산주의자가 꽤 있었다. 더욱 충격적인 것은 그가 이전까지 어떤 실험도 진행해본 적이 없다는 점이었다.

오펜하이머의 한 친구가 훗날 이렇게 말했다.

"그는 대단히 비실용적인 연구원이었어요. 천으로 장식된 신발과 우스꽝스러운 모자를 쓰고 다녔죠. 더 중요한 것은 그가 장비 사용법에 대해 아무것도 몰랐다는 겁니다."

버클리 대학의 한 과학자는 확신에 차서 말했다.

"그는 햄버거 패티를 굽지도 못하는 사람이었어요."

오, 더구나 그는 대학원에서 지도교수를 죽이려고 했다. 이것이 20세기에 가장 중요한 일 중 하나를 해냈다고 해야 마땅한 한 남자의 이력이다. 그런데 무슨 일이 벌어졌는가? 20년 전 케임브리지에서와 마찬가지로 그는 세상의 모든 사람이 자신이 가는 방향에 동참하도록 만들었다.

다시 버드와 셔윈의 책으로 돌아가보자.

"오펜하이머는 그로브스가 맨해튼 프로젝트의 열쇠를 쥐고 있다는 것을 알고 자신의 총명함과 매력을 십분 발휘했다. 그것은 거부하기 힘든 활약이었다."

오펜하이머에게 매료된 그로브스는 나중에 한 기자에게 큰소리로 말했다.

"그는 천재입니다. 진짜 천재죠."

그로브스는 MIT에서 석사학위를 받은 숙련된 기술자였고, 오펜하이머의 위대한 통찰력은 그의 그런 면에 강한 호소력을 쏟아 넣었다. 버드와 셔윈의 책에 자세한 설명이 나온다.

"그로브스가 만난 과학자들 중 원자폭탄을 만들려면 다양한 학제 간 연구로 산적한 문제를 해결해야 한다고 일깨워준 과학자는 오펜하이머가 처음이었다. 오펜하이머가 그 목적에 부합하는 중앙연구소의 개략을 설명할 때 그로브스는 자신도 모르게 고개를 끄덕였다. 훗날 그가 증언한 바에 따르면, 그 연구소는 '여태까지 고려된 적 없던 화학, 금속공학, 공학, 병기학적 문제를 다루는 곳'이 되었다."

오펜하이머라면 리드 대학에서 학위를 따지 않았을까? 그러면 교수를 설득해 오전 수업을 오후 수업으로 바꿔주도록 하지 않았을까? 물론 그랬을 것이다. 하지만 그것은 그가 크리스 랭건보다 더 똑똑해서가 아니다. 그것은 그가 세상으로부터 원하는 것을 얻어내는 데 필요한 방법을 알고 있었기 때문이다.

랭건은 몬태나 주립대학에서의 경험을 들려주었다.

"그들은 모든 학생이 초급 대수학을 들어야 한다고 했어요. 그래서 저는 매우 건조한 어투로 사소한 것에 집착하며 가르치는 교수의 수업을 들었습니다. 저는 왜 그가 그런 방식으로 가르치는지 이해할 수 없었지요. 그래서 질문을 했죠. 사실 저는 연구실까지 쫓아가 물었습니다. '왜 이런 방식으로 가르치나요? 이런 연습을 하는 게 대수학을 배우는 것과 무슨 관련이 있죠?' 비쩍 마른 몸매에 키가 크고 겨드랑이에 언제나 땀이 차 있던 교수는 뒤돌아서서 저를 바라보며 이렇게 말했어요. '자네가 똑똑히 알아둬야 할 게 하나 있어. 어떤 사람은 수학자가 되기에는 지적인 화력이 딸린다네.'"

교수와 우등생이 있었고 그 우등생은 자신처럼 수학을 사랑하는 누군가와 함께할 수 있기를 원했다. 하지만 그는 그럴 수 없었다. 사실 이것이 가장 가슴 아픈 부분이라고 할 수 있는데, 그는 수학 교수의 관심을 끌 만한 중요한 사실을 전달하는 데 실패하고 말았다. 랭건은 교수에게 자신이 대수학에 능하다는 사실을 전달하는데 실패한 것이다.

**실용 지능, 사회가
사랑하는 인간의 요건**　　　심리학자 로버트 스턴버그(Robert Sternberg)
는 폭력적인 랩 음악을 통해 자신의 인생관을 표현하거나 교수에게 수업
을 오전에서 오후로 옮겨달라고 설득하는 데 쓰이는 특정한 기술을 '실
용 지능(practical intelligence)'이라고 부른다. 스턴버그에 따르면 실용
지능은 '뭔가를 누구에게 말해야 할지, 언제 말해야 할지, 어떻게 말해
야 최대의 효과를 거둘 수 있을지 등을 아는 것'을 포함한다.

　이것은 방법에 관한 것이다. 뭔가를 어떻게 할줄 아는가와 관련되어
있을 뿐, 자신이 그것을 알거나 설명할줄 아는 것과는 무관하다. 이것
은 본질적으로 실천의 문제이다. 또한 이것은 상황을 올바르게 파악하
고 자신이 원하는 것을 얻는 데 필요한 지식이다. 결정적으로 이것은
IQ로 측정되는 분석 능력과 분리되는 다른 종류의 지적 능력이다.

　전문적인 용어를 빌려 표현하자면 일반 지능과 실용 지능은 서로
독립적이다. 하나를 가지고 있다고 해서 다른 하나도 반드시 가지고
있다고 말할 수 없다. 엄청난 분석 지능이 있으면서 실용 지능은 매우
빈약할 수도 있고, 풍부한 실용 지능이 있으면서 대단치 않은 분석 지
능만 있을 수도 있다. 아니면 로버트 오펜하이머 같은 행운아처럼 둘
다 많이 갖고 있을 수도 있다.

　그렇다면 실용 지능은 어디서 오는 것일까? 우리는 분석 지능이 어
디서 오는지는 알고 있다. 그것은 적어도 부분적으로는 유전자로부터
온다. 크리스 랭건은 6개월부터 말하기 시작했고 세 살 때 읽는 법을

스스로 깨우쳤다. 한마디로 그는 똑똑하게 태어났다(born). 어떤 면에서 IQ는 선천적인 능력의 척도이다.* 하지만 실용 지능은 후천적으로 습득해야 하는 지식(knowledge)이다. 그리고 우리는 그 지식을 대부분 가족에게서 배운다.

메릴랜드 대학의 사회학자 아네트 라루(Annette Lareau)의 연구가 이 과정을 이해하는 데 필요한 최선의 설명을 제공할 것 같다. 수년 전, 그는 세 계층으로 나뉜 가족집단에 대해 흥미로운 연구결과를 내놓았다. 라루는 부유한 집안과 가난한 집안에서 흑인 그리고 백인 어린이들을 골고루 선별해 모두 12집안을 조사했다. 라루의 연구팀은 각 가정을 적어도 20회 이상 방문해 한 시간 이상씩 관찰했다. 그들은 마치 애완견처럼 교회와 축구경기 관람, 병원 방문 등 일이 있을 때마다 한 손에는 녹음기를, 다른 한 손에는 노트를 들고 관찰대상을 따라다녔다.

이렇게 밀착해서 관찰을 했으니 아이를 키우는 12가지의 다양한 방법이 발견되지 않았을까? 완고한 부모, 느슨한 부모, 정서적으로 지나치게 결속력이 강한 부모, 감상적인 부모 등 나름대로 성격이 드러났을 것이라고 기대해봄직하다. 하지만 라루가 얻어낸 결과는 그런 기대와 달랐다. 부모들의 교육철학은 오직 두 가지뿐이었고 그것은 계층에 따라 완벽하게 나뉘어졌다.

부유한 부모들은 아이들의 자유시간에 깊이 개입해 아이들을 이 학

◎ IQ에서 유전의 영향은 대략 50퍼센트로 추산된다.

원에서 저 학원으로 실어 나르고 선생, 코치, 친구들에 대해 꼬치꼬치 캐묻는다. 라루가 추적한 어느 부유한 집안의 아이는 야구팀 하나, 축구팀 두 개, 수영팀 하나, 농구팀 하나에 속해 있었고 어린이 오케스트라의 연주자였으며 피아노 레슨을 받고 있었다. 이런 집중적인 스케줄 관리는 가난한 집 아이들에게서는 거의 찾아보기 어렵다. 가난한 아이들은 이웃에 사는 다른 아이들과 함께 밖에서 게임을 하며 논다. 아이들은 어른의 세계와 분리되어 있으며 부모는 아이들에게 특별한 관심을 보이지 않는다. 케이티 브린들(Katie Brindle)이라는 노동계급 가정의 소녀는 방과 후에 합창단에서 노래를 부르지만, 그것은 스스로 등록한 것이고 늘 자기 발로 걸어서 연습하러 간다. 라루는 다음과 같이 적고 있다.

"케이티의 엄마는 중산층 엄마들과 달리 노래에 대한 딸의 관심을 계발해야 할 재능의 징후로 바라보고 그것을 실현하기 위해 돕지 않는다. 또한 그녀는 연극에 대한 케이티의 흥미에 관심이 없고 딸의 재능이 발현될 수 있도록 비용을 댈 수 없는 자신에 대해 한탄하지도 않는다. 대신 그녀는 케이티의 기술과 흥미가 케이티를 돋보이게 한다는 것에만 관심이 있다. 그녀는 케이티가 연기할 때 귀여워 보인다고 생각하며 그것이 케이티가 주목받는 방식이라고 생각한다."

중산층 부모는 대개 아이들과 대화하면서 함께 이유를 찾아낸다. 단순히 명령만 하는 것이 아니라 자녀들이 자신의 생각을 말하고 함께 협상하며 어른에게 질문하기를 바란다. 또한 부유한 부모는 자녀가 학교에서 잘하지 못하면 선생을 찾아가 상담을 하며 아이들의 문제에 깊이 개입한다. 라루가 취재한 한 아이는 영재반에 들어갈 실력이 되지 않았지만, 아이 엄마가 따로 재시험을 볼 수 있게 조율하고 학교에 청원서를 넣어 결국 딸을 영재반에 넣었다.

반면 가난한 부모는 권위 앞에서 겁을 먹는다. 그들은 수동적으로 반응하며 뒤편에 물러서 있다. 라루는 한 저소득층 부모의 사례를 들고 있다.

"학부모-교사 간담회에서 매칼리스터(McAllister, 최종학력 고졸)는 목소리가 작아졌다. 평소에는 사교적이고 활달한 성격이었지만 그날은 의자 깊숙이 앉아 재킷의 지퍼까지 올리고 조용히 앉아 있었다. 선생이 해롤드가 숙제를 해오지 않는다고 말하자 매칼리스터는 큰 충격을 받은 것 같았지만, '해롤드는 집에서 숙제를 했어요'라고 말하는 것이 전부였다. 그는 선생의 말을 추궁하지도 해롤드의 편에 서서 개입하지도 않았다. 그의 관점에서는 아들의 교육을 관리하는 것은 선생에게 달린 일이었다. 그것은 그들의 일이지 부모의 일이 아니었다."

라루는 중산층 부모의 스타일을 '집중 양육(concerted cultivation)'이라고 불렀다. 이는 적극적으로 아이들의 재능, 의견, 기술을 길러주고 비용을 대는 것을 말한다. 그와 대조적으로 가난한 부모는 '자연적인 성장을 통한 성취(accomplishment of natural growth)'를 선택하는 경향이 있다. 그들은 자녀를 돌봐야 할 책임은 지지만 아이들이 알아서 성장하고 스스로의 재능을 계발하도록 내버려둔다.

라루는 둘 중 어느 한쪽이 도덕적으로 더 낫다는 평가를 하고 있지는 않다. 그가 볼 때 가난한 아이들은 자신의 시간을 더욱 창의적으로 사용하고 독립심이 강하며 종종 품행도 더 좋다. 그러나 실용적인 관점에서 집중 양육은 막대한 장점을 지니고 있다. 빡빡한 일정 속에서 살아가는 중산층 자녀는 매우 다양한 체험을 해볼 수 있다. 팀워크를 배우고 고도로 짜여진 구조 속에서 움직이는 법을 배우는 것이다. 성인들과 편안하게 대화하는 방법도 익히고 뭔가 필요한 게 있을 때 말하는 법도 배운다. 라루의 표현을 따르자면 중산층 자녀는 '권한'에 대한 감각을 익힌다. 물론 권한이라는 말은 오늘날 부정적 어감을 지니고 있지만, 라루는 그 용어의 뜻을 이렇게 풀이한다.

"중산층 자녀는 자신의 개인적 선호를 충족시키는 것은 물론 어떤 기관의 상황을 적극적으로 활용할 권리가 있는 것처럼 행동한다. 또한 그들은 정보를 공유하고 관심을 요구하는 일에 편안함을 느낀다. 이들이 자신의 선호를 충족시키기 위해 관심을 요구하는 법을 배우기 때문이다. 더불어 규칙을 알고 4학년만 되어도 이익을 얻기 위해 자기 목소리를 낼 줄 안다. 심지어 선생과 의사에게 특별한 요청을 하기도 한다."

이와 달리 가난한 계층의 아이들은 '거리를 두고 행동하며 신뢰하지 않고 저항하는' 특징을 보인다. 그들은 어떤 환경에 놓이든 최선을 다해 자신의 의견을 관철시키는 혹은 라루의 환상적인 표현을 빌리자면 '최적화'하는 방법을 모른다. 라루는 아홉 살 소년인 알렉스 윌리엄스(Alex Williams)가 어머니 크리스티나(Christina)와 함께 진찰을 받으러 가는 장면을 보여주고 있다. 윌리엄스 집안은 전문직에 종사하고 있고 부유한 편이다.

크리스티나는 병원으로 향하는 차 안에서 알렉스에게 말했다.

"알렉스, 의사선생님께 물어볼 것을 생각해야지. 궁금한 것은 뭐든 물어볼 수 있단다. 부끄러워하지 말고 뭐든 물어봐."

알렉스는 잠시 생각하더니 이렇게 말했다.

"데오도란트(탈취제)를 발랐더니 팔 아래에 오돌토돌한 게 났어요."

"정말? 새로 산 데오도란트를 말하는 거니?"

"네."

"그럼 의사선생님께 그걸 물어보도록 해."

라루는 "알렉스의 어머니가 알렉스에게 말할 권리가 있다는 것을 가르치고 있다"고 적고 있다. 자기보다 나이가 많고 권위가 있어 보이는 사람과 한곳에 있을지라도 자기 생각을 표현하는 것이 정당한 일임을 가르치고 있는 것이다.

두 사람은 40대 초반의 온화한 의사를 만났는데, 그는 알렉스에게 알렉스의 키가 상위 5퍼센트에 속한다고 말했다. 그러자 알렉스가 끼어들었다.

"그게 무슨 말이죠?"

"그건 네가 또래의 열 살짜리 100명 중에 95명보다 키가 크다는 뜻이야."

"저는 아직 열 살이 아닌데요."

"음, 그래프에서는 열 살이야. 너는 9년 10개월인데 그래프를 그릴 때는 좀더 가까운 쪽의 나이를 쓰게 되어 있거든."

알렉스가 얼마나 서슴없이 의사의 말에 끼어드는지 보라. 이것이 '권한'이다. 알렉스의 어머니는 아들이 권위 있는 위치에 앉은 사람에게 자기주장을 할 수 있기를 바라기 때문에 사소한 무례는 용납하고 있다. 이제 의사가 검진을 위한 사전 절차를 끝내고 마지막으로 물었다.

"좋아, 검진하기 전에 물어보고 싶은 게 있니?"

"음, 하나 있어요. 팔에 혹이 났는데요, 이 근처에……."

알렉스는 의사 앞으로 팔뚝을 쑥 내밀었다.

"아래쪽에?"

"네."

"그래 검진을 할 때 그곳을 좀더 자세히 봐야겠구나. 아프거나 가렵지는 않니?"

"아뇨. 그냥 좀 오돌토돌할 뿐이에요."

"그래, 그럼 어디 그걸 좀 보도록 할까?"

라루에 따르면 가난한 계층의 아이들은 이렇게 대응하지 못한다고 한다. 그들은 눈을 내리깔고 질문에 대해서만 조용한 목소리로 고분고분 대답한다. 하지만 알렉스는 다른 모습을 보여주고 있다. 라루는 "물어보기 위해 준비한 내용을 기억해내는 동안 알렉스는 의사의 관심을 얻어냈고 그것을 자신이 원하는 주제로 끌고 갔다"고 적고 있다. 이 과정에서 알렉스는 어른들에게서 자신에게로 힘의 균형을 이동시키는 데 성공했으며 그 전환은 대체로 부드럽게 이뤄졌다.

알렉스는 어른의 관심과 흥미를 끌 만한 특별한 존재로서 계속 존중을 받았다. 이것이 '집중 양육' 전략의 가장 큰 특징을 이룬다. 알렉스는 의사 앞에서 괜한 허세를 부리지 않았다. 그는 부모와 하던 대로 이유를 묻고 협상하고 농담을 하면서 대화를 이끌어갔다.

자신이 놓인 상황에 대응하는 방식을 익히는 것은 매우 중요하다. 그것은 유전되는 것이 아니다. 그 능력은 인종에 따라 나뉘지도 않는다. 사실 알렉스는 흑인이고 케이티는 백인이다. 이것은 문화적인 요소이다. 어린 시절부터 알렉스의 부모가 교양 있는 방식으로 점잖게 설득하는 방법, 거절하는 방법, 격려하는 방법 등을 가르치고 진료를 받는 경우처럼 기회가 있을 때마다 예행연습까지 시켰기 때문에 알렉스가 그런 기술을 습득했을 뿐이다.

라루는 사회적으로 높은 계층의 장점 중 가장 큰 부분이 바로 이것이라고 주장한다. 알렉스가 케이티보다 유리한 위치에 있는 이유는 부유한 덕분에 좋은 학교에 다니기도 하지만, 동시에 현대사회에 적합한 태도와 자세를 익히기 때문이다.

**집중 양육의
최대수혜자, 오펜하이머**　　　바로 이것이 오펜하이머에게는 있고 랭건에게는 없는 장점이다. 오펜하이머는 예술가이자 성공적인 의류 생산업자를 아버지로 둔 덕분에 맨해튼에서 부유한 이웃과 함께 성장했다. 그의 유년기는 말 그대로 '집중 양육'의 대표적인 사례이다. 주말마다 오펜하이머 가족은 최고급 자동차를 타고 교외로 드라이브를 나갔다. 또한 오펜하이머는 센트럴파크 서쪽의 에티컬 컬처 스쿨(Ethical Culture School)에 들어갔는데, 그 학교는 전국에서 가장 진보적인 곳이었다. 그의 전기를 쓴 저자들에 따르면 그곳은 학생들에게 '그들이 세상을 바꿀 주인공이라는 강한 자부심'을 심어 주었다. 특히 명석한 오펜하이머가 지루해한다는 것을 알아챈 수학 선생은 그가 혼자서 공부할 수 있도록 자유롭게 해주었다.

오펜하이머는 어린 시절에 열정적으로 암석을 수집했다. 열두 살 때 그는 그 지역 지리학자들과 함께 센트럴파크에서 관찰한 암석의 형성을 연구했고, 눈부신 활약 덕분에 뉴욕 지질학회의 초청을 받게 되었다. 셔윈과 버드의 책에 따르면 아들의 취미에 대한 오펜하이머 부모의 반응은 '집중 양육'의 교과서적 사례라고 할 만하다.

"어른들로 구성된 청중 앞에서 강연을 해야 한다는 생각에 불안해진 로버트는 그들이 초청한 연사가 열두 살짜리 소년이라는 사실을 미리 밝혀달라고 아버지에게 부탁했다. 운명의 저녁, 로버트는 부모와 함께 학회에 등장했고 부모는 자랑스러운 듯 J. 로버트 오펜하이머라며 아들을 소개했다. 로버트가 연단에 오르자, 예기치 못한 사태에 깜짝 놀란 지질학자와 아마추어 암석 수집가들은 벼락처럼 웃음을 터뜨리기 시작했다. 연단 너머로 뻣뻣한 검은 머리카락만 간신히 보였기 때문이다. 로버트가 올라서서 강연할 나무상자가 필요했다. 부끄럽고 당황스러웠지만 로버트는 침착하게 준비해간 원고를 읽었고 진심에서 우러나온 박수와 함께 연단을 내려올 수 있었다."

오펜하이머가 인생의 도전을 수월하게 헤쳐나간 것이 아직도 놀라운가? 자수성가한 사업가의 아들은 어린 시절부터 빡빡한 조건 아래서 협상을 한다는 것이 무엇인지 배웠다. 에티컬 컬처 스쿨 역시 케임브리지의 교수들 앞에서도 기죽지 않고 자기 생각을 말하는 법을 가르쳤다. 여기에 하버드에서 물리학을 배웠으니 MIT에서 공학을 전공한 장군과 이야기하는 법을 아는 것은 당연하다.

반대로 크리스 랭건은 보즈만의 황량한 환경에서 성장했고 집안은 늘 술에 취해 화를 내는 양아버지가 지배하고 있었다. 마크 랭건은 "우리는 양아버지의 권위 앞에서 진정한 쓴맛을 보았습니다"라고 말했다. 랭건은 어린 시절에 권위에 대한 불신과 홀로 서야 한다는 것을 배웠다. 그의 부모는 의사에게 자기 생각을 말하는 법을 가르쳐주지 않았고, 높은 자리에 있는 사람에게 질문하고 협상하는 방법도 알려주지 않았다. 그는 권한을 배우는 대신 불신, 거리를 두는 법, 의심하는 법 등을 배운 것이다. 이는 아주 사소한 것 같지만 보즈만을 벗어난 바깥세상에서 살아가는 데 이 결함은 치명적 장애가 되었다.

마크는 불행했던 시절의 아픔을 솔직하게 털어놓았다.

"저 역시 재정적 도움을 한 번도 받아본 적이 없어요. 우리는 서류 작성이나 수표 관리 등에 대해 아무것도 몰랐죠. 그런 것은 우리가 자라온 환경에서 본 적도 없습니다. 만약 크리스 형이 부잣집에서 태어났다면, 가령 중요한 사람들과 접촉하는 전문직 종사자의 아들로 태어났다면 아마도 열일곱 살에 박사학위를 따는 그런 사람이 되었을 겁니다."

우리는 문화 속에서 스스로를 찾아내고 규정한다. 크리스는 일률적인 데다 이미 알고 있는 교과 과정에 지루해했고, 선생들의 교육에 집중하지 않아 말을 듣지 않는다는 지적을 당했다. 또 다른 동생 제프가 그러한 사실을 꼬집었다.

"만약 누군가가 형의 지능을 알아챘다면, 아니 형이 교육의 가치를 아는 부잣집에서 태어났다면 지루하지 않게 공부할 수 있는 환경이 주어졌겠죠."

터마이트 730인의 기록,
가정환경이라는 재앙   터마이트들이 성인이 되었을 때, 터먼은 730명의 기록을 보고 그들을 세 그룹으로 나누었다. A그룹(상위 20퍼센트, 150명)은 진짜 성공한 사람들로 스타 변호사, 물리학자, 공학자, 그밖에 학자들로 구성되어 있었다. A그룹의 90퍼센트는 대학을 나왔으며 그중 98퍼센트가 대학원에서 학위를 땄다. B그룹(중위 60퍼센트)은 만족할 만한 수준으로 해내는 사람들이었다. 나머지 150명으로 구성된 C그룹에 대해 터먼은 엄청난 지적 능력을 살리지 못했다고 판단했다. 우체국 혹은 서점에서 일하거나 아무런 직업도 없이 소파에서 뒹구는 것이 그들의 일이었다. C그룹 중 3분의 1은 대학교 중퇴자였다. 4분의 1은 고등학교만 졸업했고 천재라고 불리던 150명이 따낸 학위는 고작 여덟 개였다.

A그룹과 C그룹의 차이는 어디서 생겨난 것일까? 터먼은 모든 자료를 샅샅이 뒤졌다. 신체적, 정신적 건강도 살펴보고 남성성-여성성 지수(masculinity-femininity scores)도 연구했으며 취미와 직업, 홍미까지도 알아봤다. 걷기 시작했던 나이와 말하기 시작했던 나이, 초등학교와 고등학교에서의 IQ도 비교했다. 이 연구에서 마지막으로 문제가 되었던 것은 단 한 가지, 바로 가정환경이었다.

A그룹에는 중산층과 상류층 출신이 압도적으로 많았다. A그룹은 책으로 가득 찬 집에서 살았고, 그들 부모의 절반 이상은 대졸 학력 이상이었는데 당시에는 대학을 가는 사람이 드물었다. 반면 C그룹은 그 궤도의 정반대편에 있었다. 그들 중 3분의 1은 부모 중 한 사람이 초등학교를 중퇴한 학력이었다.

터먼은 일정 시기를 선택해 연구원에게 A그룹과 C그룹 대상자를 일일이 방문한 다음 그들의 인격과 태도를 평가해오라고 지시했다. '집중 양육'의 환경에서 자란 아이들과 '자연 양육'의 환경에서 자란 아이들을 비교한 결과는 어땠을까? A그룹은 친근하고 균형이 잡혀 있으며 매력적이고 옷도 잘 입는다는 평가를 받았다. 그런데 네 가지 측면에서 매겨진 점수를 보고 있노라면 완전히 다른 두 인종 간의 차이를 묘사한 것 같다는 인상을 받게 된다. 물론 그것은 사실이 아니다. 이것은 단지 어려서부터 남들 앞에서 잘 꾸미고 있어야 한다는 교육을 받은 사람과 그런 경험을 하지 못한 사람과의 차이일 뿐이다.

터먼의 연구결과는 대단히 실망스럽다. C그룹이 얼마나 재능 있는 사람들인지 결코 잊어서는 안 된다. 다섯 살이나 여섯 살 때만 해도 그들의 호기심과 지적 순발력, 광채는 눈부실 지경이었다. 그들은 진정한 아웃라이어였다. 그런데 터먼은 사회 경제적으로 낮은 계층 출신의 어린 천재는 단 한 명도 이름을 떨치지 못했다는 단순한 결과를 내놓았다.

C그룹에게 부족한 것은 무엇이었을까? 유전자에 새겨진 것이나 대뇌피질에 각인된 것이 부족하진 않았다. 다만 우리가 방금 확인한 것, 즉 세상에 적합하도록 그들을 준비시켜줄 공동체가 부족했을 뿐이다. 그들에게는 그것이 주어져야 했다. 비용이 많이 들거나 불가능한 것이 아니었음에도 C그룹은 그것이 부족해 재능을 탕진하고 말았다.

**천재성에 대한
최고의 역설**   몇 년 전에 결혼한 크리스 랭건은 지금 미주리주의 교외에 있는 말 목장에서 살고 있다. 50대에 이른 그는 라인배커(미식축구에서 스크럼 후방의 라인을 지키는 선수-역주)처럼 두터운 가슴과 굵직한 허벅지에다 앞이마를 빗어 넘긴 모습으로 세월과 씨름을 하고 있다. 하얗게 새어가는 짧은 턱수염과 달리 반짝이는 눈빛은 불타는 지능이 그 속에 들어 있음을 느끼게 한다. 얼마 전에 그가 내게 말했다.

"별다른 일이 없으면 늘 컴퓨터 앞에 앉아 어젯밤에 작업하던 것을 계속합니다. 그게 뭐든 말이죠. 어떤 문제든 집중해서 생각하며 잠이

들면 다음날 아침 머릿속에 답이 떠올라 있곤 합니다. 때로는 그 답을 꿈속에서 본 듯한데 기억나지 않는 경우도 있어요. 그냥 떠오르는 대로 컴퓨터에 입력을 합니다."

그는 책이 한 무더기 쌓인 서재에서 언어학자 노엄 촘스키(Noam Chomsky)의 책을 읽고 있었고 언제나 도서관에서 책을 빌려다 본다고 했다.

"저는 독창적이고 기발한 사람이나 자료를 접할수록 더 좋은 결과를 얻을 수 있다고 생각합니다."

랭건은 만족스러워보였다. 그에게는 돌봐야 할 동물과 목장, 그리고 읽을 책이 있었으며 사랑하는 아내가 있었다. 건설현장을 떠돌거나 배를 타고 고군분투하는 것보다는 훨씬 나은 삶이었다.

"저보다 똑똑한 사람이 있다고는 생각하지 않습니다. 저 같은 사람이나 저와 같은 수준의 이해력을 보이는 사람을 만나본 적이 없습니다. 앞으로도 그런 일은 없을 거라고 봅니다. 물론 가능성은 열어두고 있죠. 누군가 제게 도전할 수도 있으니까요."

그의 말은 다소 공격적으로 보이지만 사실은 그렇지 않다. 오히려 방어적이다. 수십 년간 고도로 지적인 작업에 몰두해온 그는 그 가치를 알아볼 수 있을 만한 물리학자나 철학자, 수학자가 그것을 읽을 수 있도록 출판한 적이 한 번도 없다. 백만 명 중에 하나 태어날까 말까한 두뇌의 소유자가 지금껏 세상에 아무런 영향도 미치지 못하고 있는 것이다. 그는 선도적인 대학에서 학생들을 지도하는 것도 아니고 낡은 말 농장에서 청바지와 티셔츠를 입은 채 현관 앞에 앉아 있다. 물론 그는 자신이 어떻게 보이는지 잘 알고 있다. 바로 그것이 크리스 랭건의 천재성에 대한 최고의 역설이다.

"사실 출판업자를 찾아볼 생각을 거의 하지 않았어요. 출판사를 알아보고 에이전트를 찾는 일 말입니다. 저는 그런 일을 하지 않았고 솔직히 그런 일에 흥미도 없어요."

이것은 패배를 시인하는 것이나 다름없다. 그는 자신이 세상을 좀더 잘 헤쳐 나가야 한다는 것을 알았지만 그 방법을 몰랐다. 안타깝게도 그는 심지어 대수학 교수와도 이야기를 잘 풀어내지 못했다. 한마디로 크리스 랭건은 자기 인생을 제대로 살아오지 못했다. 이는 아무리 뛰어난 천재도 혼자서는 자기 길을 만들어가지 못한다는 것을 보여준다.

5장

조셉 플롬에게 배우는 세 가지 교훈

The Three Lessons of Joe Flom

"메리는 25센트만 받았다."

지독한 가난 속에 핀 성공,
그 흔해빠진 이야기　　　　　조셉 플롬(Joseph Flom)은 로펌 스캐든 압스
(Skadden, Arps, Slate, Meagher & Flom)에 이름이 오른 파트너들 중에서
유일하게 아직까지 살아있는 사람이다. 큰 머리에 키가 작고 구부정한
그는 맨해튼의 콘데 네스트 타워 최고층 구석에서 사무실을 운영하고 있
다. 지금은 홀쭉하지만 한때는 엄청나게 비만이었고 생각에 잠길 때면
낙서를 하곤 한다. 그가 특유의 버릇대로 중얼거리며 스캐든 압스의 홀
을 지나가면 쉿 하는 소리와 함께 수군거리던 모든 목소리가 일시에 잠
잠해진다.

　플롬은 대공황기에 브루클린(Brooklyn)의 보로 공원(Borough Park)
근처에서 자랐다. 그의 부모는 동유럽 출신의 유태인 이민자로, 아버
지 이사도어(Isadore)는 여성용 드레스의 어깨패드를 꿰매는 일을 했
고 어머니는 헝겊 장식 붙이는 일을 했다. 그들의 가난은 절망적인 수
준이었다. 그가 성장기에 있을 때 그의 가족은 거의 매년 이사를 다녔

—— 기회

다. 당시에는 집주인이 세입자에게 첫 달은 무료로 살 수 있도록 해주는 관습이 있었기 때문이다.

중학교 때 플롬은 맨해튼 렉싱턴로에 위치한 타운센드 해리스(Townsend Harris) 공립 고등학교에 들어가기 위해 입학시험을 보았다. 뛰어난 작곡가 조지 거슈윈(George Gershwin), 소아마비 백신의 발명자 조나스 소크(Jonas Salk)를 거론하지 않더라도 그 학교는 설립된 지 40년 만에 노벨상 수상자 세 명, 퓰리처상 수상자 여섯 명, 대법관 한 명을 배출한 명문이었다.

다행히 플롬은 시험에 합격했지만 가난은 여전히 그의 등짝에 들러붙어 있었다. 그의 어머니는 아침마다 밥값으로 동전 한 닢을 주었고 그 돈으로 그는 핫도그 가게에서 도넛 세 개, 오렌지주스, 그리고 커피를 사먹었다. 학교가 끝나면 의류상가에서 손수레를 몰며 돈을 벌어야 하는 힘겨운 삶은 여전히 이어졌다. 이후 맨해튼의 시티 대학에서 낮에는 일을 해가며 야간에 2년간 공부했고 군복무를 마친 다음에는 하버드 로스쿨에 지원했다. 사실 그는 대학에서 학위를 받지 못했지만 하버드는 그를 받아주었다.

"여섯 살 때부터 법조계에서 일하고 싶다는 꿈을 키웠습니다. 하버드에서 저를 왜 받아주었느냐고요? 제가 얼마나 끝내주는 인물인지 글을 써서 보냈거든요."

1940년대 말에 하버드에 들어간 그는 노트에 필기를 해본 적이 없었다. 플롬의 하버드 대학 친구인 찰스 하(Charles Haar)는 그가 얼마나 독특한 인물이었는지 들려주었다.

"우리는 모두 첫해에 정성스럽게 수업 노트를 작성한 다음 개략을 잡고 검토하고 다른 종이 위에 습자지를 대고 따라 그리는 어리석은 짓을 해야만 했습니다. 그것이 우리가 사건에 대해 배우는 정형화된 방법이었죠. 하지만 조는 그 짓을 하지 않았습니다. 그러면서도 변호사처럼 생각하는 데 뛰어난 자질을 보였지요. 판결에 관한 한 대단한 지적 능력을 발휘했습니다."

플롬은 하버드에서 가장 우수한 학생들만 들어갈 수 있는 로 리뷰 (Law Review: 로스쿨의 학생 발간 법률 간행물-역주)에 들어갔다. 그리고 채용기간인 2학년 크리스마스 방학시즌에 당시 뉴욕에 있던 대형 로펌들로 인터뷰를 하러 갔다. 플롬은 그때를 회상하며 약간 인상을 찌푸렸다.

"저는 작달막한 데다 못생기고 무례했으며 뚱뚱했지요. 다들 껄끄러워하는 것 같았습니다. 채용기간이 끝났을 때 동기들 중에서 직장을 잡지 못한 두 명 중 하나가 바로 저였습니다. 어느 날 교수 한 분이 새롭게 로펌을 여는 사람들을 소개해주더군요. 그들을 찾아가니 내내 고객이 없는 로펌을 운영하는 게 얼마나 위험한지에 대해 말하더라고요. 대화를 하면 할수록 그들이 마음에 들었습니다. 그래서 저는 '젠장, 뭐가 됐든 한번 해봅시다'라고 말했죠. 우리는 급여를 위해 1년에 최소한 3,600달러를 벌어야만 했어요."

처음에는 월스트리트의 대형 로펌에서 승진하는 데 실패한 마셜 스캐든(Marshall Skadden), 레슬리 압스(Leslie Arps), 그리고 팬암 항공사에서 일했던 존 슬레이트(John Slate)만 함께 일했다. 그들은 월스트리트의 리먼 브러더스 빌딩 꼭대기에 사무실을 열었고 플롬은 그들의 조수로 일했다. 플롬은 웃으면서 한마디 툭 던졌다.

"우리가 어떤 법을 전문으로 했을까요? 허허허, 전문이고 뭐고 의뢰가 들어오면 무조건 했죠."

1954년, 플롬은 스캐든 압스의 관리자로 승진했고 그 로펌은 눈덩이 굴리듯 성장하기 시작했다. 고용 변호사가 100명이 되더니 곧이어 200명으로 늘었다. 변호사가 300명이 되었을 때 파트너 중 한 명인 모리스 크래머(Morris Kramer)가 젊은 로스쿨 졸업생들을 데려오는 일에 죄책감이 느껴진다고 말했다. 그는 스캐든 압스가 지나치게 비대해져 더 이상 성장하기가 어렵고, 수많은 고용인을 승진시키는 일은 더더욱 어려운 일이라고 말했다. 하지만 한 번도 야심을 잃어본 적이 없던 플롬은 이렇게 대답했다.

"음, 우리는 곧 1,000명이 될 겁니다."

오늘날 스캐든 압스는 2,000여 명의 변호사와 전 세계에 거미줄처럼 퍼진 23개의 사무실을 자랑하며, 한 해에 10억 달러 이상을 벌어들인다. 한마디로 세계적인 로펌으로 성장한 것이다. 플롬의 사무실에는 그가 조지 H.W. 부시 그리고 빌 클린턴과 함께 찍은 사진이 걸려 있고, 맨해튼의 동북쪽에 위치한 그의 드넓은 아파트는 화려한 빌딩 속에 파묻혀 있다.

지난 30년간 포춘 500대 기업은 다른 기업에 합병되거나 다른 기업을 합병하려 할 때, 혹은 뭔가 일이 생겨서 큰 돈을 써야 할 때마다 조셉 플룸을 변호사로 택했고 스캐든 압스와 로펌 계약을 했다. 그를 고용할 수 없는 기업조차 그를 고용하고 싶어 했다.

**환경의 중요성,
공짜 성공은 없다**　　　　지금쯤 독자 여러분이 이런 식의 성공스토리에 회의적인 태도를 보였으면 싶다. 영특한 이민자의 자녀가 가난과 대공황을 극복하고 일류대학을 나왔지만, 잘나가는 로펌에서 직장을 얻지 못하자 회사를 차려 엄청난 노력으로 성공하는 애기 말이다. 이런 것은 '거지'가 '부자'로 거듭나는 성공담인데 우리는 지금까지 하키선수와 소프트웨어 백만장자, 그리고 터마이트들을 통해 그런 건 없다고 배웠다.

혼자서 성공하는 사람은 없다. 그들의 성공은 특정한 장소와 환경의 산물이다. 빌 조이나 크리스 랭건의 사례와 마찬가지로 이제 조셉 플룸의 이야기를 살펴볼 계획인데, 이번에는 앞서 배운 내용들을 하나씩 점검한 후에 시작하기로 하자.

플룸의 지능이나 인격, 야심 등은 언급할 필요가 없을 것 같다. 그만한 자질도 갖추지 못하고 세계적인 로펌 회사를 키워냈을 리가 없지 않은가. 그의 천재성을 입증하기 위해 그의 고객과의 인터뷰 내용을 인용하는 것도 그만두련다. 스캐든, 압스, 슬레이트, 미거, 그리고 플룸의 혜성 같은 등장에 대한 형형색색의 전설도 더는 이야기하지 않겠다. 대신 결정적인 질문에 대한 대답을 찾기 위해 플롬이 자랐던 뉴욕의 이민자 사회, 로스쿨의 동료들, 모리스 잰클로우(Maurice Janklow)와 그의 아들 모트(Mort), 그리고 루이스(Louis)와 레기나 보르게니시트(Regina Borgenicht)라는 특별한 부부에 대해 이야기하고자 한다.

플롬은 어떤 기회를 누렸을까? 우리는 지금까지의 내용을 통해 아웃라이어들이 자기 길을 걷는 중에 언제나 도움을 받곤 한다는 것을 알게 되었다. 그렇다면 플롬이 자라온 환경의 생태학에서도 어떤 조건이 그를 성공으로 이끌었는지 밝혀낼 수 있지 않을까?

우리가 거지에서 부자로 거듭나는 성공담을 입에 올리는 이유는 외로운 영웅이 덮쳐오는 고난과 맞서 싸운다는 얘기가 우리를 매료시키기 때문이다. 플롬의 실제 인생 이야기는 신화화된 것보다 훨씬 흥미진진하다. 왜냐하면 일반적으로 단점으로 여겨지는 것들 가령 가난한 의류업자의 아들이라는 것, 유태인이 심하게 차별을 당하던 무렵에 유태인으로 태어났다는 것, 대공황기에 성장했다는 것이 예기치 않게 장점으로 돌변했기 때문이다.

조셉 플롬은 아웃라이어다. 하지만 그는 여러분이 생각하는 그런 이유로 아웃라이어가 된 것은 아니다. 이번 장의 끝에 이르면 우리는 몇 가지 교훈을 얻게 될 것이다. 또한 그 교훈을 뉴욕의 변호사들에게 적용해보면 추가 정보가 없어도 성공하는 변호사의 가정환경과 나이를 추론할 수 있을 것이다. 왜냐하면 조셉 플롬에게 적용된 성공 규칙이 이들에게도 유효하기 때문이다.

첫 번째 교훈: 유태인이라는 정체성

**끔찍하게 불평등한 현실과
스타 변호사**   알렉산더 비켈(Alexander Bickel)은 플롬의 하
버드 로스쿨 동기 중 한 명이다. 비켈 역시 동유럽의 유태인 이민자 출신
으로 뉴욕의 공립학교에 진학한 후 시립대학에 들어갔다. 그는 플롬처럼
로스쿨 수업의 스타였으며 그의 세대에 가장 명철한 헌법학자가 될 가능
성이 아주 컸지만, 안타깝게도 암이 그 싹을 잘라버렸다. 다른 로스쿨 동
기와 마찬가지로 비켈은 1947년의 채용기간에 일자리를 구하기 위해 맨
해튼으로 향했다.

그의 발길이 처음 멈춘 곳은 월스트리트에 있는 멋지 로즈(Mudge
Rose)로 그 시대의 여느 로펌처럼 고전적이고 고지식했다. 멋지 로즈
는 1869년에 창립된 로펌으로 리처드 닉슨이 1968년 대통령에 당선되
기 전까지 일했던 곳이기도 하다.

"우리는 신문지상에 딱 두 번 이름이 오르내리는 여인과도 같다. 태
어났을 때와 죽을 때."

그 회사의 한 선배 파트너가 내놓은 명언이다. 여러 단계의 인터뷰
를 거친 그는 마침내 그럴 듯한 명언을 내놓은 그 선배 파트너와 인터
뷰를 하기 위해 도서관으로 안내되었다. 그 장면을 한번 상상해보시
라. 칸막이가 쳐진 어두운 방에 예술적인 무늬가 수놓인 페르시아 양
탄자가 깔려 있고 가죽 장정을 입힌 두꺼운 법률 서적이 층층이 쌓인

가운데 멋지와 로즈의 유화가 벽에 걸려 있는 모습을 말이다. 수년 후 비켈은 이렇게 말했다.

"제가 전체 인터뷰 과정을 끝마치고 모든 것을 통과하자 그 선배 파트너에게 인도되었고, 그는 제 선조에 대한 이야기를 해보라고 하더군요."

비켈이 이민자 출신이라는 배경을 완곡한 어법으로 표현하기 위해 얼마나 머리를 써야 했을지 충분히 짐작이 가는 대목이다.

"저는 분명 잘 대답했습니다. 하지만 저는 그런 고전적인 로펌에서는 출신 배경에 상당히 까다로운 잣대를 들이댄다는 것을 이해했어야 했습니다. 그리고 그가 제 말에 고개를 끄덕이며 이해하는 척하는 동안에도 그들이 일자리를 줄 가능성은 거의 없다는 것을 알아야만 했죠. 단지 그들은 제가 하는 것을 보며 즐기고 있었을 뿐입니다."

비켈의 인터뷰 내용을 보면 그의 화려한 명성에 걸맞지 않은 배경이 있음을 알게 된 선배가 오히려 더 당황했을지도 모른다는 생각이 든다. 비켈은 빛나는 책을 써낸 사람이었다. 멋지 로즈가 단지 출신 배경을 문제 삼아 비켈을 거부하는 것은, 마치 시카고 불스가 마이클 조던이 노스캐롤라이아 출신의 껄끄러운 흑인 소년이라는 이유로 거부하는 것과 다를 바 없는 일이었다. 그건 말이 안 된다.

비켈에게 당시의 경험담을 듣던 인터뷰어가 안타까운 마음에 물었다.

"하지만 당신은 스타였잖아요. 당신 정도면 예외적인 경우에 속하지 않나요?"

비켈은 쓴웃음을 지으며 중얼거렸다.

"스타, 스타라……."

1940년대와 1950년대에 뉴욕의 오래된 로펌들은 마치 개인클럽처럼 운영되었다. 이들의 심장부는 언제나 맨해튼의 중심가 혹은 월스트리트 안팎에 바위처럼 서 있는 빌딩에 자리 잡았고, 최고의 로펌들은 아이비리그 학교 출신에 같은 교회를 다녔으며 롱아일랜드 해변의 마을에서 여름을 함께 보냈다. 이들은 주로 보수적인 회색 수트를 입었는데 컨추리클럽이나 칵테일파티를 즐길 때는 '화이트벅스(white bucks, 하얀 구두)'를 신었기 때문에 이들로 구성된 로펌을 '하얀 신발(white shoe)'로 부르기도 했다. 특히 이들은 누구를 고용하는가에 굉장히 관심이 많았으며 어윈 스미겔(Erwin Smigel)은 《월스트리트 변호사(The Wall Street Lawyer)》라는 저서에서 그들이 찾는 사람을 잘 정리해놓았다.

"북유럽 혈통의 백인, 밝은 성격과 깔끔한 외모, 일류학교 졸업, 올바른 사회적 배경과 세상사에 대한 경험이 요구됨, 그리고 강철 같은 체력이 뒷받침될 것. 로스쿨의 한 전직 학장은 직업을 얻기 위해 학생들이 갖춰야 할 요소에 대해 이야기하다가 좀더 현실적인 그림을 그려주었다.

'직장을 구하려면 집안 배경이 탄탄하거나 충분한 능력, 충분한 인격적 요소, 아니면 이 모든 것을 갖춰야 한다. 만약 누군가가 이 요소 중 하나만 갖고 있다면 그는 직장을 구할 수 있다. 두 개를 갖고 있다면 그는 직장을 선택할 수 있다. 세 가지를 갖고 있다면 어디든 들어갈 수 있다.'"

비켈은 머리카락 색이 좋지 않았고 눈동자는 파란색이 아니었으며 말투에 특유의 악센트가 묻어났다. 집안 배경은 루마니아 부쿠레슈티(Bucharest)의 솔로몬(Solomon) 비켈과 예타(Yetta) 비켈의 아들로 태어났다는 것이며 그의 선조들도 그다지 내세울 것이 없었다. 그는 번화가로 인터뷰를 하러 갈 때 좀 껄끄러웠다고 말했는데, 작은 키에 잘생기지 않은 외모에다 유태인이었고 브루클린 특유의 비음이 섞인 악센트가 없는 말투였으니 그도 그럴 만했다. 그가 도서관에서 고귀한 은발 신사의 눈에 어떻게 보였을지 충분히 짐작이 간다.

그 시대에는 좋은 집안 배경과 종교, 사회적 계급, 그리고 로스쿨 졸업장이 없으면 번화가의 유명 로펌이 아닌 작고 영세한 로펌에 들어가거나 아예 직접 사무실을 내 '들어오는 사건은 뭐든 한다'고 내걸 수밖에 없는 것이 현실이었다. 대개 번화가의 로펌에서 맡지 않는 일이 그쪽으로 흘러들어 갔다. 이것은 끔찍하게 불평등한 구조였지만 현실이 그랬다. 그러나 아웃라이어에게는 그늘에 매장되는 것이 오히려 황금 같은 기회로 이어지곤 한다.

**세상이 변했다,
그리고 기회가 왔다**　　　　월스트리트의 고색창연한 로펌들은 기업 변호사에 가까웠고 그들은 자신이 가장 크고 선도적인 기업을 대변한다는 독특한 생각을 하고 있었다. 여기서 '대변한다'는 것은 기업이 주식과 채권을 발행할 때 그것이 연방정부의 규제에 걸리지 않게 법률과 조세관련 사무를 처리한다는 것을 의미했다. 그들은 법정 변론을 하지 않았다. 소수의 로펌만 소송 변호나 사건 정리 관련 부서를 거느리고 있었다.

'하얀 신발' 로펌 중에서도 최고의 '하얀 신발'이던 크라바스 스와인 앤 무어(Cravath, Swaine & Moore)의 창립자 중 하나인 폴 크라바스(Paul Cravath)는 한때 "변호사는 민감한 일을 회의실에서 처리하지 법정에서 처리하지 않는다"는 말을 하기도 했다. 또 다른 하얀 신발 로펌의 파트너는 그때를 이렇게 회상한다.

"내 하버드 동기들 사이에서는 젊고 유능한 변호사는 당연히 조세나 증권 관련 업무를 처리해야 한다는 의식이 지배적이었다. 그것은 별개의 영역이었다. 소송은 저잣거리에서나 하는 것이지 잘나가는 사람들의 일로 받아들여지지 않았다. 당시에는 기업들이 서로를 고소하는 일이 거의 없었다."

또한 하얀 신발 로펌은 기업 간의 적대적 합병과 관련된 업무에 관여하려 들지 않았다. 기업 사냥꾼이나 사모펀드 회사가 기업을 연이어 삼키는 오늘날에는 상상하기 어려운 일이지만, 1970년대까지도 서로 간의 구매협약 없이 한 기업이 다른 기업을 인수하는 것은 명예롭지 못한 일로 여겨졌다. 멋지 로즈나 월스트리트의 다른 전통 있는 로펌들은 그런 종류의 거래에 손대지 않았다. 기업 거래 전문지 〈아메리칸 로이어(American Lawyer)〉의 발행인 스티븐 브릴(Steven Brill)은 다음과 같이 말한다.

"적대적 합병의 문제는 그것이 적대적이라는 겁니다. 신사적인 일이 아니죠. 만약 당신의 가장 친한 대학친구가 기업 X의 CEO라고 해봅시다. 그 회사의 실적이 지지부진하다고 해서 기업 사냥꾼들이 나타나 '이 회사는 쓰레기야'라고 한다면 당신은 기분이 언짢을 겁니다. '내 친구가 그만둬야 한다면 나도 나가야겠군'이라는 생각을 하게 되죠. 세상의 평온한 질서를 건드리지 않게 되는 이유는 이게 전부입니다."•

1950년대와 1960년대에 브롱크스(Bronx)와 브루클린 출신의 유태인 변호사 사무실에 의뢰되는 사건은 '하얀 신발' 로펌에서 사양하는 것들이었다. 법정 소송이 그랬고 더욱 중요한 것은 모든 적대적 인수합병의 핵심을 구성하는 '위임장 쟁탈전'도 마찬가지였다.

예를 들어 한 투자자가 어떤 회사에 관심을 보인다고 해보자. 일단 그는 경영진이 경영자로서의 의무를 소홀히 했다고 주장하며 주주들에게 편지를 보내 그가 회사의 경영진 투표에 참여할 수 있도록 위임

◐ 오랫동안 '하얀 신발' 로펌에서 일했던 소설가이자 변호사인 루이스 아우친클로스(Louis Auchincloss)는 그의 소설 《주홍글씨The Scarlet Letters》에서 번화가의 로펌들이 인수합병법을 어떻게 생각하고 있었는지 완벽하게 그려내고 있다. 소설 속에서 인수합병 변호사가 그의 법률 파트너 아내에게 설명하는 내용이 이렇다. "현실을 직시하세요. 당신의 남편과 나는 협잡꾼이나 다름없습니다. 누군가가 합병당할 위기에 처해 있을 때, 그 사람의 변호사는 그의 마음을 바꾸기 위해 온갖 잘못된 사례를 언급하지요. 물론 우리는 관리자에 의한 경영부실, 배당금을 못 받은 지분 소유자, 정관 침해, 부적절한 주식발행 등을 옹호합니다. 또한 우리는 범죄적인 직권남용을 항변하고 반독점법을 부르짖으며 오래 되고 의심스러운 책임을 옹호하지요. 그러면 상대측에서 고용한 변호사는 우리의 의뢰인을 끝없이 이어지는 빨간 줄에 엮어 나가떨어지게 하기 위해 모든 파일 열람을 요청하고 지속적으로 이의를 제기하죠. 이건 전쟁입니다. 당신은 그 전쟁에 어울리는 사람을 사랑하고 있는 겁니다."

장을 써달라고 한다. 그런데 이러한 위임장 쟁탈전에서 투자자들이 고용할 수 있는 변호사는 조셉 플롬 같은 사람뿐이었다. 법률사 연구자 링컨 카플란(Lincoln Caplan)은 자신의 저서 《스캐든(Skadden)》에서 인수합병의 초창기 상황을 설명하고 있다.

"위임장 쟁탈전의 승리자는 소위 '스네이크피트(snake pit)'라고 불리는 곳에서 정해졌다(공식적으로는 그곳을 회의실이라고 불렀다). 쌍방의 변호사는 '총회꾼'을 고용했는데 그들의 임무는 주주의 위임을 받아온 사람들이 질문을 할 때 그것을 깔아뭉개거나 바람잡이 역할을 하는 것이었다. 그 행사는 대개 비공식적이었고 한쪽으로 치우쳐 있었으며 규칙을 무시하는 일이 비일비재했다. 반대자들은 때로 티셔츠 차림으로 수박을 먹거나 스카치위스키를 나눠 마시는 지경이었기 때문에 분위기가 어땠는지 가히 짐작이 갈 만했다. 탓에 단 한 번의 투표로 결과가 나오는 것은 그야말로 극히 드물었다.

변호사들은 때로 그들의 손아귀에 있는 총회꾼들의 지원을 받아 약속시간을 변경함으로써 선거결과를 조작하기도 했다. 총회꾼이 변호사 양측으로부터 시가를 얻어 피웠기 때문에 변호사들은 상대방 측 위임장을 사겠다고 주장할 수도 있었고(내가 가져가겠소!) 그 반대도 가능했다. 그 일이 입맛에 맞는 변호사는 스네이크피트에 들어가면 거의 날아다녔다. 흥미롭게도 위임장 쟁탈전에 대해 누구보다 잘 알고 있던 변호사들 중 누구도 조셉 플롬과 싸워 이길 수 없었다.

플롬은 뚱뚱했고(당시에는 지금보다 50킬로그램은 더 쪘었다고 한다) 잘

생긴 외모가 아니었으며(한 파트너는 그를 보면 개구리가 떠오른다고 했다) 사회적인 품위와도 거리가 멀었다(그는 양해를 구하지도 않고 아무데서나 방귀를 뀌었고 대화 상대방의 얼굴에 시가 연기를 뿜어댔다). 하지만 일에서만큼은 남달랐다. 동료들은 물론 일부 상대편 변호사까지도 그에게 승리를 향한 불굴의 의지가 있었고 그 일에 완벽한 전문가임을 인정했다."

하얀 신발 로펌들은 그들의 기업 고객을 향해 기업 사냥꾼이 달려들 때마다 플롬을 불렀다. 그런 사건에 직접 개입하고 싶어 하지 않았던 그들은 스캐든 압스에 외주를 줄 수 있어서 기분이 좋았을 것이다. 크라바스 스와인 앤 무어의 오랜 파트너인 로버트 리프킨드(Robert Rifkind)의 얘기를 들어보자

"초기에 플롬은 위임장 쟁탈전에서 특화된 면모를 보였는데, 그것은 우리에게 결혼 소송이나 같았죠. 우리는 거의 손대지 않았다는 얘기입니다. 우리는 그 일에 대해 알려고도 하지 않았습니다. 아직도 기억나는데 우리에게 위임장 쟁탈전과 관련된 업무가 들어오자 한 선배 파트너가 이렇게 말하더군요. '어서 조를 불러와.' 우리가 모여 앉아 진행해야 할 일을 의논하고 있는데, 회의실에 와서 기껏 한다는 말이 플롬을 불러오라는 것이었습니다. 저는 반발을 했죠. '우리도 그 일을 할 수 있잖아요.' 그 선배가 어이없다는 표정을 지으며 말하더군요. '아니, 자네들은 할 수 없어. 우리는 그 일에 개입하지 않을 거니까.' 우리는 그 일을 할 수 없었던 게 아니라 하지 않은 겁니다."

그런데 1970년대가 밝아오면서 하얀 신발 로펌들이 맡았던 소송은 모두 옆으로 밀려났다. 연방정부의 규제완화로 돈을 빌리는 것이 쉬워지고 시장이 국제화되면서 상황이 확 바뀌었던 것이다. 이때를 틈타 투자자들은 더욱 공격적으로 변해갔고 더불어 기업의 인수합병 건은 폭발적으로 늘어났다. 조셉 플롬은 당시의 상황을 들려주었다.

"1980년대에 비즈니스 라운드테이블(Business Roundtable: 미국 내 200대 주요 기업 경영자 모임-역주)에 가서 적대적 인수가 허용되어야 한다고 생각하는지 물어봤다면, 3분의 2는 아니라고 했을 겁니다. 물론 지금은 거의 반사적으로 그렇다고 대답하겠죠."

기업들은 경쟁자가 걸어오는 소송을 방어하기 위해, 아니 적대적 인수자들에게 완벽히 앙갚음하기 위해 준비되어 있어야만 했다. 더불어 희생양을 찾아 헤매는 투자자들은 법률 전략에 대한 도움을 원했고 주주들에게는 공식적인 대표단이 필요해졌다. 이처럼 시장이 확대되면서 이 분야와 관련해 돌아가는 돈이 엄청나게 늘어났다. 1970년대 중반부터 1980년대 말까지, 기업 합병 및 취득과 관련해 월스트리트에서 운용되는 금액은 매년 2,000퍼센트씩 늘어났으며 총액은 2,500억 달러에 달했다.

하얀 신발 로펌들이 결코 하고 싶어 하지 않던 적대적 인수합병 분야가 확 떠오르면서 법조계에 갑자기 지각변동이 일어났다. 법조계에서 가장 중요해진 두 분야의 최고 전문가는 과연 누구였을까? 10~15년 전, 번화가의 로펌에서 직장을 얻지 못해 자기들끼리 사무실을 낸 2류 로펌들이 바로 그 주인공이었다. 플롬이 호탕하게 말했다.

"하얀 신발 로펌들은 게임이 한창 진행될 때까지 적대적 인수합병을 거들떠보지도 않았죠. '이봐, 우리도 이 일을 해야 하는 거 아냐' 하면서 끼어들기로 결정할 때까지 저를 혼자 내버려뒀죠. 그 분야에서는 한번 명성을 얻으면 일감은 알아서 들어옵니다."

그러면 플롬의 사례가 빌 게이츠나 빌 조이의 이야기와 얼마나 유사한지 한번 생각해보자. 그들은 세계적인 성공을 거두겠다는 희망 따위도 없이 앞날이 뚜렷하지 않은 분야를 선택했다. 하지만 그들이 선택한 분야에서 그야말로 붐이 일어났고, 그들은 이미 1만 시간의 훈련을 치른 다음이었다. 그들은 완벽하게 준비가 되어 있었다. 플롬 역시 같은 경험을 한 것이다.

그가 20년간 스캐든 압스에서 기술을 연마하는 동안 세상이 바뀌었고 그는 완벽히 준비된 상태였다. 그는 결코 역경과 맞서 싸워 이겨낸 것이 아니다. 대신 역경 속에서 출발했고 결국 그것이 기회가 되어주었다. 리프킨드가 그 변화를 한마디로 요약하고 있다.

"그 친구들이 다른 사람보다 똑똑한 변호사여서가 아닙니다. 그들이 수년간 일해 오던 중 갑자기 세상이 변했고 그 친구들의 기술 가치가 대단히 높아진 겁니다."*

두 번째 교훈: 통계학적 행운

유태인이 뉴욕에서
변호사로 일하기 가장 좋은 시대

1919년 브루클린 로스쿨에 입학한 모리스 잰클로우는 루마니아 출신 유태인 이민자의 아들 중 가장 나이가 많았다. 그의 일곱 형제 중 하나는 브루클린에서 작은 백화점을 운영했고, 그래픽디자인 스튜디오를 운영하는 형제도 있었으며 신사용 장신구 판매업에 두 사람, 깃털모자 제작에 한 사람, 그리고 마지막 한 명은 티시맨 리얼티(Tishman Realty: 유태계 대형 부동산 업체 – 역주) 재정 담당 부서에서 일했다.

모리스는 그 집안의 형제들 중에서 유일하게 대학에 들어갔다. 로스쿨에서 학위를 딴 후 브루클린의 코트 스트리트(Court Street)에서 수련 과정을 거친 그는 외모에 신경 쓰는 멋쟁이였으며 아름다운 릴리안 레반틴(Lillian Levantin)과 결혼했다. 이어 보란 듯이 큰 차를 구입하고 퀸즈(Queens)로 옮겨간 모리스는 한 비즈니스 파트너와 함께 장부상 매우 건전한 필기 용지 회사를 인수했다.

언뜻 모리스 같은 사람은 뉴욕시에서 변호사로 이름을 떨쳐야만 할 것 같다. 지적이고 좋은 교육을 받은 데다 세계에서 경제적으로 가장

◎ 법률문제 연구자 엘리 왈드(Eli Wald)는 유태인 변호사들의 역경이 어떻게 기회로 바뀌었는지에 대해 최고의 분석을 제시했다. 왈드는 플롬과 그의 동료들이 단순히 운이 좋았던 것만은 아니었음을 조심스럽게 보여주고 있다. 행운은 복권에나 쓰이는 것이다. 그들에게는 기회가 주어졌고 그것을 움켜잡았을 뿐이다.
"유태인 변호사들은 운이 좋기도 했지만, 사실 그들 스스로 엄청난 노력을 했다. 이것이 가장 적합한 설명일 것이다. 그들은 주어진 환경 속에서 최선을 찾아냈다. 당시 잘나가던 로펌들이 인수합병 건에 뛰어들 생각이 없었던 것은 분명 행운이다. 하지만 일을 따내려던 그들의 노력과 열의, 상상력, 그리고 기회를 활용하는 능력은 단지 운으로만 설명할 수 없는 요소이다."

활기가 넘치는 도시에서 살지 않는가. 하지만 이상하게도 그는 성공하지 못했다. 모리스 잰클로우의 인생은 그가 기대했던 방향으로 흘러가지 않았다. 그는 브루클린의 코트 스트리트에서 벗어나지 못하고 허우적댔던 것이다.

모리스에게는 모트라는 아들이 있었는데, 변호사가 된 그는 아버지와 전혀 다른 인생을 살았다. 1960년에 손바닥만 한 로펌을 차린 모트는 그 일에만 전념하지 않고 케이블 텔레비전 방송권 업체를 창업해 그것을 콕스 브로드캐스팅(Cox Broadcasting)에 비싸게 팔았다. 이어 그는 1970년대에 저작권 에이전시를 시작했는데, 그것은 현재 세계 최고의 에이전시 중 하나로 성장했다.* 결국 모리스가 꾸었던 꿈은 자가용 비행기를 몰며 풍요로움을 누리는 아들 대에 와서 모두 이뤄졌다.

아버지가 실패한 일에서 아들은 어떻게 성공을 거뒀을까? 물론 수백 개의 대답이 가능하다. 먼저 1830년대의 산업재벌들과 1955년의 소프트웨어 프로그래머를 분석했던 내용을 되살려 두 명의 잰클로우가 살던 시대를 비교해보자. 유태인이 뉴욕에서 변호사로 활동하기에 가장 좋은 시대는 언제였을까? 바로 여기에 모트 잰클로우의 성공을 설명해주는 요소가 들어 있다. 나아가 그것은 조셉 플롬의 성공을 이해할 수 있게 해주는 두 번째 열쇠이다.

○ 모트가 시작한 에이전시 잰클로우 & 네스빗(Janklow & Nesbit)은 사실 내 저작권 에이전시이다. 덕분에 나는 잰클로우 가문의 이야기를 알게 되었다.

대공황의 통계학　　크리스 랭건의 이야기를 다시 떠올려보자. 루이스 터먼의 연구는 1903~1917년에 태어난 IQ가 아주 높은 아이들이 어떻게 성장했는가에 관한 것이었다. 연구결과 아이들은 진짜 성공한 그룹과 진짜 실패한 그룹으로 나뉘었으며 그 그룹은 가정환경이 결정적 요소로 작용했다. 터먼의 연구는 부모의 직업과 부모가 속한 사회적 계급이 중요하다는 아네트 라루의 주장과 맥락이 같다.

하지만 터먼의 연구결과를 부정할 수 있는 또 다른 길이 있는데, 그것은 터마이트들이 언제 태어났는지 살펴보는 것이다. 1903~1911년에 태어난 터마이트들을 한 그룹으로 묶고, 1912~1917년에 태어난 터마이트들을 또 다른 그룹으로 분류하면 실패한 터마이트는 후자보다 전자에서 훨씬 더 많이 발견된다는 것을 알 수 있다.

이러한 현상을 이해하려면 대공황과 제2차 세계대전이라는 20세기의 거대한 두 재앙을 생각해봐야 한다. 만약 누군가가 1912년 이후에 태어났다면, 예를 들어 1915년생일 경우 그가 대학을 졸업할 무렵이면 이미 대공황의 정점이 지나간 다음이다. 3년이나 4년 정도 징집되어 군대에 갔다 올지라도 그만큼의 공백을 메울 수 있을 만큼 기회를 누릴 수 있다(물론 죽지 않았을 경우의 일이다).

반면 1911년 이전에 태어난 터마이트들은 대공황이 최고조에 이르렀을 때 대학을 졸업했고, 당시 취업기회는 극도로 제한되어 있었다. 제2차 세계대전이 터졌을 때는 30대 후반이 되었는데, 이는 본궤도에 오른 그들의 직업과 가정생활이 모두 엉망이 되어버렸음을 의미한다. 이들 세대는 통계학적으로 매우 불운했다. 20세기 최고의 재앙이 가장 결정적인 순간에 덮쳐왔기 때문이다.

모리스 잰클로우에게도 이러한 통계의 논리가 똑같이 적용되었다. 번화가의 대형 로펌은 유태인 변호사에게 문을 닫아걸었고 결국 그들은 철저하게 개업 변호사가 되어야 했다. 탓에 유언장과 이혼, 계약 같은 사소한 분쟁을 다뤄야만 했는데 대공황기에 개업 변호사의 일거리는 씨가 말라버렸다. 제롤드 아우어바흐(Jerold Auerbach)는 대공황기의 뉴욕 상황을 솔직하게 묘사하고 있다.

"대도시 변호사협회 회원 중 절반 이상이 미국의 평균 최저생계비보다 낮은 소득을 올렸다. 1년 후 일거리가 줄어든 1,500여 명의 변호사가 극빈자 선서(현금 및 자산이 모두 없는 사람이 사회복지혜택을 받기 위해 하는 선서. 특히 대공황기에 많이 활용되었음-역주)를 해야 할 지경이었다. 대도시 변호사협회의 절반 정도를 차지하던 유태계 변호사들은 그들이 다루는 개인 법률 사무가 '가난으로 가는 길'이 되어 버렸음을 깨달았다. 유태계 변호사들은 경력과 상관없이 번화가를 주름잡는 변호사의 수입에 비해 형편없는 돈을 벌었다."

모리스 잰클로우는 1902년에 태어났다. 공황이 시작될 무렵 그는 갓 결혼했고 큰 차를 샀으며 퀸즈로 이사를 했다. 그리고 모든 것을 털어 넣어 필기 용지 회사를 인수했다. 이보다 더 타이밍이 나쁠 수는 없었다. 모트 잰클로우는 아버지에 대해 이렇게 말했다.

"아버지는 큰 돈을 벌려던 참이었지요. 하지만 대공황이 아버지를 경제적으로 주저앉게 만들었어요. 아버지는 그러한 현실을 감당하기 어려웠고 실패의 뒷수습을 해줄 가족도 없었습니다. 그때 이후로 아버지는 완전히 사무실에만 틀어박혀 있었어요. 위험을 감당할 만한 용기가 남아 있지 않았던 거죠. 충격이 크셨던 겁니다. 아버지는 25달러에 소유권 관련 문제를 처리하셨지요. 자메이카 저축은행에서 일했던 친구가 일거리를 구해다주곤 했습니다. 25달러에 행정 절차와 소유권 문제를 몽땅 처리해준 거죠. 고작 25달러에!"

잠시 생각에 잠기는 듯하던 잰클로우가 말을 이었다.

"저는 어느 날 아침 부모님이 나누시던 대화를 아직도 기억합니다. 아버지가 어머니께 이렇게 말씀하시더군요. '내게 1달러 75센트가 있는데 나는 버스 요금 10센트, 지하철 요금 10센트, 샌드위치 값으로 25센트면 충분하오.' 그러더니 나머지를 어머니께 드렸어요. 부모님은 벼랑 끝에 서 있었던 겁니다."

성공을 결정짓는 마법의 타이밍 그러면 1930년대 이후에 태어난, 말하자면 모트 잰클로우 같은 이들의 경험과 모리스의 상황을 비교해보자. 다음 표에는 1910년부터 1950년까지 미국의 출생률이 기록되어 있다. 1915년에는 대략 300만 명의 신생아가 태어났다. 1935년에는 신생아가 대략 60만 명 감소했고 10~15년이 지난 후 다시 100만 명이 늘었다. 이것을 좀더 세분하면 1915년에는 미국인 1,000명당 29.5명, 1935년에는 18.7명, 1950년에는 24.1명이 태어났다. 특히 1930년대의 그래프는 '절구형 그래프(demographic trough)'로 불린다. 대공황기의 경제적 어려움을 반영하듯 사람들은 아기를 낳지 않았고, 결국 해당기간에는 앞선 세대 10년이나 뒤 세대에 비해 현저하게 출생률이 줄어들었다.

연도(년)	출생자 수(명)	1000명당 출생자(명)
1910	2,777,000	30.1
1915	2,965,000	29.5
1920	2,950,000	27.7
1925	2,909,000	25.1
1930	2,618,000	21.3
1935	2,377,000	18.7
1940	2,559,000	19.4
1945	2,858,000	20.4
1950	3,632,000	24.1

경제학자 H. 스콧 고든(H. Scott Gordon)은 저출산 세대가 얻을 수 있는 이득을 논하기도 했다.

"저출산 세대의 아기들은 큼지막한 병원에서 세상과 처음 만나고 미리 대기하고 있던 품질 좋은 서비스를 받는다. 다음 세대의 파도가 몰아치기 이전의 평온한 기간이라 한가로운 병원의 직원들은 친절하기 이를 데 없다. 이들이 학교에 갈 나이가 되면 잘 지어진 거대한 건물이 반겨준다. 학생당 교사 수도 많고 그들은 학생들을 받아줄 충분한 준비가 되어 있다. 이들이 고등학교에 입학하면 예전만큼 훌륭한 야구팀이 아닐지라도 얼마든지 체육관을 사용할 수 있다. 대학 역시 교실과 생활관 공간이 넉넉하고 구내식당에 사람이 바글거리지도 않으며 교수들은 학생들에게 깊이 관심을 기울인다. 그런 다음 직업전선에 뛰어들면 공급은 낮고 수요는 높아 즐거운 비명을 지르게 된다. 그가 제공하는 상품과 서비스를 구매해줄 거대한 인구가 뒤에서 밀려오는 중이기 때문이다."

뉴욕시의 경우 1930년생 또래의 수치가 너무 적어 25년 일찍 태어난 사람들에 비해 한 학급의 숫자가 절반 정도에 지나지 않았다. 앞으로 들어올 많은 학생을 기대하며 새로 지어진 커다란 학교 건물에서 대공황 시절 좋은 직업군으로 분류되던 교사들이 그들을 기다리고 있었던 것이다. 도시의 교육사에 대해 광범위한 저작을 발표해온 뉴욕대학 다이앤 라비치(Diane Ravitch) 교수는 이렇게 말한다.

"1940년대에 뉴욕시의 공립학교들은 그 주에서 최고였습니다. 1930년대와 1940년대의 교육자 중에는 다른 시대와 장소에서 태어났다면 대학교수가 되었을 사람이 적지 않았죠. 그들은 총명했지만 직업을 얻지 못했고 고용의 안정이 보장되는 것은 물론 주택도 제공되는 공립학교 교사직은 이들에게 매력적일 수밖에 없었지요."

그 세대는 대학에 진학할 때도 혜택을 받았다. 1970년대와 1980년대에 뉴욕 최고의 법정 변호사였던 테드 프리드먼(Ted Friedman)의 경우를 살펴보자. 플롬과 마찬가지로 가난한 유태인 이민자의 자녀로 태어난 프리드먼은 자신의 경험담을 들려주었다.

"저는 시립대학이든 미시건 대학이든 아무데나 선택할 수 있었습니다. 시립대학은 무료였고 그때나 지금이나 미국에서 가장 교육비가 비싼 축에 속하는 미시건 대학은 1년에 450달러였죠. 그것도 첫해가 지난 뒤 성적이 좋으면 장학금을 받을 수 있었습니다. 들어가서 열심히 하면 첫해만 돈을 내면 되는 거였죠."

프리드먼의 마음을 잡아끈 것은 계속 뉴욕에 머물 수 있다는 것이었다.

"어느 날 시립대학에 가봤는데 별로 마음에 들지 않더군요. 제가 졸업한 브롱크스 사이언스 고등학교를 4년 더 다니는 것과 마찬가지일 것 같았죠. 저는 곧바로 짐을 싸서 앤 아버(미시건 대학이 있는 도시)까지 히치하이크(hitchhike: 지나가는 자동차를 얻어 타며 목적지까지 무전여행을 하는 것 - 역주)를 했습니다."

그는 젊은 날을 떠올리며 한바탕 웃더니 이야기를 계속 이어갔다.

"여름 동안 주머니에는 200달러밖에 없었습니다. 캣스킬(Catskill: 미국 뉴욕주 동부에 있으며 숲이 우거지고 곳곳에 캠핑장이 있다 - 역주)에서 일한 뒤 수업료 450달러를 내고 나니 돈이 조금밖에 남지 않더군요. 그래서 앤 아버의 레스토랑에서 웨이터로 잠시 일했죠. 루즈강(River Rouge: 디트로이트 동부로 흐르는 강 - 역주) 인근의 포드 공장에서 일하기도 했습니다. 그건 진짜 돈이 됐죠. 일자리를 얻는 것은 조금도 어렵지 않았어요. 공장은 늘 사람을 구하고 있었으니까요. 저는 공사판에서 일자리를 하나 더 구했는데, 거기서 번 돈이 변호사가 되기 전에 받은 봉급 중 가장 많았습니다. 앤 아버에서 여름을 보내는 동안, 저와 공사판 인부들은 크라이슬러 공장의 대지를 다지는 일을 했습니다. 로스쿨에 다닐 때는 주로 여름방학을 이용해 일을 했죠. 급료는 정말 높았는데 그것은 아마도 초과근무를 많이 했기 때문일 겁니다.”

이 이야기에 대해 잠시 생각해보자. 프리드먼에게는 열심히 일하고자 하는 의지, 스스로를 책임지려는 자세, 그리고 교육받고자 하는 열의가 있었다. 더욱 중요한 것은 그가 열심히 일하고자 했을 때 일할 수 있었고 스스로를 책임지고자 했을 때 책임질 수 있었으며, 학교에 가고자 한다면 얼마든지 갈 수 있는 시대에 살고 있었다는 점이다.

당시의 기준에서 볼 때 프리드먼은 경제적 어려움을 겪고 있었다. 그는 브롱크스 출신의 가난한 소년이었고 부모 중 누구도 대학에 다니지 않았지만 그에게 좋은 교육을 받는 것은 매우 쉬운 일이었다. 그는 뉴욕시의 공립학교가 세계 최고라는 명성을 얻고 있을 때 뉴욕에서 고등학교를 졸업했다. 그가 처음으로 가고자 했던 뉴욕 시립대학은 무료였고 두 번째로 선택한 미시건 대학의 학비는 고작 450달러에 불과했다.

또한 그는 앤 아버까지 어떻게 갔던가? 여름 방학 동안에 번 돈은 주머니에 넣어두고 히치하이크를 해서 그곳에 갔다. 그리고 그곳에 도착한 뒤에는 필요한 돈을 벌 수 있는 좋은 직장에 연이어 들어갈 수 있었다. 공장들은 늘 사람을 구하고 있었고 손만 뻗으면 일자리는 얼마든지 구할 수 있었다. 공장의 입장에서는 당연히 사람의 손이 절실할 수밖에 없는 상황이었다. 절구형 그래프 뒤에 태어난 세대의 거대한 수요에 맞춰야 했고, 그 뒤에는 베이비붐 세대라는 더 큰 파도가 기다리고 있었기 때문이다.

성공에 반드시 필요한 기회가 늘 우리 자신이나 부모에게서 오는 것은 아니다. 그것은 우리가 살고 있는 시대로부터 온다. 역사가 우리에게 보여주는 특정한 시간과 공간 속의 특별한 기회에서 오는 것이다. 컴퓨터 프로그래머가 되고자 하는 사람이 1955년에 태어나는 것이나 기업가가 되고자 하는 사람이 1835년에 태어나는 것처럼, 변호사가 되고자 하는 젊은이에게 1930년대에 태어나는 것은 마법의 시간대를 등에 업은 것이나 다름없었다.

오늘날 모트 잰클로우는 장 뒤뷔페(Jean Dubuffet: 20세기 후반을 대표하는 현대 프랑스 미술작가)와 안젤름 키퍼(Anselm Kiefer: 현대 독일의 화가)의 작품으로 가득 찬 파크 애비뉴(Park Avenue)의 고층 사무실에서 일하고 있다. 한번은 그가 아주 재미있는 이야기를 들려주었다.

"저에게는 두 명의 이모가 계셨는데, 한 분은 아흔아홉 살까지 사셨고 다른 분은 아흔 살에 돌아가셨죠. 아흔아홉 살이 되신 큰 이모는 매우 현명했어요. 그분은 알(Al) 이모부랑 결혼하셨고, 이모부는 메이든폼(Maidenform: 1922년에 만들어진 여성 속옷 브랜드-역주)의 판매 책임자였죠. 어느 날 제가 그 이모부께 물었습니다.

'여기 말고 다른 곳은 어떤가요, 이모부?'

'얘야, 뉴욕 바깥은 모두 브리지포트(Bridgeport: 코네티컷주 최대 도시이자 뉴욕의 위성도시-역주)일 뿐이란다.'"

대단히 진취적인 태도로 세상을 살아가는 모트는 이렇게 말했다.

"저는 언제나 위험을 무릅써왔어요. 케이블 텔레비전 회사를 차렸을 때는 초기에 제가 세운 목표를 달성하지 못하면 파산신청을 하기로 계약하기도 했죠. 저는 제가 해낼 수 있으리라고 확신했습니다."

모트 잰클로우는 뉴욕시 공립학교들이 최고의 명성을 얻고 있을 때 입학했다. 반면 모리스 잰클로우는 뉴욕시 공립학교가 콩나물시루처럼 가장 미어터질 때 입학했다. 절구형 그래프가 잘록하게 들어간 시기에 태어난 아이들은 학교를 골라서 들어갈 수 있었고, 모트 역시 스스로의 선택으로 컬럼비아 대학의 로스쿨에 들어갔다. 모리스는 브루클린 로스쿨에 들어갔는데, 이는 1919년에 이민자 출신 학생이 들어갈 수 있는 최선의 선택이었다. 대학을 졸업한 후 모트는 케이블 텔레비전 업체를 수백만 달러에 매각할 만큼 잘나갔지만, 모리스는 고작 25달러를 받고 온갖 행정 절차를 처리해야만 했다.

잰클로우 가족의 이야기를 통해 우리는 조셉 플롬의 혜성 같은 등장이 아무 때나 일어날 수 있는 일이 아님을 알 수 있다. 변호사로서 탁월한 재능을 타고나는 것은 설사 좋은 가정교육을 받았을지라도 그가 속한 세대의 한계를 극복해낼 수는 없다. 모트는 부모님 세대의 아픔에 충분히 공감하고 있다.

"어머니는 돌아가시기 대여섯 달 전까지 의식이 또렷했어요. 인생의 황혼기에 이르러 어머니는 그 전까지 전혀 말씀하시지 않던 것에 대해 들려주셨죠. 1918년에 조류독감이 유행할 때 세상을 떠난 친구들을 생각하시며 눈물을 흘리시더군요. 제 부모님 세대는 정말 많은 것을 겪었습니다. 더욱이 그분들은 전 세계 인구의 10분의 1의 목숨을 앗아간 사건까지 겪었어요. 거리에는 공포가 넘실거렸고 제1차 세계대전, 대공황, 그리고 제2차 세계대전이 터졌죠. 거의 기회를 누리지 못했습니다. 매우 어려운 시기였어요. 만약 아버지께서 다른 시기를 살아가셨다면 훨씬 더 성공적인 삶을 사셨을 겁니다."

세 번째 교훈: 가치 있는 일을 하고 있다는 믿음

**"여보, 이건
우리 사업이야"** 1889년, 루이스와 레기나 보르게니시트 부부는 함부르크에서 출발해 미국으로 향하는 대서양 횡단선에 올랐다. 몇 년 전에 결혼한 그들은 이미 첫째를 낳았고 둘째를 임신 중이었다. 13일에 걸친 항해 기간에 그들은 엔진실 위의 갑판에서 지푸라기 매트리스를 깔고 잤고, 배가 파도를 타고 출렁일 때면 이부자리를 붙잡고 버텼다.

뉴욕에 가봐야 그들이 아는 사람이라고는 10년 전에 이민 간 루이스의 누나 샐리(Sallie)뿐이었다. 그나마 다행인 것은 몇 주간 버틸 수 있는 돈이 있었다는 것이다. 그 시절 미국으로 건너온 수많은 이민자와 마찬가지로 그들은 희망을 찾아 그곳으로 향했다.

루이스와 레기나는 맨해튼 로워 이스트사이드(Lower East Side)의 엘드리지 거리(Eldridge Street)에서 월세 8달러짜리의 작은 아파트를 얻었다. 일자리를 찾기 위해 거리로 나간 루이스는 행상인과 과일장수 등 리어카에 물건을 싣고 판매하는 사람들이 거리에 가득 차 있는 것을 보았다. 소음과 활기, 에너지가 구세계(유럽-역주)에 익숙한 그를 압도했다. 그는 곧바로 루들로우 거리(Ludlow Street)에서 누나가 운영하는 생선가게를 찾아가 일단 외상으로 청어를 떼다주면 자신이 거리에서 팔아보겠다고 설득했다. 결국 생선 두 통을 들고 거리에 좌판을 차린 그는 통 사이를 왔다갔다하며 독일어로 소리를 질러댔다.

"튀겨도 좋고 구워도 좋고 요리해도 좋은 청어가 왔습니다!

당연히 맛도 좋아요. 언제 먹어도 좋은 청어요, 청어!

한 마리씩 들고 가!"

그 주가 끝날 무렵 그는 외상값 8달러를 모두 갚았고 둘째 주에는 13달러를 벌었다. 나쁘지 않은 수확이었다. 하지만 루이스는 거리에서 청어를 파는 것으로는 자기 가게를 갖겠다는 꿈을 이루기가 쉽지 않을 거라고 판단했다. 루이스는 리어카를 장만해 수건과 식탁보를 늘어놓고 팔았지만 그다지 재미를 보지 못했다. 그는 품목을 공책, 바나나, 양말, 스타킹 등으로 계속 바꿔보았다. 과연 그런 물건을 판매하는 일에 미래가 있을까? 그 와중에 레기나는 딸을 낳았고 루이스는 마음이 급해졌다. 먹여 살릴 입이 하나 더 늘었기 때문이다.

어깨가 축 처져 로워 이스트사이드의 거리를 닷새째 걸어 다니던 그는 마침내 해답을 발견했다. 상자를 뒤집어 놓고 앉아 레기나가 만들어준 샌드위치로 점심을 때우던 그에게 눈에 번쩍 띄는 게 있었던 것이다. 바로 옷이었다! 양복, 드레스, 겉옷, 셔츠, 스커트, 블라우스, 바지 등 주변의 모든 가게에서 완성된 옷을 팔고 있었다. 집에서 직접 바느질을 해서 옷을 만들거나 양복장이를 불러 주문하던 세계에서 살다 온 그에게 그것은 하나의 계시나 다름없었다. 훗날 아동복과 여성복 분야에서 선도적인 사업가가 된 루이스는 당시의 느낌을 잘 표현하고 있다.

"내게 가장 놀라웠던 것은 그 의류품들의 양이 아니었다. 물론 그것은 그 자체로 경이였지만 말이다. 그러나 미국에서는 가난한 사람도 옷가게에서 자신이 원하는 옷을 살 수 있다는 것, 그래서 끔찍하고 힘들고 시간을 빼앗는 옷 만들기로부터 해방될 수 있다는 것이 실로 놀라운 일이었다. 그것이 내가 뛰어들어 돌파해야 할 업종이었다."

그날 이후 루이스는 작은 수첩을 들고 다니며 사람들이 입고 있는 옷과 팔고 있는 것을 모두 기록했다. 남성복, 여성복, 아동복 등을 꼼꼼히 체크하며 그는 사람들이 입을 것 같지만 아직 가게에서 팔지 않고 있는 특별한 물건을 찾고자 했다.

어느 날 저녁 집으로 향하는 길에 그는 예닐곱 명의 소녀가 팔방놀이(땅에 금을 그어놓고 돌을 차며 노는 놀이-역주)를 하는 광경을 보게 되었다. 그들 중 한 소녀가 자수로 장식되어 뒤쪽으로 끈을 묶도록 된 짧은 앞치마를 두른 모습을 보고 지금까지 그런 앞치마를 파는 가게를 한 번도 본 적이 없다는 사실을 떠올렸다. 집에 돌아온 그는 곧바로 레기나와 의논을 했다. 미국에 올 때 레기나는 낡은 재봉틀을 하나 가져왔는데, 이제야말로 유용하게 쓸 기회가 온 셈이었다.

다음날 아침, 루이스는 헤스터 거리(Hester Street)에 있는 포목상에서 면 원단 수백 자와 허리끈 백여 자를 끊어왔다. 그가 물건을 거실 테이블에 잔뜩 올려놓자 레기나는 갓 걸음마를 뗀 아이들용은 아주 작게, 어린이용은 그보다 좀더 크게 해서 원단을 잘라 40개로 나누었다. 다음날 오전 열 시에 앞치마가 완성되자 루이스는 그것을 잔뜩 짊어지고 헤스터 거리로 뛰쳐나갔다.

"아이들 앞치마입니다! 어린 숙녀들 앞치마예요! 색깔 있는 앞치마가 10센트. 하얀 앞치마가 15센트! 어린 숙녀들 앞치마 팝니다!"

한 시가 되자, 앞치마 40장이 모두 팔려나갔다. 어찌나 기뻤던지 헤스터 거리에서 집까지 내처 달려온 루이스는 레기나를 보자마자 외쳤다.

"여보, 우리 사업이 시작된 거야!"

그는 아내의 허리를 잡고 들어올린 후 빙빙 돌았다. 그는 울먹이며 말했다.

"당신이 나를 살렸어. 우리 같이 일하는 거야! 여보, 이건 우리 사업이야."

**신세계를 압도한
독보적 기술**　　　　플롬, 보르게니시트, 잰클로우 같은 유태인 이민자는 19세기에서 20세기 초반에 넘어온 다른 이민자와는 확연히 달랐다. 아일랜드나 이탈리아계 이민자는 유럽의 낙후된 지역에서 건너온 농노나 소작농이 대부분이었지만 유태인은 그렇지 않았다.

유럽에서는 수세기 동안 유태인의 토지 소유가 금지되었고 이들은 게토(Ghetto: 중세 이후 유럽에서 유태인을 강제로 격리하기 위해 설정한 유태인 거주지역-역주)에서 교역과 특정 분야에 종사했다. 1930년대까지 혹은 제1차 세계대전 발발 전까지 엘리스섬(이전에 이민 검역소가 있던 뉴욕항의 작은 섬-역주)을 통과한 동유럽 출신 유태인 이민자 중 70퍼센트는 특별한 기술을 지니고 있었다. 작은 상점이나 보석상을 운영해온 그들은 책을 제본하거나 시계를 수리하는 데 탁월한 재주가 있었던 것이다. 하지만 압도적으로 많은 수의 유태인이 의류사업에 뛰어났다. 그들 중에는 양복장이, 드레스 기술자, 모자 제작자가 많았다.

루이스는 열두 살이 되던 해에 부모님과 함께 살던 가난한 마을을 떠나 폴란드의 브르제스코(Brzesko)에서 상점 점원으로 일하기 시작했다. 그러다가 옷이나 직물, 잡화를 다루던 슈니트바렌 한드룽(Schnittwaren-Handlung)에서 일할 기회를 얻자, 곧바로 뛰어들어 기술을 익히기 시작했다. 그의 글에는 그 시절의 얘기가 담겨 있다.

"그때는 잡화상 직원이 옷가게도 맡았다. 그 단순한 사회에서 삶에 필요한 세 가지 요소 중 식량과 거처는 초라한 것이었고 의류는 귀한 것이었다. 의류업의 숙달된 기술자들, 유럽 곳곳에 퍼져 있는 의류 도매상들, 매년 산업 중심지를 돌며 물건을 사오는 상인들은 어린 내게 상업의 왕자들이었다. 그들의 목소리는 무게감이 있었고 존재감도 컸다."

그는 엡스타인(Epstein)이라는 사람 밑에서 잡화상 일을 하다가 인근에 있는 야슬로우(Jaslow)의 브랜드스테터(Brandstatter)라는 사람의 가게로 옮겼다. 그곳에서 젊은 루이스는 수십 종의 옷이 들어가고 나가는 것을 배웠으며, 그것은 훗날 그가 스스로 의류업을 하게 되고 이른바 산업을 꾸려가게 된 출발점이라고 할 수 있다. 몇 년 후, 헝가리로 이사한 루이스는 그곳에서 이미 열여섯 살 시절부터 의류 제작업을 해온 레기나를 만났다. 두 사람은 함께 작은 잡화점을 열었고 경영자로서 알아야 할 세부사항을 몸으로 익혀 나갔다.

헤스터 거리에서 루이스가 구상해낸 사업 아이디어는 갑자기 하늘에서 뚝 떨어진 것이 아니었다. 그는 슈니트바렌 한드룽의 베테랑이었고, 그의 아내는 숙달된 의류 제작자였다. 이들 부부가 작은 아파트 안에서 사업을 시작할 무렵 수천 명의 다른 유태인 이민자 역시 옷을 만들고 양복을 재단하고 있었으며, 그러한 흐름은 1900년대에 의류산업이 동유럽계 이민자들의 손아귀로 완전히 넘어갈 때까지 계속되었다. 루이스의 표현대로 유태인들은 "그들을 환영해주는 신세계에 깊이 빠져들어 자신들이 할줄 아는 일을 미친 듯이 했다."

오늘날에는 보르게니시트 같은 이민자들이 신세계로 가져온 기술이 얼마나 독보적인 것이었는지 쉽게 간과되곤 하지만, 사실 19세기 말부터 20세기 초까지 의류 매매는 뉴욕시에서 경제적으로 가장 크고 활발한 산업이었다. 뉴욕에서는 그 어느 곳보다 많은 사람이 옷을 만들었고 전 세계 어느 도시에서보다 많은 옷이 생산되고 있었다.

타임스스퀘어(Times Square)에서 고작 12블록 떨어진 곳에 위치한 10~15층짜리의 거대한 공장 건물로부터 시작해 소호와 트라이베카(Tribeca)의 주물공장까지 이어지는 맨해튼 브로드웨이의 아래쪽 절반은 코트나 모자, 란제리 제작자의 작업실이 있는 큰 공장이었다. 1890년 무렵에 의류 제작, 재봉 기술, 슈니트바렌 한드룽에서 일한 경험을 가지고 뉴욕시에 도착한다는 것은 대단히 특별한 기회를 얻을 수 있다는 말과 같았다. 그것은 1만 시간의 프로그래밍 훈련을 쌓고 1986년에 실리콘밸리에 입성하는 것에 비교될 만한 일이다. 사회학자 스티븐 스타인버그(Steven Steinberg)가 그것에 대해 잘 표현하고 있다.

"유태인 이민자들은 완벽한 시간에 완벽한 기술을 가지고 신세계로 왔습니다. 기회를 잡기 위한 자질이 있었다는 얘기죠. 물론 이민자들은 정말 열심히 일했습니다. 그들은 헌신적이었고 절약했으며 현명하게 투자했지요. 하지만 당시 의류업이 급속도로 팽창했다는 사실을 결코 잊어서는 안 됩니다. 한마디로 그들의 기술이 절실하게 요구되는 경제 환경이었어요."

당시 루이스와 레기나, 그리고 배를 타고 건너온 수천 명의 유태인에게 황금 같은 기회가 주어졌던 것이다. 그것은 그들의 자녀와 손자에게도 마찬가지였다. 의류업계에 종사하던 노동자들은 그들의 자손에게 교훈을 주었고 그것은 그들이 세상을 앞서나가는 데 반드시 필요한 것이었다.

내가 원하는 대로
세상을 바꿀 수 있는가　　　40장의 앞치마를 모두 팔아치운 다음날, 루이스는 H.B. 클라플린 앤 컴퍼니(H.B. Claflin & Company)로 향했다. 클라플린은 포목상을 상대로 대부업을 했고 폴란드의 브랜드스태터와 마찬가지로 소상인들의 뒤를 봐주었다. 영어를 한마디도 할줄 몰랐던 루이스는 독일어를 할줄 아는 점원을 찾아가 물어보았다. 그에게는 그와 레기나가 그때까지 모은 125달러가 있었고 그는 그 돈으로 120벌의 앞치마를 만들 만한 분량의 옷감을 구입했다.

그와 레기나는 밤낮으로 자르고 꿰맸다. 그 120벌은 단 이틀 만에 팔려나갔고 그는 다시 한 번 클라플린을 찾아갔다. 그리고 그 물량 역시 단숨에 팔아치웠다. 얼마 지나지 않아 그는 레기나가 재봉 일에 전념할 수 있도록 아이들을 돌보는 동시에 자신을 도와줄 만한 이민자를 고용했고 또 다른 이민자를 도제로 받아들였다.

그렇게 해서 앞치마가 만들어지면 루이스는 할렘(Harlem)에 이를 만큼 멀리까지 주택가를 뒤지고 다니며 낡은 아파트에 사는 어머니들에게 앞치마를 팔았다. 이어 셰리프 거리(Sheriff Street)의 상점을 임대한 그는 세 명의 소녀를 고용해 재봉 일을 맡겼다. 그는 서서히 '앞치마의 남자'로 알려지게 되었고 그들의 앞치마는 만드는 족족 불티나게 팔려나갔다. 얼마 지나지 않아 사업을 확장하기로 결정한 이들은 성인용 앞치마, 페티코트, 여성복으로 범위를 넓혔다.

1892년 1월, 보르게니시트 일가가 고용한 사람은 스무 명이었으며 그들 대부분은 유태계 이민자였다. 루이스는 로워 이스트사이드에 공장을 갖게 되었고 고객 명단이 꾸준히 늘어났는데, 그중에는 또 다른 유태계 이민자 가족인 블루밍데일 형제들(Bloomingdale Brothers: 훗날 블루밍데일 백화점을 경영하게 되는 유태인 이민자들–역주)의 옷가게도 있었다. 보르게니시트 일가가 미국에 건너온 지 고작 3년밖에 지나지 않았다는 것을 잊어서는 안 된다. 그들은 영어도 거의 하지 못했다. 그리고 상상과 달리 부자가 되어 있지도 않았다. 사업을 통해 거둔 이익은 사업에 재투자되었고 루이스는 언제나 통장에 200달러밖에 없다고 말했다. 하지만 그는 이미 운명의 수레바퀴 위에 올라타 있었다.

의류업이 갖는 두 번째 장점은 바로 이것이다. 그 업계가 폭발적으로 성장하고 있었다는 것도 그렇지만 동시에 그것은 일하는 만큼 벌 수 있는 사업이었다. 옷은 하나의 커다란 공장에서 만들어지는 것이 아니라, 몇몇 회사에서 디자인을 하고 패턴(pattern)을 만들면 복잡한 마름질과 다림질, 단추달기 등은 작은 사업체로 하청이 내려온다. 만약 그 하청업체의 규모가 커지거나 도전하고자 하는 의욕이 있다면 그 회사는 자체적인 디자인과 패턴을 마련할 수도 있다. 1913년, 뉴욕시에는 어림잡아 1만 6,000개 이상의 독립된 의류업체가 호황을 누리고 있었다. 의류산업에 대해 광범위한 저술을 해온 역사가 다니엘 소여(Daniel Soyer)는 당시의 상황을 좀더 자세히 들려주고 있다.

"그 업계의 진입장벽은 매우 낮았습니다. 기본적으로 재봉틀로 하는 사업인데 재봉틀 자체가 그리 비싸지 않았으니까요. 한마디로 많은 자본이 필요치 않았던 거죠. 20세기 초반에 재봉틀 한두 대를 사는 데 50달러 정도 들었습니다. 하청을 따내는 데 필요한 것은 두어 대의 재봉틀과 다리미, 그리고 약간의 노동력만 있으면 되었죠. 물론 이윤은 박했지만 어쨌든 소득을 올릴 수 있었습니다."

루이스는 앞치마를 넘어 사업을 확장하겠다는 결단을 내릴 당시의 상황을 묘사하고 있다.

"시장조사를 해본 결과, 1890년에는 오직 세 사람만 아동복을 만들고 있었다. 한 사람은 나와 가까운 이스트사이드의 양복장이였는데 그는 주문생산만 하고 있었고, 다른 두 사람은 내가 경쟁할 생각이 없는 비싼 옷만 만들고 있었다. 나는 저렴한 가격대로 팔릴 만한 워시 드레스나 실크, 울 소재의 옷을 만들고 싶었다. 사업적 관점에서 엄청나게 많은 사람이 구매할 수 있고 작은 상점이든 큰 상점이든 혹은 도시에서든 시골에서든 잘 팔릴 만한 옷을 만드는 것이 내 목표였다. 언제나 취향이 훌륭하고 판단력이 뛰어난 레기나의 도움을 받아 나는 샘플을 확보할 수 있었다. 나는 그것을 옛 고객과 친구들에게 보여주며 어떤 면에서든 내 옷이 집에서 만드는 것보다 낫다고 홍보했다. 집에서 아무리 잘 만들어도 소재와 기술이 그보다 나을 수 없고 가격 또한 충분히 저렴하며 무엇보다 어머니들이 집에서 옷을 만드는 일에서 해방될 수 있게 해준다고 말이다."

어느 순간 루이스는 도매상에서 직접 물건을 공급받는 것, 즉 중간 과정을 없애는 것이 큰 회사와의 가격경쟁에서 이기는 유일한 방법임을 깨달았다. 그는 곧바로 로렌스 앤 컴퍼니(Lawrence & Company)의 빙햄(Bingham)을 찾아갔다. 그는 키가 크고 비쩍 말랐으며 하얀 턱수염을 기른 푸른 눈빛의 양키였다. 오만한 눈빛의 양키에게 더듬거리는 수준의 영어로 말하는 폴란드 출신 이민자의 얘기가 쉽게 먹혀들 리 만무했다. 루이스는 캐시미어 40상자를 구매하고 싶다고 말했다. 빙햄은 그 전까지 단 한 번도 셰리프 거리에서의 전통적인 방식을 어겨가며 개인회사에 직접 물건을 판매해본 적이 없었다. 빙햄은 우레 같은 목소리로 호통을 쳤다.

"무슨 말 같지도 않은 요구를 하는 겁니까!"

하지만 빙햄은 하루 열여덟 시간씩 일하며 현대 경제를 배우고 시장조사, 대량생산, 그리고 오만한 양키와 협상하는 법을 배운 루이스를 이길 재간이 없었다. 심지어 루이스는 새로운 패션 경향을 이해하기 위해 스스로를 대중문화 속에 던져 넣는 법까지 익혔다. 결국 빙햄의 대답은 '예스'가 되었다.

같은 시기에 뉴욕에 도착한 아일랜드와 이탈리아계 이민자에게는 이러한 장점이 없었다. 그들에게는 도시 경제에 적합한 기술이 없었던 것이다. 결국 그들은 건설 인부, 가정부, 일당벌이 등의 일을 하러 갔다. 하지만 그 일을 30년간 할지라도 시장조사나 대량생산, 대중문화의 맥락을 짚어내는 법, 세상을 움직이는 양키들과 협상하는 법을 배울 수는 없다.

1900년부터 1920년대 말까지 캘리포니아로 이주해 과일, 채소 재배자의 밭에서 일한 멕시코인의 운명을 생각해보면 이 점은 더욱 두드러진다. 멕시코에서 농노처럼 일하던 그들은 캘리포니아에 와서도 그저 농노처럼 일했다. 소여는 여기에 대해서도 핵심을 짚어내고 있다.

"의류업계의 노동자는 산업의 핵심에 있었습니다. 만약 캘리포니아의 농장에서 일한다면 자신이 기른 농작물이 트럭에 실린 다음 어떻게 되는지 알 길이 없죠. 그러나 의류 공장에서 일하면 물론 임금은 낮고 작업 환경은 끔찍하며 근무시간은 길겠지만 성공하는 사람이 무엇을 하는지 정확히 볼 수 있고 사업을 꾸리려면 어떻게 해야 하는지도 알 수 있습니다."*

매일 밤 루이스는 지치고 힘들었지만 얼굴에는 생기가 돌았다. 그는 자기 삶의 주인이었고 자신이 내린 결정과 판단에 책임을 지는 사람이었다. 그들 부부는 늦은 시간까지 재봉틀 앞에 앉아 앞치마를 만들수록 다음날 거리에서 더 많은 돈을 벌 수 있었다.

사람들은 대개 자율성, 복잡성, 그리고 노력과 결과의 연관성이야말로 일에서 만족을 느끼기 위한 필수요소라는 것에 동의한다. 아침 아

◎ 이것을 명확히 해둘 필요가 있다. 의류업계가 가치 있다고 해서 그것을 낭만적인 시선으로 바라보고 있는 것은 아니다. 그 일은 믿기 어려울 만큼 고되고 때로 처참하기까지 했다. 작업 환경은 비인간적이었다. 1890년대의 한 조사에 따르면 주당 노동시간은 84시간으로 이는 하루에 열두 시간인 셈이다. 근무시간은 때에 따라 더 길어지기도 했다. 데이비드 폰 드릴(David Von Drehle)은 《트라이앵글: 미국을 바꾼 불꽃 Triangle: The Fire That Changed America》에서 다음과 같이 설명하고 있다.
"새벽 다섯 시부터 밤 아홉 시까지 일주일에 100시간이 넘도록 부서진 의자나 긴이 의자에 앉아 재봉틀과 다리미를 향해 고개를 숙이고 있는 노동자들의 모습은 낯설지 않았다. 바쁜 철에는 낮이든 밤이든 로워 이스트사이드에 재봉틀 돌아가는 소리가 끝없이 흥얼거리는 콧노래처럼 멈추지 않았다."

홉 시부터 저녁 다섯 시까지 이어지는 근무시간에 행복한가 아닌가는 궁극적으로 얼마나 많은 돈을 버느냐에 따라 결정되는 것이 아니다. 관건은 일 자체가 만족스러운가 아닌가에 있다. 연봉으로 5만 달러를 받는 건축가와 10만 달러를 받지만 고속도로 톨게이트에서 평생 일해야 하는 직업 중에서 하나를 선택해야 한다면 어떻게 하겠는가? 아마도 대부분의 사람이 건축가를 택할 것이다. 왜냐하면 그 일은 복잡하고 자율적이며 창의적인 데다 노력한 만큼 보상이 돌아오기 때문이다. 사람들은 그런 것을 돈보다 중요하게 여긴다.

이 세 가지 요소를 충족시키는 것은 바로 '가치 있는 일'이다. 가르치는 것은 가치 있는 일이다. 의사가 되는 것도 가치 있는 일이다. 의류업계의 기적은 치열하고 힘들었지만 보르게니시트 같은 사람이 보트에서 내리자마자 가치 있는 일을 찾아낼 수 있도록 해주었다.*

사업가가 되는 것은 가치 있는 일이었다. 아이들의 앞치마에 시장성이 있다는 것을 발견한 그날, 루이스는 지그(Jig: 빠른 템포의 4분의 3박자의 춤-역주)를 추었다. 물론 아직까지는 판매한 것이 없었고 돈이 절박하다는 것도 마찬가지였다. 또한 그는 자신의 아이디어를 실현하려

◎ 유럽에 남겨진 그들의 가족이 나치의 손에 전멸의 기로에 섰었다는 사실을 알면서도, 유태계 미국인에게 '운이 좋다'고 말하는 것은 이상하게 보일 수 있다는 것을 나도 알고 있다. 그러나 이 발상은 1942년에 발행된 보르게니시트의 회상록에서 따온 것이다. 그는 자신의 회상록에 《가장 행복한 남자 The Happiest Man》라는 제목을 붙였다. 낙관주의와 희망으로 가득 찬 여러 장에 이어 그는 나치가 지배하는 유럽의 실상을 다룬다. 만약 그 책이 1945년에 발행되어 홀로코스트의 이야기가 모두 밝혀진 다음 나왔다면 완전히 다른 제목을 달았을지도 모른다.

면 몇 년간 허리가 부서져라 일해야 한다는 것도 알고 있었다. 하지만 그 고된 노동으로 점철된 세월이 그에게는 짐으로 다가오지 않았고 도리어 환희를 느꼈다.

레이크사이드에서 처음으로 키보드 앞에 앉았던 날 빌 게이츠가 느낀 것도 바로 그런 것이었다. 비틀스 또한 매일 밤 여덟 시간씩 일주일 내내 연주해야 한다는 말을 들었을 때 엉덩이를 빼지 않았다. 그들은 기회를 향해 뛰어들었다. 일에 의미가 없고 가치가 없을 때, 힘든 일은 감옥 같은 일이 되어 버린다. 그러나 가치가 있으면 그 일을 찾아낸 사람은 오히려 아내의 허리를 붙잡고 지그를 추게 된다.

의류산업의 기적이 낳은 가장 중요한 결과는 가치 있는 일을 보고 자란 아이들에게 벌어진 일이다. 루이스와 레기나가 혜성처럼 떠오르는 것을 보고 자란 자녀들은 과연 무엇을 배울까? 아마도 그들은 100여 년 후에 알렉스 윌리엄스가 배운 것과 같은 것을 배웠으리라. 법조계나 의료계 등에서 높은 층위로 올라가고자 하는 사람에게 반드시 필요한 그런 교훈 말이다. 그것은 열심히 일하고 스스로를 책임지며 사고력과 상상력을 발휘하면 자신이 원하는 대로 세상을 바꿀 수 있다는 교훈이다.

**가장 우아하고
인상적인 가계도** 　　1982년, 루이스 팔카스(Louise Farkas)라는 사회
학과 대학원생이 뉴욕시와 마이애미 해변에 있는 사립 요양원 그리고 레
지덴셜 호텔(residential hotel, 호텔식 아파트)을 찾아갔다. 그의 목적은 보
르게니시트 같은 사람, 좀더 정확히 말하면 보르게니시트의 아들딸 같은
사람들을 만나는 데 있었다. 그는 사람들을 인터뷰할 때마다 부모와 자
녀, 손자, 필요하다면 증손자까지 조사해 가계도 형태로 작성했다.

그러면 '조사대상 18호'에 대한 설명을 살펴보자.

"미국으로 건너온 러시아 양복 기술자. 바늘 거래를 해봄. 적은 봉급
을 받으며 열악한 공장에서 일함. 나중에는 옷감을 집으로 가져가 아
내와 아이들의 도움을 받아 일을 끝냄. 급료를 더 받기 위해 밤에도 일
함. 이후 옷을 만들어 뉴욕 거리에서 판매함. 약간의 자본을 모아 아들
들과 함께 사업을 시작함. 남성 의류를 만드는 가게를 염. 그들의 의류
는 미국에서 구할 수 있는 그 어떤 것보다 품질이 좋았음. 곧 수요가
폭증함. 러시아 양복장이와 그 아들들은 여러 남성복 가게에 물건을
납품하는 제작자가 됨."

또 다른 사례를 보자. 폴란드에서 19세기 말에 이주해온 가죽공예 기술자의 가계도이다.

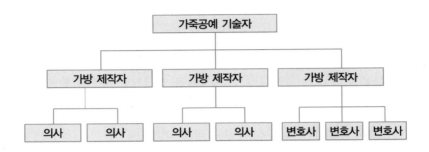

몇 쪽에 걸쳐 이어지는 팔카스의 유태인 가계도는 각각 이전의 것과 다른 모습을 보여주면서 결국 피할 수 없는 결론을 이끌어내고 있다. 유태인 의사와 변호사는 자신의 출신을 이겨내고 전문직 종사자가 된 것이 아니라, 바로 그 출신 때문에 전문직 종사자가 될 수 있었던 것이다.

1970년대와 1980년대에 최고의 법정 변호사였던 테드 프리드먼은 어린 시절에 어머니와 함께 카네기홀에 공연을 보러 갔던 순간을 기억하고 있다. 그들은 가난했고 브롱크스의 가장 후미진 곳에 살고 있었다. 티켓 가격을 어떻게 마련했을까? 프리드먼은 자신의 경험담을 털어놓았다.

"메리라는 티켓 수납원이 있었는데, 그녀는 25센트를 내면 2층 발코니 구석에 서서 공연을 볼 수 있게 해줬습니다. 표 없이 말이죠. 물론 카네기홀은 그 사실을 몰랐죠. 그건 메리와 우리만 아는 일이니까요.

그렇게 해서 우리는 한 달에 두어 번 카네기홀에 갔습니다."•

프리드먼의 어머니는 러시아계 이민자로 영어를 거의 하지 못했다. 하지만 열다섯 살 때부터 재봉사로 일한 그녀는 의류 노동조합의 선구적인 조직원이 되었고, 뛰어난 설득력과 추진력으로 많은 것을 해낸 사람답게 자녀들을 데리고 카네기홀에 갔다. 변호사가 될 꿈나무들에게 그보다 더 좋은 교육이 어디 있겠는가. 의류산업은 전문직 종사자들의 모판과도 같았다.

조셉 플롬의 아버지는 어떤 일을 했는가? 여성용 드레스의 어깨패드를 꿰매는 일을 했다. 로버트 오펜하이머의 아버지는 의류 생산업자였다. 스캐든 압스의 구석에 있는 조셉 플롬의 사무실에서 한 층 더 올라가면 스캐든 압스의 대표 법정 변호사로 조셉 플롬만큼 오래 근무한 배리 가핑클(Barry Garfinkel)의 사무실이 있다. 가핑클의 어머니는 무슨 일을 했을까? 집에서 모자를 만들었다. 루이스와 레지나 보르게니시트의 아들들은 무슨 일을 했을까? 그들은 로스쿨에 입학했고 그들의 손자들 중 적어도 아홉 명이 의사나 변호사가 되었다.

팔카스의 가계도 중 가장 인상적인 가계도를 살펴보자. 이것은 구대륙에서 작은 식료품점을 운영하던 루마니아 출신의 한 유태인 집안 가

◎ 유태인은 지적이고 문학적인 문화를 중요시한다. '책(《모세오경》-역주)의 민족'이라는 말이 흔히 유태인을 지칭할 때 쓰이는 것도 그 때문이다. 하지만 로스쿨에 들어간 것은 랍비의 자식만이 아니었다. 의류 노동자의 자식도 로스쿨에 들어갔다. 그들이 전문직의 사다리를 올라갈 수 있었던 결정적 요인은 《탈무드》를 배우면서 익힌 지적인 원천에 있지 않았다. 아버지가 헤스터 거리에서 앞치마를 파는 모습을 보며 익힌 실용 지능과 열정이 그 원동력이었다.

계도로, 이들은 신대륙으로 와서 맨해튼의 로워 이스트사이드에 정착해 같은 일을 했다. 조셉 플롬이 과연 어디에서 왔는가에 대한 가장 우아한 대답이 바로 여기에 있다.

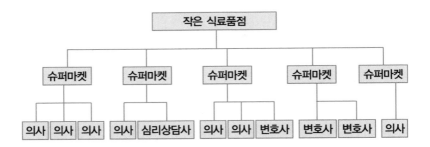

**환경과 기회의
강력한 조합**　　　스캐든 압스 본사에서 10블록 떨어진 맨해튼의 중심가에는 조셉 플롬의 최고 라이벌이자 세계에서 가장 세련된 로펌으로 알려진 로펌이 있다. 블랙록(Black Rock)이라는 위압적인 빌딩에 자리 잡은 그 로펌에 입사하는 것은 일종의 작은 기적과도 같다. 전 세계 주요 도시에 수백 명의 변호사를 둔 뉴욕의 대형 로펌들과 달리, 그 회사는 맨해튼의 그 건물에만 사무실을 두고 있다. 특이하게도 수임하는 사건보다 거절하는 사건이 훨씬 많으며, 경쟁사처럼 시간당 요금을 받는 일도 없다. 단지 수임 비용만 제시할 뿐이다. 예를 들어 그 로펌은 K마트를 적대적 인수로부터 지켜주는 대가로 2주일간 일을 한 후 2,000만 달러를 청구했다. 물론 K마트는 행복하게 그 돈을 지불했다.

그 변호사들은 의뢰인에게 유리한 쪽으로 일을 해치우지 못하면 의뢰인을 보호하고, 보호하는 일에도 실패하면 뒤에서 치열하게 공작을 펼쳐서라도 이겨준다. 덕분에 지난 20년간 변호사 1인당 벌어들인 액수로 그 로펌을 능가한 곳은 어디에도 없다. 조셉 플롬은 조지 H.W. 부시, 빌 클린턴과 함께 찍은 사진 옆에 그 로펌의 경영파트너와 함께 찍은 사진을 걸어놓았다.

영리하고 야심 차며 열심히 일하지 않으면 뉴욕의 법조계에서 최고의 자리에 오를 수 없는데, 그런 의미에서 블랙록에 사무실을 낸 네 남자는 그 정의에 딱 부합했다. 하지만 우리는 그보다 더 많은 성공요인을 알고 있다. 그렇지 않은가? 성공은 무작위로 주어지는 것이 아니다. 빌 조이와 빌 게이츠, 프로 하키선수들, 천재들, 그리고 조셉 플롬의 사례를 모두 짚어본 우리는 성공이 환경과 기회의 강력한 조합으로부터 예측 가능한 형태로 떠오른다는 것을 알게 되었다. 따라서 이 완벽한 변호사들이 어디서 온 사람들인지 그려보는 것은 어려운 일이 아니다.

이들은 절구형 인구 그래프가 잘록하게 들어간 시기에 태어나 뉴욕 최고의 공립학교에 들어간 후 아주 쉽게 직업시장에 뛰어들었을 것이다. 또한 유태인이고 출신 배경에 제동이 걸려 번화가의 대형 로펌에게 거절당했을 게 뻔하다. 이들의 부모는 자녀에게 자율성과 복잡성, 그리고 노력과 결과의 연관성을 보여주는 가치 있는 일, 다시 말해 의류 제작업에 종사했을 터다. 이들은 위대한 학교가 아니라 좋은 학교를 졸업하고, 반에서 가장 똑똑하지 않았지만 충분히 똑똑한 정도였을 것이 분명하다.

사실 우리는 좀더 자세하게 예측해볼 수 있다. 19세기 산업재벌들의 출생연도처럼 뉴욕의 유태인 변호사가 되기에 가장 적합한 연도가 따로 있기 때문이다. 출생인구가 적은 세대의 이점을 십분 누릴 수 있는 1930년이 바로 그렇다. 그때에 태어나면 1970년, 즉 법률계에 혁명이 벌어지는 그해에 마흔 살이 된다. 그동안 그들은 15년간의 건강한 함부르크 시절을 보낸 다음이고, 그들의 경쟁자인 화이트벅스 변호사들은 마티니 두 잔을 곁들인 점심식사를 하면서 세월을 낭비했을 것이다.

위대한 뉴욕 변호사에게는 아웃사이더였던 것, 부모가 가치 있는 일을 했다는 것, 그리고 1930년대 초에 태어났다는 것이 장점이 된다. 특히 충분한 양의 열정과 추진력 위에 이 세 가지 장점을 얹으면, 멈출 수 없는 화학작용이 벌어진다. 1월 1일에 태어난 하키선수가 되는 것이다.

앞서 말한 블랙록에 사무실을 낸 로펌은 왁텔, 립톤, 로젠 앤 카츠(Wachtell, Lipton, Rosen & Katz)이다. 그 회사의 첫 번째 파트너 허버트 왁텔(Herbert Wachtell)은 브롱크스의 반 코틀랜드 공원(Van Cortland Park) 너머에 있는 미국 의류노동조합(Amalgamated Clothing Workers)이 제공하는 집에서 자랐다. 그의 부모는 우크라이나 출신의 유태인 이민자로 아버지는 형제들과 함께 현재 소호의 스프링 스트리트(Spring Street)와 브로드웨이가 교차하는 곳의 다락방에서 여성용 하의에 관련된 일을 했다. 허버트는 1940년대에 뉴욕시의 공립학교에 들어갔고 이후 어퍼 맨해튼 시립대학과 뉴욕 주립대 로스쿨에 진학했다.

두 번째 파트너 마틴 립톤(Martin Lipton)은 1931년생으로 그의 아버지는 공장 관리자였다. 그는 저지시(Jersey City)의 공립학교에 간 다음, 펜실베이니아 대학에 이어 뉴욕 주립대 로스쿨에 들어갔다.

세 번째 파트너 레오나르드 로젠(Leonard Rosen)은 1930년생이다. 그의 부모는 우크라이나 출신의 유태인 이민자로 그는 양키스타디움 인근의 브롱크스에서 가난하게 자랐다. 그의 아버지는 맨해튼의 의류업계에서 압착기 기사로 일했다. 그는 1940년대에 뉴욕시 공립학교에 입학했으며 어퍼 맨해튼의 시립대학에 이어 뉴욕 주립대 로스쿨에 들어갔다.

네 번째 파트너 게오르그 카츠(George Katz)는 1931년생으로 브롱크스에서 침대가 하나뿐인 1층 아파트에서 자랐다. 그의 부모는 동유럽 출신의 유태계 이민자 자손이며 아버지는 보험외판원으로 일했다. 몇 블록 떨어진 곳에 살고 있던 그의 할머니는 의류업계에서 재봉틀 일을 했다. 그는 1940년대에 뉴욕시 공립학교에 입학했고 어퍼 맨해튼 시립대학에 들어간 다음 뉴욕 주립대 로스쿨에 들어갔다.

이 네 명이 갓 로스쿨을 졸업한 뒤 멋진 로즈의 우아한 대기실에서 북유럽 출신의 파란 눈을 가진 대기자 옆에 앉아 있는 모습을 상상해 보라. 사람들은 대개 파란 눈을 가진 사람이 더 성공할 것이라고 예상할 것이다. 물론 그 예상은 틀렸다. 왜냐하면 왁텔과 립톤, 로젠, 카츠

그리고 플롬의 집안에는 북유럽 사람들이 갖지 못한 것이 있었기 때문이다. 그들에게 가장 큰 기회를 안겨준 것은 바로 그들의 세계, 즉 그들의 문화, 세대, 집안 내력이다.

　　이 책을 통해 우리는 성공이 다양한 기회의 조합으로 이루어져 있다는 사실을 알게 되었다. 지금까지 살펴본 바로는 언제 어디에서 태어났는가, 부모의 직업이 무엇인가, 양육되는 과정에서 어떤 교육을 받았는가 등의 요인에 따라 누군가가 세상 속에서 얼마나 잘 해나갈 수 있는가가 결정된다.

　　이제 제2부를 통해 우리는 선조로부터 물려받은 전통과 관습 역시 같은 역할을 수행하는지 살펴볼 것이다. 문화적 유산을 진지하게 분석함으로써 성공하는 사람이 왜 성공하는지, 지금 하는 일을 어떻게 하면 더 잘할 수 있는지에 대한 대답을 얻을 수 있을까? 나는 그렇다고 생각한다.

LEGACY

2부
유산

6장

켄터키주 할란의 미스터리

Harlan, Kentucky

"네 형처럼 남자답게 죽어라!"

**두 집안 사이에
벌어진 피의 총격전**　　　　켄터키의 남동쪽 모퉁이에 위치한 애팔래치아

산맥의 컴버랜드 고원(Cumberland Plateau)에는 할란(Harlan)이라는 작

은 마을이 있다. 컴버랜드 고원은 해발 500~1,000피트 높이의 산으로

둘러싸인 거칠고 험난한 지역으로 1차선 도로를 간신히 낼 수 있을 정도

로 좁은 골짜기도 있다. 문명을 받아들이기 전까지 그 지역은 산과 골짜

기가 모두 짙은 원시림으로 뒤덮여 있었다.

　개천과 언덕 아래에는 자이언트 튤립 포플러 나무가 자랐는데, 어떤

것은 나무둘레가 24미터를 넘기도 했다. 그 옆으로는 하얀 떡갈나무,

너도밤나무, 단풍나무, 호두나무, 플라타너스, 삼목나무, 소나무, 그리

고 솔송나무들이 야생 포도덩굴처럼 뒤엉켜 북반구에서 가장 거대한

삼림지대를 형성하고 있었다. 땅에는 곰, 퓨마, 방울뱀이 돌아다녔고

나무 꼭대기에는 다람쥐들이 화들짝 놀라 흩어졌다. 지표 아래로는 두

터운 지층이 깔려 있었는데 그 밑은 석탄이었다.

할란 카운티는 1819년 영국 북부에서 이주해온 여덟 명의 가족으로부터 형성되었다. 그들은 18세기에 버지니아로 왔고 땅을 찾아 헤매다 애팔래치아 산맥까지 오게 되었다. 그런데 그 지방이 풍요와 거리가 멀었기 때문인지 몰라도 처음 100여 년 동안에는 인구가 거의 늘지 않아 1만 명을 겨우 넘길 정도였다. 초기 개척자들은 돼지를 치고 언덕배기에 양을 방목했으며 골짜기의 작은 농토에 곡식을 재배했다. 흥미롭게도 그들은 위스키를 만든 후 나무에 묶어 강물의 수위가 높은 봄철에 컴버랜드강에 띄워 보냈다.

20세기에 들어서기 전까지 이곳에서 가장 가까운 기차역은 마차로 이틀거리에 있었다. 마을에서 바깥세상으로 나가려면 유일한 길인 파인 마운틴(Pine Mountain)을 지나 9마일을 통과해야 했는데 그 길도 진흙과 자갈 투성이었다. 이처럼 할란은 외진 곳으로 세상에 거의 노출되지 않았다. 지금 이야기하려는 것도 그 마을을 형성한 두 집안에서 벌인 일이 아니라면 영원히 알려지지 않은 채 남아 있을지도 모른다.

하워드 집안의 수장은 사무엘 하워드(Samuel Howard)로 그는 마을의 법정과 감옥을 만들었다. 그의 적수는 여관과 두 개의 상점을 갖고 있는 윌리엄 터너(William Turner)였다. 어느 날 폭풍이 불어 닥쳐 터너 집안의 울타리가 넘어지자 마침 이웃집의 암소 한 마리가 방황을 하다가 터너 집안의 땅으로 들어왔다. 그런데 '악마 짐'이라 불리던 윌리엄 터너의 손자가 그 암소를 보자마자 총으로 쏴 죽이고 말았다. 그 이

—— 유산

웃집은 도전할 엄두도 내지 못하고 그 마을을 떠나버렸다. 한 남자가 터너 집안의 적수가 될 만한 가게를 열었던 적도 있었다. 하지만 터너 집안에서 뭐라고 한마디 하자 그는 가게를 닫고 인디애나로 이사해버렸다.

어느 날 밤, 하워드 집안과 터너 집안의 손자인 윅스 하워드(Wix Howard)와 리틀 밥 터너(Little Bob Turner)가 포커를 치며 놀고 있었다. 잘 노는가 싶던 그들은 서로 상대방이 속임수를 썼다고 주장하다 싸움이 붙고 말았다. 다음 날 거리에서 만난 두 사람은 거의 동시에 총구에서 연기를 뿜었고 리틀 밥 터너가 가슴에 총상을 입고 쓰러져 죽고 말았다. 터너의 가족은 하워드 집을 찾아가 하워드 여사에게 거친 말을 쏟아냈고, 모욕을 당한 그녀는 아들 윌스 하워드(Wilse Howard)에게 그 사실을 고해바쳤다. 두 집안의 감정의 골이 깊어지면서 그 다음주에 버지니아주 하간(Hagan) 거리에서 윌스와 터너 집안의 손자 중 하나인 윌 터너(Will Turner)가 서로 총탄을 주고받았다. 이어 그날 밤 터너 집안 중 한 명과 친구 하나가 하워드 집안을 습격했다. 결국 두 가족은 할란 법정 앞에서 맞붙게 되었고 이 총싸움에서 윌 터너가 총에 맞아 숨졌다. 하워드 집안에서는 터너 여사에게 사절을 보내 정전협정을 제의했지만 그녀는 아들이 죽어 누워 있던 진창을 가리키며 말했다.

"그 피를 씻어낼 수는 없을 것이오."

사태는 급격하게 악화됐다. 윌스 하워드는 설퍼 스프링스(Sulphur Springs) 인근에서 리틀 조지 터너(Little George Turner)에게 달려들어 그를 쏘아 죽여 버렸다. 이어 하워드 집안은 터너 집안의 친구인 세 명의 카우즈(Cawoods, 카우드 집안의 사람들-역주)를 모두 살해했다. 보안관이 하워드 집안을 방문해 조사했지만 총격전이 뒤따랐고 여섯 명 이상이 죽거나 다쳤다. 터너 집안에서 자신을 쫓고 있다는 소식을 전해들은 윌스 하워드는 친구 한 명과 함께 터너 집안을 공격했다. 곧이어 집으로 돌아온 그는 매복해 있다가 또 한 명을 죽였다. 여기에 그치지 않고 그는 리틀 조지 터너의 집으로 달려가 그를 쏘았지만 기대와 달리 다른 사람을 죽이고 말았다. 드디어 보안관들이 하워드 집안을 포위했고 총격전이 벌어지면서 더 많은 사상자가 나왔다. 할란 카운티는 순식간에 공포와 분노에 휩싸였다.

어떤 상황인지 대충 짐작이 갈 것이다. 19세기에 대다수의 미국인이 조화롭게 살고 있었지만 할란은 전혀 그렇지 않았다. 윌 터너가 하워드 집안과의 총격전에서 부상을 입고 돌아와 고통으로 신음하고 있자, 그의 어머니가 달려들어 뺨을 때리며 외쳤다.

"그만, 네 형처럼 남자답게 죽어라!"

그는 치명적인 총상이 비일비재한 세상에서 살아온 터라 뒤따라오는 결과가 무엇인지 확실히 알고 있었다. 윌은 입을 다물었고 곧 죽었다.

**명예 문화에 젖은
어둠의 나날들**   여러분이 하워드-터너 집안이 싸우게 된 원인을 조사하기 위해 19세기의 할란으로 파견되었다고 가정해보자. 여러분은 먼저 분쟁에 관련된 사람들 중 생존자를 찾아가 조심스럽게 인터뷰할 것이다. 또한 세부적인 진술과 정확한 기록을 한데 모아 그 분란의 전모를 알아낼 때까지 서류를 취합하고 증거품을 압류해 법정 기록을 뒤엎을 것이다.

그 과정을 통해 진실을 얼마나 알아낼 수 있을까? 예상보다 많지 않다. 물론 할란에는 서로 적대시하는 두 집안이 있다는 것, 끔찍할 정도로 많은 폭력 사태에 책임이 있는 윌스 하워드는 법정에 서야 한다는 것 정도는 알아낼 수 있다. 그러나 보다 넓은 시각으로 바라보지 않는 한, 할란에서 생긴 일의 의미는 결코 명확하게 알아낼 수 없다.

할란의 유혈극을 이해하려면 하워드 집안과 터너 집안이 서로를 죽이기 시작한 그 시점에, 애팔래치아산맥의 위아래 작은 마을에서 거의 동일한 폭력 사건이 벌어지고 있었다는 사실을 알 필요가 있다. 대표적으로 웨스트버지니아와 켄터키의 경계선에 위치한 곳에서 20년 넘게 햇필드-맥코이(Hatfield-McCoy) 분쟁이 지속돼 수십여 명이 목숨을 잃었다. 켄터키주 페리 카운티(Perry County)에서 발생한 프렌치-에버솔(French-Eversole) 분쟁에서는 스무 명이 죽었는데, 그중 여섯 명이 배드 톰 스미스(Bad Tom Smith)의 손에 목숨을 잃었다(존 에드 피어스(John Ed Pearce)가 《어둠의 나날들(Days of Darkness)》에서 표현한 바에 따르면, 그는 "두려움을 느끼지 않을 정도로 어리석고 위험한 행동에 필요한 만큼 영리했으며 뛰어난 명사수"였다). 1880년대 중반, 켄터키주 로완 카운티(Rowan County)에서 벌어진 마틴-톨리버(Martin-Tolliver) 분쟁은 세 건의 총격전, 세 번의 매복, 두 건의 가옥 습격으로 점철되다 마지막에는 100명의 총잡이가 연루된 두 시간짜리 총싸움으로 마무리되었다. 또한 1806년에 켄터키주 클레이 카운티(Clay County)에서 벌어진 베이커-하워드(Baker-Howard) 분쟁은 분노한 엘크 사냥꾼들로부터 시작되어 하워드 집안의 두 사람이 덤불 속에서 베이커 집안의 세 사람에게 살해당한 1930년대 말까지 끝나지 않았다.

이들 사건은 모두 잘 알려져 있다. 어느 날 한 순회판사의 사무실에서 기록을 들춰본 켄터키주 의원 해리 카우딜(Harry Caudill)은 남북전쟁이 끝난 1860년대부터 20세기가 시작되기까지 컴버랜드 고원의 한 마을에서 1,000여 건이 넘는 살인 사건이 발생했다는 사실을 발견했다. 문제는 그 지역의 인구가 1만 5,000명을 넘어본 적이 없다는 것과 수많은 폭력 사건이 법정으로 넘어간 일도 거의 없다는 것이었다. 카우딜은 '피의 브리시트'로 더 잘 알려진 브리시트 카운티(Breathitt County)에서 벌어진 한 살인 사건의 재판에서 피고인의 아버지가 판사에게 걸어가 의사봉을 빼앗은 사건을 다음과 같이 묘사하고 있다.

"커다란 파이프담배처럼 구레나룻을 늘어뜨리고 두 개의 거대한 권총을 찬 그 난동자는 의사봉으로 의자를 내리치며 선언했다. '재판은 끝났소. 다들 돌아가도 좋소. 이봐, 우리는 여기서 이따위 재판을 받을 생각이 전혀 없어!' 얼굴이 붉어진 판사는 황급히 그 특이한 무질서로부터 탈출해 즉각 마을을 떠났다. 60명의 무장한 군인과 함께 돌아온 재판관은 다시 재판을 열었지만 피고인을 법정에 세우는 것은 이미 불가능한 일이 되어 버렸다. 그는 매복해 있다가 살해당하고 말았던 것이다."

애팔래치아산맥에서 끊임없이 분쟁이 일어난 원인은 무엇일까? 오랜 세월에 걸쳐 수많은 원인이 시험과 토론의 대상이 되었고, 그 지역이 사회학자들이 말하는 소위 '명예 문화(culture of honor)'에 깊은 영향을 받고 있다는 합의가 도출되었다.

명예 문화는 주로 스페인의 산간지방이나 시실리(Sicily)처럼 고도(高度)가 높고 농업생산량이 풍부하지 않은 지역에서 뿌리내리는 경향이 있다. 높은 암석지대에 사는 사람들은 경작을 하지 못하기 때문에 염소나 양을 치게 된다. 이처럼 목축을 주된 생업으로 삼는 문화는 농작물을 키우며 발달한 문화와 전혀 다르다. 농부는 생존을 위해 반드시 공동체에 속하는 다른 사람과 협동해야 하지만, 목동은 오로지 자기 자신에게 의존할 수밖에 없다. 또한 농부는 누군가가 밤사이에 자신의 생계수단을 훔쳐가지 않을까 걱정할 필요가 없으나 목동은 자신의 동물을 잃어버릴까봐 늘 신경을 곤두세워야 한다. 도둑이 아무리 작정을 하더라도 밤사이에 농작물을 거둬가는 것은 결코 쉬운 일이 아니다.

결국 목동은 공격적일 수밖에 없다. 말과 행동을 통해 자신이 약하지 않다는 사실을 분명히 보여줘야 하기 때문이다. 따라서 목동은 자신의 명예에 조금이라도 흠집을 내는 도전에 기꺼이 싸우려 한다. 이것이 명예 문화이다. 명예 문화에서 남자의 평판이란 그 사람 삶의 전부이자 존재의 이유다. 민속학자 J.K. 캠벨(J.K. Campbell)은 그리스의 유목문화에 대한 자신의 저서에서 다음과 같이 기술하고 있다.

"젊은 목동의 평판에 결정적인 영향을 미치는 순간은 바로 첫 싸움이다. 싸움은 반드시 공개된 장소, 즉 커피숍이나 마을광장 등에서 일어난다. 이러한 싸움은 보통 목초지에서 한 목동이 다른 목동의 양을 겨눠 저주를 하거나 돌을 던질 때 벌어진다. 모욕을 당한 목동이 폭력을 불러일으키는 대응을 하기 때문이다."

애팔래치아산맥의 마을은 왜 이런 길을 걷게 된 것일까? 그것을 이해하려면 그 지역의 거주민이 본래 살던 곳을 생각해볼 필요가 있다. 미국의 산간오지라 불리는 지역, 다시 말해 펜실베이니아 경계로부터 남쪽과 서쪽으로 이어지는 버지니아, 웨스트버지니아, 켄터키, 테네시, 노스캐롤라이나와 사우스캐롤라이나 및 앨라배마의 북쪽 끝, 조지아에는 명예 문화가 최고로 발달한 지역 출신의 이민자가 압도적으로 다수를 차지하고 있다. 스코틀랜드계 아일랜드인, 즉 스코틀랜드 저지대로부터 잉글랜드 북쪽지방과 북아일랜드 얼스터(Ulster)에 살던 사람들 말이다.

그 경계지역은 수백 년간 분쟁이 이어져온 외딴 무법지대였다. 그지역의 거주민은 척박한 암석지대에서 생계를 꾸려가던 목동으로 대단히 폭력적인 성향을 보였다. 그들은 미국에 들어왔을 때도 할란처럼 외진 암석 투성이의 척박한 환경에 정착함으로써 그들이 구세계에 만들었던 명예 문화를 신세계에서 고스란히 재생산했던 것이다. 역사가 데이비드 해케트 피셔(David Hackett Fischer)는 《알비온의 씨(Albion's Seed)》에서 이렇게 쓰고 있다.

"남부의 고원지대 중 상당수는 법이나 확고한 공권력이 없는 상황에서 땅을 차지하기 위한 경쟁이 벌어지는 '경쟁지'였다. 스코틀랜드계 아일랜드인의 가족 체계, 전투적인 윤리관, 목축 경제, 땅과 부에 대한 자세 및 일과 힘에 대한 관념 등이 무정부적인 환경에 적합했기 때문에 그들은 다른 어떤 이주민보다 이 척박한 환경을 편안하게 생각했다. 사실 다른 인종의 문화를 받아들이기보다 자기 문화를 그대로 유지하기가 훨씬 용이한 법이다. 영국 북쪽 경계지역의 감성이 이 '어둡고 피에 젖은 대지'를 지배하게 된 이유는 이민자의 숫자에 따른 것이기도 하지만 헐벗고 위험한 세계에서 살아남기 위한 것이기도 했다.*

우리는 명예 문화를 통해 미국 남부지역에 나타나는 독특한 범죄의 패턴을 이해할 수 있다. 그곳에서는 다른 곳에 비해 살인 발생률이 높지만 소유권과 관련된 혹은 노상강도처럼 '낯선 사람'이 저지르는 범죄 발생률은 낮다. 사회학자 존 쉘튼 리드(John Shelton Reed)는 이렇게 주장한다.

◎ 《알비온의 씨》는 미국으로 건너온 영국 민중의 문화적 유산이 네 가지 방향에서 오랜 역사적 흔적을 남겼다는 발상을 잘 드러내고 있다(내 책 《티핑 포인트 Tippping Point》를 읽어봤다면 내가 피셔의 책 《폴 리비어의 질주 Paul Revere's Ride》를 통해 폴 리비어에 대한 논의를 이끌어낸 사실을 기억할 수 있을 것이다). 《알비온의 씨》에서 피셔는 영국 이민자가 150년에 걸쳐 네 차례 미국으로 건너왔으며 그 각각이 상당히 달랐다고 주장한다. 첫째는 1630년대의 청교도로, 이들은 이스트 앵글리아(East Anglia: 런던의 북쪽, 잉글랜드 남동부의 다소 고립된 구릉지대. 상류층과 귀족의 유산이 풍부한 지역 - 역주)에서 출발해 매사추세츠로 이주했다. 17세기 중반에는 칼뱅주의자와 그 하인들이 잉글랜드 남쪽지역에서 버지니아로 옮겨왔다. 다음 차례는 퀘이커교도로 이들은 노스미들랜드(North Middleland)에서 델라웨어 밸리(Delaware Valley: 미국 동부 델라웨어주의 한 지명)로 17세기 말에서 18세기 초까지 이주했다. 마지막으로 건너온 사람들이 18세기에 경계지대에서 애팔래치아 내륙으로 들어온 스코틀랜드계 아일랜드인이다. 피셔는 이 네 집단의 문화가 오늘날 미국의 지역 색에도 영향을 미친다고 주장한다.

"남부에서의 살인 사건은 가해자와 피해자가 서로 알고 있는 사이이며 또한 서로 알고 있다는 이유로 사건이 벌어진다는 특징을 보인다. 통계에 따르면 말싸움과 간통을 피할 수 있다면 남부인은 다른 미국인만큼 아니, 오히려 더 안전하게 살아갈 수 있다."

산간오지에서의 폭력은 경제적 이익 때문에 벌어지는 것이 아니다. 그것은 인격적인 문제로 그들은 명예를 걸고 싸운다. 남부의 언론인 호딩 카터(Hodding Carter)는 자신이 젊은 시절에 배심원으로 일했던 경험을 다음과 같이 적고 있다.

"배심원들 앞에 놓인 사건은 주유소 옆에 살고 있던 욱 하는 성격의 신사와 관련된 것이었다. 그는 여러 달에 걸쳐 자신이 참을성 없는 성격이라는 것을 충분히 경고했음에도 주유소 주변을 얼쩡거리는 건달들과 손님들로부터 우롱을 당했다. 어느 날 아침, 그는 자신에게 고통을 안겨준 이들을 상대로 총탄을 날려 보냈고 이로 인해 한 명이 죽고 두 명이 큰 부상을 입었다. 그런데 배심원 가운데 유죄에 한 표를 던진 사람은 카터밖에 없었다. 배심원 중 한 명은 이렇게 말했다. '만약 그가 그 작자들을 쏘지 않았다면 남자 대접을 받지 못했을 것이다.'"

명예 문화가 지배하는 사회에서는 욱 하는 성질의 신사가 누군가를 쏘는 일은 개인적 모욕에 대한 적절한 반응으로 인정받는다. 그런 환경에서는 심지어 살인까지도 유죄로 보지 않는다. 물론 다른 문화 집단에 대해서 성급한 일반화를 하는 것은 옳지 않다. 그것이 인종이나 문화에 대한 고정관념에 빠지게 할 수 있기 때문이다. 그리고 우리가

—— 유산

조상들의 과거에 의해 지배받는 존재가 아니라고 믿고 싶어 하는 점도
인정한다.

그럼에도 불구하고 19세기에 켄터키의 작은 마을에서 벌어진 일을
올바로 이해하려면 한두 세대가 아닌 더 먼 과거를 살펴봐야 한다.
2~300년 전 대양 저편에 살고 있던 특정한 사람들이 어떤 생활방식
을 유지했는지 자세히 들여다볼 필요가 있다는 얘기다. '명예 문화'라
는 가설은 누군가의 출신을 물을 때 부모는 물론 증조부, 고조부, 심지
어 5대 조부, 6대 조부까지 따져 올라가야 한다는 의미를 담고 있다.
이는 좀 낯설긴 해도 분명한 사실이다. 보다 흥미로운 것은 지금까지
의 논의는 기껏해야 시작에 불과하다는 점이다. 가까이 들여다볼수록
문화적 유산의 힘이 더욱 낯설고 강력하게 드러날 것이기 때문이다.

**모욕에 반응하는
폭력의 작동방식**   1990년대 초반, 미시건 대학의 두 심리학자 도브
코헨(Dov Cohen)과 리처드 니스벳(Richard Nisbett)은 명예 문화와 관련
해 실험을 해보기로 했다. 그들은 19세기에 할란에서 어떤 일이 벌어졌
는지, 또한 영국의 경계지역에서 건너온 이민자들이 정착한 지역의 문화
가 어떠했는지 잘 알고 있었다. 하지만 그들의 관심사는 오늘날에 있었
다. 현대에도 명예 문화가 뿌리내렸던 흔적을 찾아볼 수 있을까? 그들은
학생들을 두 그룹으로 나눠 한 그룹에게 모욕을 주기로 했다. 코헨은 "조
용히 앉아서 18~20세 된 남자의 가슴을 울컥하게 할 만한 말이 뭐가 있

을지 고민해봤습니다. '병신새끼(asshole)'라는 말이 떠오르는 데는 오랜 시간이 걸리지 않더군요"라고 말했다.

실험은 이렇게 진행됐다. 미시건 대학의 사회과학부 건물 지하에는 파일 캐비닛으로 가득 찬 좁고 긴 복도가 있는데, 학생들은 한 사람씩 그곳으로 불려가 질문지를 작성했다. 그리고 복도 끝에 질문지를 놓고 다시 교실로 돌아오면 그만이었다. 이처럼 한 그룹은 단순한, 어찌 보면 순진해보이기까지 한 그 행동만 하면 된다. 이들이 바로 통제집단(실험요인을 적용한 집단과 비교하기 위해 실험요인을 적용하지 않고 관찰되는 집단-역주)이다.

나머지 그룹에게는 함정이 기다리고 있었다. 학생들이 질문지를 들고 복도를 걸어갈 때 한 남자가 그들을 지나치며 파일 캐비닛에서 서랍을 열었다. 그러면 이미 좁은 복도는 더욱 좁아질 수밖에 없다. 학생이 틈새로 빠져나가려고 하면 남자는 서랍을 쾅 닫고 학생을 어깨로 밀친 후 낮지만 그래도 충분히 들리는 목소리로 방아쇠가 되는 그 말을 하는 것이다.

"병신새끼!"

이 말을 들은 사람이 어떻게 반응하는지 가능한 한 자세히 측정해보고 싶어 했던 코헨과 니스벳은 실험대상의 얼굴을 관찰해 얼마나 화가 나 보이는지 기록했다. 평소보다 손아귀에 힘이 더 들어가고 있는지 확인하기 위해 악수도 했다. 또한 실험 전후로 실험대상의 타액을 채취해 병신새끼라고 불렀을 때 테스토스테론과 코르티솔, 즉 공격성과 흥분을 유발하는 호르몬의 변화를 측정하기도 했다. 마지막으로 그들은 학생들에게 다음의 이야기를 읽고 결론을 완성해보라고 시켰다.

불편함을 느낀 질(Jill)이 스티브(Steve)를 구석으로 불러낸 것은 파티가 시작된 지 고작 20분이 지났을 무렵이었다. 스티브가 물었다.
"왜 그래?"
"래리(Larry)때문이야. 너랑 나랑 약혼했다는 사실을 알면서도 래리가 오늘밤 벌써 두 번이나 집적됐다고"
질은 사람들 속으로 돌아갔고 스티브는 래리를 지켜보기로 했다. 아니나 다를까 채 5분이 지나지 않아 래리는 질에게 다가가 키스를 하려고 했다.

모욕을 당한 상태라면 스티브가 래리에게 폭력을 행사할 것이라고 상상하지 않을까? 결과는 분명하게 나타났다. 욕을 먹은 학생이 반응하는 방식에 분명한 차이가 있었던 것이다. 일부 학생은 모욕을 당한 후 행동까지 달라졌다. 물론 일부는 그렇지 않았다. 그러한 반응의 차이를 결정하는 요인은 정서적 안정, 지적 수준, 신체적 요소와는 아무런 관련이 없었다.

독자 여러분도 이미 예상했을 테지만 관건은 그들이 어디 출신이냐하는 것이었다. 미국의 북부 출신 학생들은 그 일을 대체로 재미있게 받아들이고 웃어넘겼다. 손아귀의 힘도 똑같았고 무의식적으로 분노를 가라앉히고자 했기 때문에 코르티솔도 덜 검출되었다. 오직 일부 학생만 스티브가 래리와 폭력적으로 싸웠을 거라고 대답했다.

그렇다면 남부 출신은 어땠을까? 세상에, 그들은 몹시 화가 나 있었다. 코르티솔과 테스토스테론 수치는 폭증했고 악수를 하면서 손을 움켜잡았다. 당연히 그들의 대답에서는 스티브가 래리에게 달려들었다.

코헨은 더욱 흥미로운 실험결과도 들려주었다.

"우리는 치킨게임이라는 것도 해봤습니다. 반대편에 한 실험자를 세워둔 다음 학생들을 복도로 내려보냈죠. 사실 복도는 한 사람이 지나갈 공간밖에 없었습니다. 우리가 고용한 실험자는 190센티미터에 120킬로그램쯤 되는 사람입니다. 대학교 때 미식축구 선수로 뛰다가 지금은 대학교 내 술집에서 일하고 있죠. 그 실험자에게 어깨에 힘을 팍 주고 복도 끝에서부터 걸어오라고 했죠. 술집에서 누군가가 난동을 부리려 할 때 다가가던 위압적인 걸음걸이로 말입니다. 그 실험자에게 길을 비켜주기 전까지 학생들은 얼마나 가까운 거리까지 버티고 있었을까요? 물론 다들 길을 비켜주긴 했어요."

북부 출신 학생들은 실험에 영향을 받지 않았다. 모욕을 당했든 당하지 않았든, 2미터 근방으로 다가오면 비켜서서 길을 내주었다. 반면 남부 출신 학생들은 훨씬 방어적이었고 2미터 50센티미터 정도가 남을 때쯤 길을 비켜주었다. 하지만 모욕을 당한 경우에는 50센티미터까지 버티고 서 있었다. 남부 출신은 병신새끼라는 말을 들으면 투지가 불타올랐던 것이다.

—— 유산

코헨과 니스벳은 그 긴 복도에서 명예 문화가 작동하는 방식을 관찰하고 있었다. 남부 출신은 리틀 밥 터너와 포커를 치다가 속임수를 썼다고 지적당한 윅 하워드처럼 행동했던 것이다.

소멸 이후에도 살아남는 문화적 유산의 힘

참으로 놀라운 연구결과가 아닌가? 우선 선조들과 비슷한 환경에서 살고 있는 이들은 선조들과 비슷하게 행동한다는 결론이 놀랍다. 그러나 이 실험에 참가한 남부 출신 학생들은 그들의 선조와 비슷한 환경에서 자라지 않았다. 그들 모두가 영국계 선조의 자손인 것도 아니었다. 그들은 그저 남부에서 자랐을 뿐이다. 그들 중 목동은 전혀 없었고 그들의 부모가 목동인 사람도 없었다.

그들이 19세기 후반이 아닌 20세기 후반의 사람들이라는 것, 미국에서도 한참이나 북쪽에 있는 미시건 대학의 학생이라는 것, 남부에서 북부로 유학을 올 만큼 개방적이라는 것은 전혀 관련이 없었다. 그들은 여전히 19세기 켄터키주 할란에 살고 있는 것처럼 행동했던 것이다. 코헨은 연구의 뒷얘기도 들려주었다.

"이 연구에 참가한 학생들은 평균적으로 매년 수십만 달러 이상을 버는, 그것도 1990년대 물가 수준에서 그렇게 버는 집안 출신입니다. 그들은 애팔래치아산맥의 언덕배기에서 살다가 온 학생들이 아니에요. 그들은 애틀랜타에 있는 코카콜라 본사의 중간 관리자급 이상 되는 집안의 아들들입니다. 그렇기 때문에 더더욱 의문이 생기죠. 그들에게 어떻게 그런 성향이 나타나게 된 것일까? 100년도 더 지났는데 왜 명예 문화의 영향을 받는 것일까? 왜 애틀랜타 도시에서 자란 아이들도 개척자들과 같은 정서적 반응을 보이는 것일까?"*

문화적 유산의 힘은 강력하며 뿌리 깊게 박혀 있어 오래도록 지속된다. 또한 문화적 유산은 세대를 넘어 지속되는 것은 물론 그것을 탄생시킨 경제적, 사회적 배경이 소멸된 이후에도 살아남는다. 나아가 우리가 세계를 이해하는 방식을 결정함으로써 우리의 태도와 행동을 결정한다.**

◎ 코헨은 '남부인의 성향'을 파악하기 위해 또 다른 실험을 했고 같은 결과를 얻었다.
"우선 학생 옆에 짜증나게 만드는 실험자를 붙여 놓습니다. 그때 실험대상인 학생은 실험실에서 자신의 어린 시절에 대한 그림을 그립니다. 기분 좋은 추억을 회상하다가 갑자기 우롱을 당하는 거죠. 실험자는 학생이 짜증을 낼 만한 행동은 죄다 합니다. 그림을 구기고 쓰레기통에 던져 넣고 실험대상을 때리기도 하죠. 학생의 크레용을 빼앗은 후 돌려주지 않기도 하지요. 실험자는 학생을 얼간이라고 부르다가 '네 이름을 그림 위에 적어 줄게'라고 하면서 얼간이라고 써놓기도 합니다. 일정 시점에 이르면 북부 출신도 분노의 감정을 드러내죠. 남부 출신은 화가 나 있다는 사실을 일찍부터 표현하진 않지만, 일정 시점이 되면 북부인의 반응을 뛰어넘는 뭔가를 보여줍니다. 남부 출신은 훨씬 폭발적이고 급작스러우며 격정적이죠."

◎◎ 이런 행동은 어떻게 세대를 뛰어넘어 전달되는 것일까? 사회적 유산을 통해 전달된다. 억양이 시간의 흐름을 넘어 전해지는 것처럼 말이다. 데이비드 헤케트 피셔는 애팔래치아산맥에 처음으로 정착한 이들은 이렇게 발음했다고 적고 있다.
"웨어(Where)→와(whar), 데어(There)→다(thar), 하이어드(hired)→하드(hard), 크리처(creature)→크리터(creater), 파이어(fire)→파(far), 데프(deaf)→디프(deef), 포이즌(poison)→파이즌(pizen), 네이키드(naked)→네키드(nekkid), 잇치(itch)→이치(eetch), 부시(bush)→부쉬(boosh), 레슬(wrestle)→래슬(wrassle), 츄(chew)→차우(chaw), 푸시(push)→푸쉬(poosh), 셧(shut)→싯(shet), 배트(bat)→베이트(ba–it), 비(be)→비잇(be–it), 내로(narrow)→내러(narrer), 윈도(window)→윈더(winder), 위도(widdow)→위더(widder), 영 원(young one)→영언스(young–uns)."
알아들을 수 있겠는가? 이는 애팔래치아산맥의 교외 거주민이 발음하는 방식과 똑같다. 발음하는 방식이나 전달되는 방식이 어떠하든 정서적, 행동적 패턴 또한 같은 방식으로 전달된다.

7장

비행기 추락에 담긴 문화적 비밀

The Ethnic Theory of
Plane Crashes

"오늘, 기상레이더 덕 많이 본다."

그해 여름,
괌에서 생긴 일   1997년 8월 5일 아침 여섯 시, 알람소리에 맞춰 대
한항공 801편 기장이 잠에서 깨어났다. 나중에 그의 가족이 조사관들에
게 들려준 얘기에 따르면 그는 체육관에 가서 한 시간 정도 운동을 한 다
음 집에 돌아와 저녁에 떠날 괌으로의 비행 계획을 검토했다고 한다. 그
는 잠시 휴식을 취한 뒤 점심을 먹고는 오후 세 시에 일찌감치 서울을 빠
져나와 김포공항으로 향했다.

공군에서 제대한 후 대한항공에 입사한 그는 그때까지 거의 4년간
파일럿으로 일해 왔다. 그의 비행시간은 총 9,800시간에 달했으며 그
중 3,200시간은 점보기를 조종했다. 몇 달 전에는 낮은 고도에서 고장
난 점보기의 엔진을 훌륭하게 다뤄 대한항공으로부터 상을 받기도 했
다. 마흔두 살이던 그는 열흘 전에 진단받은 기관지염을 제외하면 건
강상태가 좋은 편이었다.

—— 유산

저녁 일곱 시에 기장과 부기장 그리고 기관사는 함께 비행에 대한 서류를 검토했다. 그들이 몰게 될 비행기는 보잉 747로 항공계에서 '걸작'으로 알려진 모델이다. 한때 대통령 전용기로 사용되기도 했던 그 기체의 작동상태는 완벽했다.

드디어 밤 10시 30분에 게이트를 떠난 대한항공 801편은 20분 후 지면과 떨어졌다. 이륙에는 아무런 문제가 없었다. 오전 1시 30분이 되었을 무렵, 801편은 비구름을 뚫고 내려왔고 기관사가 멀리서 반짝이는 괌 공항의 불빛을 발견했다. 기관사가 물었다.

"이게 괌이야?"

잠시 침묵한 후 그가 다시 말했다.

"이거 괌이야, 괌!"

기장이 웃음을 터트렸다.

"허허허, 괌 좋네."

부기장은 관제소에 "찰리 브라보(CB, 비구름)에서 나왔다"고 보고하며 "6번 활주로 왼쪽으로 레이더 유도"를 요청했다. 비행기는 괌 공항을 향해 고도를 낮추기 시작했다. 기장은 육안으로도 착륙이 가능할 것 같다고 말했다. 그는 괌 공항과 김포 공항 사이를 여덟 번이나 운항한 경험이 있었기 때문에 공항과 그 주변 지형을 잘 알고 있었다. 랜딩기어가 내려갔다. 플랩(비행기의 날개 뒤편에서 속도를 낮추거나 날개의 압력을 변화시키기 위해 움직이는 판. 고양력판(高揚力板)-역주)의 각도는 10도였다. 오전 1시 41분 48초에 기장이 말했다.

"와이퍼 온."

기관사가 와이퍼를 켰다. 비가 오고 있었다. 부기장이 혼잣말을 했다.

"안 보이잖아?"

그는 활주로를 찾고 있었지만 보이지 않았다. 1초 후에 충돌 방지 장치에서 전자음성이 들려왔다.

"500피트."

비행기는 지상 500피트 위치에 있었던 것이다. 그 위치에서 활주로 가 안 보일 리가 있을까? 2초가 지났다. 기관사가 "어!"라며 놀라는 투로 말했다. 오전 1시 42분 19초, 부기장이 말했다.

"착륙을 포기합시다."

조종간을 당기고 하늘로 올라가 큰 원을 그린 다음 다시 착륙을 시도하자는 얘기였다. 1초 후에 기관사가 말했다.

"안 보이잖아."

부기장이 덧붙였다.

"안 보이죠? 착륙 포기!"

오전 1시 42분 22초, 기관사가 다시 말했다.

"올라갑시다."

오전 1시 42분 23초, 기장이 대답했다.

"고 어라운드(Go Around, 착륙포기)."

하지만 그 비행기를 추락으로부터 건져내기엔 이미 늦었다. 오전 1시 42분 26초, 대한항공 801편은 공항의 남서쪽 4.8킬로미터 지점에 있는 야산 니미츠 힐(Nimitz Hill)의 언덕을 들이받았고, 6,000만 달러에 달하는 21만 2,000킬로그램짜리 강철은 시속 160킬로미터의 속도로 암석지대에 처박혔다. 소나무를 살짝 건드린 후 석유 파이프라인에 걸린 기체는 화염에 휩싸여 골짜기로 떨어지기 전까지 600미터가량 더 미끄러졌다. 구조대원들이 추락 현장에 도착하기도 전에 254명의 탑승객 중 228명이 사망했다.

아비앙카 52편
추락의 비밀　　　실제 생활에서 비행기 추락 사고는 영화에서처럼 자주 일어나지 않는다. 엔진의 일부가 굉음을 내며 폭발하는 일은 없다. 이륙하던 중 그 힘을 버티지 못해 방향타가 뚝 하고 부러지지도 않는다. 기장이 의자 뒤쪽으로 몸을 한껏 젖히며 "오, 신이여"라고 숨죽여 외치는 일도 없다. 첨단기술은 일반적인 상업 민항기를 토스터기처럼 믿을 만한 것으로 바꿔놓았다. 따라서 비행기 추락 사고는 사소한 고장과 장애가 축적되어야만 발생하게 된다.*

일반적으로 충돌 사고가 발생하는 경우에는 날씨가 좋지 않다. 끔찍하지는 않더라도 파일럿이 평소보다 더 스트레스를 느낄 만큼은 좋지 않다. 또한 추락 사고 중 압도적으로 많은 사고가 지연된 비행에서 발생하며, 이 경우 파일럿은 대개 서두르게 된다. 파일럿이 12시간이나 그 이상을 운항하는 바람에 피로가 누적돼 정확하게 판단할 수 없었던 경우도 전체 사고의 52퍼센트를 차지한다. 그리고 44퍼센트는 두 명의 파일럿이 함께 비행을 해본 경험이 없어 서로에게 익숙하지 않은 경우에 발생한다.

사고는 대개 일곱 가지의 실수가 결합한 결과 나타나는 것이지, 지식이나 기술로 인한 문제가 아니다. 한 조종사가 실수를 하나 저질렀다면 그것은 문제가 안 된다. 다른 사람이 그 위에 실수를 하나 더 얹어놓을지라도 그 정도로 파국으로 내리닫지는 않는다. 하지만 그들이 또 다른 실수를 저지르고 또 하나, 또 하나, 또 하나, 그리고 또 하나의 실수를 저지르면 이 모든 실수의 조합이 재앙을 불러오게 된다.

비행기 추락 사고를 유발하는 실수들은 예외 없이 팀워크나 의사소통의 문제다. 중요한 뭔가를 알고 있는 한 조종사가 다른 조종사에게 그것을 말해주지 않는다면? 한 조종사가 뭔가를 잘못했는데 다른 조

◉ 이것은 비행기 사고에 국한되는 문제가 아니다. 모든 산업재해도 마찬가지다. 역사상 가장 유명한 산업재해로 1979년에 발생한 펜실베이니아 스리마일섬(Three Mile Island)의 핵발전소 사건을 예로 들어보자. 이 사건은 미국의 대중을 충격에 빠뜨렸고 미국의 핵 산업에 치명타를 가했으며 아직도 그 여파가 극복되지 않고 있다. 원자로에서 벌어진 이 일은 드라마틱한 사건과는 거리가 멀었다. 미국의 사회학자 찰스 페로(Charles Perrow)가 자신이 저술한 《정상 사고Normal Accident》에서 말한 것처럼 '닦개'라고 불리는 거대한 물 필터에 문제가 있었을 뿐이다. 닦개는 자주 동작을 멈추었고, 일단 동작이 멈추면 발전소의 환기시스템에 습기가 찼다. 그리고 그 습기는 두 개의 밸브를 타고 들어가 발전소의 증기 발전기에 들어가는 차가운 물의 흐름을 막았다. 모든 원자로와 마찬가지로 스리마일에도 이런 때를 대비한 예비 냉각시스템이 마련되어 있었다.
하지만 그날은 예비 냉각시스템의 밸브가 열려 있지 않았다. 더욱이 예비 냉각시스템의 개폐를 알려주는 계기판이 하필 그 위의 스위치에 걸려 있던 '수리 요함'이라는 꼬리표에 가려 보이지 않았다. 물론 또 다른 예비시스템도 있었다. 원자로의 붕괴를 막을 수 있는 특별한 종류의 임시 밸브가 있었던 것이다. 그런데 운이 나빴는지 그날은 그 시스템도 작동하지 않았다. 일이 꼬이려고 그랬는지 사태의 심각성을 알려야 할 조종실의 방사능 감지기까지도 제 기능을 상실한 상태였다. 스리마일섬의 기술자들이 무슨 일이 벌어지고 있는지 깨달았을 때는, 이미 원자로가 붕괴하기 직전까지 치달은 위험한 상황이었다. 이처럼 하나의 거대한 잘못이 스리마일을 위험에 몰아넣은 것은 아니다. 서로 완전히 무관한 다섯 개의 사건, 즉 개별적으로 보면 발전소의 일상적인 잔 고장에 불과한 것들이 모여 큰 사고를 불러온 것이다.

—— 유산

종사가 그 문제를 알아채지 못했다면? 당연히 문제가 복잡해진다. 위기 상황은 여러 단계들을 고려한 뒤 해결되어야 하지만, 조종사들이 협동하지 않고 그중 한 단계라도 놓치면 사고가 발생하게 된다.

오랫동안 보잉사의 최고 안전 엔지니어로 일해 온 얼 위너(Earl Weener)는 실수의 문제를 날카롭게 지적한다.

"조종석 디자인은 전체적으로 두 사람이 조종하는 것을 염두에 두고 설계됩니다. 따라서 한 사람이 다른 사람을 체크해주거나 서로 역할분담을 할 때 가장 잘 작동하죠. 비행기는 조종 실수를 절대 적당히 봐주고 넘어가지 않습니다. 오랜 경험을 통해 두 사람이 협동해서 비행기를 모는 것이, 한 사람이 비행기를 몰다가 더는 조종할 수 없게 되었을 때 다른 사람이 넘겨받는 것보다 훨씬 안전하다는 사실이 입증되었죠."

그러면 1990년 1월 컬럼비아 항공사의 아비앙카(Avianca) 52편이 추락한 사건을 살펴보자. 아비앙카 사고는 현대적인 비행기 추락의 대표적 사례로, 비행학교에서 교재로 활용되고 있다. 사실 아비앙카 52편에서 벌어진 일은 훗날 괌에서 발생한 사건과 흡사하기 때문에 대한항공 비행기 추락 사건의 수수께끼를 파헤치기 위해서는 이 사건부터 살펴보는 것이 좋다.

그 비행기의 기장은 라우레아노 카비에데스(Laureano Caviedes), 부기장은 마우리시오 클로츠(Mauricio Klotz)로 항로는 컬럼비아의 메데인(Medellin)을 경유하여 뉴욕의 케네디 공항에 도착하는 것이었다. 그날 저녁, 날씨는 좋지 않았다. 짙은 안개를 동반한 높은 바람이 북동쪽 이스트 코스트(East Coast) 방향에서 불어오고 있었다. 탓에 뉴왁(Newark) 공항 203대, 라구아디아(Laguardia) 공항 200대, 필라델피아 공항 161대, 보스턴의 로간(Logan) 공항 53대, 그리고 케네디 공항에서 99대의 비행기가 연착하고 있었다. 날씨 때문에 아비앙카 52편은 항공관제 기관의 지시에 따라 뉴욕에 세 번 착륙하려다 포기했다. 비행기는 버지니아 노퍽(Norfork)을 9분간 맴돌았고 애틀랜틱시티(Atlantic City) 위에서 29분, 케네디 공항 남쪽 64킬로미터 지점에서 또 29분을 머물렀다.

이렇게 1시간 30분의 지연 끝에 아비앙카 52편이 착륙할 수 있도록 활주로가 비워졌다. 그런데 착륙을 위해 마지막 접근을 하고 있을 때 비행기는 강렬한 바람의 저항과 맞닥뜨리고 말았다. 강한 역풍을 맞게 된 순간 그들은 활강 고도를 유지하기 위해 출력을 더 낼 수밖에 없었다. 다음 순간 아무런 조짐도 없이 역풍이 극적으로 멈추었고 비행기는 강한 출력으로 인해 활주로에 착륙할 수 없을 만큼 멀리 나가버렸다.

이럴 경우, 통상적으로는 즉각 오토파일럿으로 전환해 윈드시어(Wind shear: 대기 중의 바람이 움직이는 전반적인 방향과 다르게 불어오는 기류-역주)에 대응하도록 되어 있다. 그러나 아비앙카 52편의 오토파일럿 기능은 마비되어 있었고 스위치도 꺼진 상태였다. 마지막 순간, 기장은 조종간을 당기며 '고 어라운드'를 선언했다. 아비앙카 52편은 롱아일랜드 위로 큰 원을 그리며 케네디 공항으로 재접근했다. 갑자기 기체의 엔진 중 하나가 꺼졌다. 몇 초 후, 두 번째 엔진 고장이 발생했다.

"활주로 나와라!"

—— 유산

동체 착륙을 하는 한이 •있더라도 비행기를 안전하게 공항으로 인도하고 싶었던 기장은 절망적으로 소리쳤다. 하지만 케네디 공항은 25킬로미터 떨어진 곳에 있었다. 결국 비행기는 오이스터베이(Oyster Bay)의 호화로운 거주지로 추락했다. 테니스 챔피언 존 매켄로(John McEnroe) 아버지의 사유지에 처박혔던 것이다. 탑승객 158명 중에서 73명이 사망했고 추락 원인이 규명되기까지는 채 하루도 걸리지 않았다.

"연료 부족."

기체에도 공항에도 전혀 이상이 없었다. 조종사들이 술이나 약에 취해 있던 것도 아니었다. 단지 비행기에 연료가 없었을 뿐이다.

**무거운 침묵에
둘러싸인 조종석**   아랍에미리트 항공의 베테랑 파일럿이자 오랜 세월 '인적요소', 즉 핵발전소나 항공기처럼 복잡한 시스템과 인간이 어떻게 상호 작용하는가를 연구해온 수렌 라트와트(Suren Ratwatte)는 그 사건을 두고 한마디로 잘라 말했다.

"전형적인 사례입니다."

평생 민간 항공기를 몰아온 40대의 라트와트는 맨해튼의 쉐라톤호텔(Sheraton Hotel) 로비에 앉아 있었다. 두바이에서 출발해 케네디 공항에 도착하는 아랍에미리트 항공의 비행기를 막 착륙시킨 다음이었다. 그는 아비앙카 52편 사건을 잘 알고 있었다. 라트와트는 추락 사고를 유발하는 일반적인 요소를 북동풍, 장시간의 공중체공, 오토파일럿의 잔 고장으로 압축했다. 이 세 가지 패턴은 비행기가 허공에서 시간을 허비하게 할 뿐 아니라, 높은 고도에 비해 더 많은 연료를 소비하게 하는 저고도 비행을 하도록 만드는 원인이다.

"아비앙카 52편은 707이었죠. 오래된 기체일 뿐 아니라 조종하기도 까다롭습니다. 구세대 비행기라 할 일이 아주 많습니다. 조종시스템은 인력으로 움직이는데, 풀리(pulley: 벨트를 돌리는 도르래. 먼 곳까지 힘을 전달할 때 쓰임-역주)와 온갖 조종간이 기체의 금속제 보조날개와 곧바로 연결되어 있지요. 그 비행기를 몰려면 힘이 좋아야 합니다. 하늘에 떠서 그 막대를 당겨야 한다고 생각해보세요. 노를 젓는 것만큼이나 힘든 일입니다. 제가 요즘 몰고 다니는 비행기는 손가락 끝으로도 몰 수 있어요. 저는 조이스틱을 씁니다. 제가 보는 계기판은 큼지막한데, 707의 계기판은 커피 잔처럼 작아요. 여기다 오토파일럿이 고장 난 상황이라면 기장은 커피 잔처럼 자그마한 9개의 계기판을 일일이 눈으로 확인하면서 오른손으로는 비행기의 속도를 조절하고, 왼손으로는 비행기를 조종해야 합니다. 한계에 다다랐겠죠. 더 이상 뭘 해볼 여력이 없었을 겁니다. 피곤해서 나가떨어졌을 때를 생각해보세요. 판단력은 마비됩니다. 다른 때였다면 놓치지 않았을 것을 놓치기 시작하는 거죠."

추락 현장에서 회수된 블랙박스의 녹음을 들어보면 비행 말미에 이르렀을 때, 카비에데스 기장은 마치 영어로 말할 힘도 없다는 듯 관제탑의 지시내용을 스페인어로 말해달라고 요청했다. 그는 무려 아홉 번이나 반복해서 지시내용을 다시 말해달라고 했다.

"더 크게 말하게."

거의 마지막에 이르렀을 때 그는 말했다.

"저들의 말이 들리지 않는군."

비행기가 케네디 공항의 남동쪽에서 40분이나 대기 비행하고 있을 무렵, 조종석의 모든 사람은 연료가 떨어져가고 있음을 알고 있었고, 기장은 100킬로미터 떨어진 필라델피아 공항에 착륙 요청을 할 수 있었다. 그러나 하지 않았다. 그는 마치 뉴욕에 사로잡힌 것 같았다. 착륙이 중단되었을 때, 비행기의 고도가 너무 낮다는 것을 경고하는 지표근접경보장치(Ground Proximity Warning System: 고도가 낮아지면 조종사에게 경보를 발하는 장치-역주)가 적어도 15회 이상 울렸지만, 기장은 알아채지 못했다. 그는 즉시 상승해야 했으나 하지 않았다. 그는 탈진한 상태였다.

그 모든 것이 진행되는 동안 조종석은 무거운 침묵에 짓눌려 있었다. 카비에데스 기장의 옆에는 클로츠 부기장이 앉아 있었지만, 블랙박스에 녹음된 것은 그저 펄럭이는 바람 소리와 엔진의 소음뿐이었다. 관제탑과의 통신을 조율하는 것은 클로츠의 책임이었고, 이는 그날 밤 그의 역할이 매우 결정적이었다는 것을 뜻한다. 하지만 그는 완전히 수동적인 자세로 일관했다. 다른 공항에 접근할 수 있을 만한 연료가 남아 있지 않다는 말을 꺼낸 것은, 세 번째 접근 시도가 불발로 돌아간 다음이었다. 그가 관제탑에서 들은 말은 "잠시 대기"였고, 이후 "케네디 공항이 정리될 것"이라는 말을 들었다.

훗날 조사관들은 아비앙카 52편의 조종사들이 케네디 공항 주위를 맴돌고 있던 비행기 수십 편의 차례를 뛰어넘어 자신들이 먼저 착륙할 수 있으리라 믿었을 거라고 판단했다. 사실은 그렇지 않았다. 관제탑은 그들을 대기줄의 맨 끝에 세워놓았을 뿐이다. 그렇다면 파일럿들은 비행기의 상황을 분명하게 전달하기 위한 재시도를 하지 않았던 것일까? 그렇다. 38분이 지나도록 그들은 연료에 대해 두 번 다시 언급하지 않았다.

생사를 결정짓는 의사소통력

라트와트는 조종실이 조용하다는 것은 있을 수 없는 일이라고 했다. 그 이유를 설명하며 그는 자신이 그날 아침 두바이에서 날아오며 겪은 일을 들려주었다.

"갑자기 뒷좌석에 앉은 여성이 구토를 하더니 졸도를 하고 말았습니다. 그녀의 남편은 영어도 힌두어도 편자브어(인도와 파키스탄 인근의 편자브 지방에서 사용하는 언어-역주)도 할줄 몰랐죠. 그와 대화할 수 있는 사람은 아무도 없었습니다. 그 일이 벌어졌을 때 저는 막 모스크바를 지나고 있었지만, 모스크바로 돌아갈 수 없다는 것을 알았습니다. 모스크바에 착륙하면 무슨 일이 벌어질지 전혀 알 수 없었으니까요. 저는 부기장에게 헬싱키로 가자고 했습니다."

라트와트가 당면한 문제는 그들이 예상 거리의 절반도 날아오지 않았기 때문에 착륙을 시도하기에는 탱크에 너무 많은 연료가 남아 있다

—— 유산

는 것이었다.

"착륙이 가능한 최저 무게를 60톤이나 초과하고 있었죠. 그때 저는 선택을 해야만 했어요. 연료를 버릴 수도 있었지만, 그러면 아래에 있는 나라들이 싫어하겠죠. 러시아 측에서 발틱해에 연료를 버리고 오라고 했을지라도 40분을 낭비했을 테고 그러면 그 승객은 목숨을 잃을 수도 있었습니다. 그래서 어디든 착륙하기로 했죠. 제가 결정했습니다."

그것은 기체가 무거운 상태에서 착륙을 시도한다는 의미다. 또한 그 무게의 비행기를 다루는 것은 자동 착륙시스템에 설정되어 있지 않아 수동으로 착륙해야 한다는 뜻이기도 했다.

"제가 조종간을 잡았습니다. 부드럽게 땅에 내려앉지 않으면 구조적 파손을 겪을 위험이 있었죠. 진짜 큰 일이 일어날 수도 있습니다. 무게가 많이 나가면 제 성능이 다 발휘되지도 않습니다. 활주로로 내려가다가 다시 상승해야 할 때, 고도를 회복할 수 있을 만큼 양력(揚力: 유체 속을 운동하는 물체에 운동 방향과 수직 방향으로 작용하는 힘. 비행기는 날개에 생기는 양력으로 공중을 난다-역주)이 충분하지 않을 수도 있지요. 갑자기 할 일이 많아졌습니다. 여러 개의 공으로 저글링을 하는 것이나 마찬가지죠. 더욱이 제대로 해내야만 합니다. 긴 비행구간이었기 때문에 조종사가 두 명 더 있었어요. 저는 그들을 깨웠고 그들 또한 같은 배를 타게 되었죠. 네 명이 협동한 겁니다. 저는 헬싱키에 가본 적이 없었기 때문에 공항이 어떻게 생겼는지, 활주로의 길이가 충분한지 등에 대해 아는 것이 없었습니다. 우선 진입로를 찾아야 했고 착륙 가능성을 파악해야 했으며 기기 작동의 변수도 확인하면서 동료들에게 무슨 일이 벌어졌는지 설명해야 했습니다. 그러자니 서로 다른 세 집단과 동시에 이야기하기도 했죠. 아랍에미리트 항공사, 의사와 전화로 상담할 수 있게 해주는 애리조나의 메드링크(MedLink), 그리고 뒤쪽에서 환자를 돌보고 있던 두 명의 의사와 함께 말이죠. 40분간 논스톱이었습니다."

그는 잠시 숨을 고르더니 이야기를 이어갔다.

"헬싱키의 날씨가 좋았던 것은 행운이었어요. 나쁜 날씨를 무릅쓰고 무거운 비행기를 익숙하지 않은 공항에 착륙시키는 것은 좋지 않죠. 선진국 핀란드답게 사태에 유연하게 대처했고 이미 준비가 끝나 있었어요. 저는 그들에게 '기체가 무겁다. 맞바람을 맞으며 착륙하고 싶다'라고 말했습니다. 그런 상황에서는 속도를 낮춰야 하죠. 그들은 '문제없다'고 대답했습니다. 그리고 평소에 쓰던 방향과 반대쪽으로 우리를 인도했어요. 우리는 평소 같으면 소음 문제로 접근할 수 없던 도시 위 상공을 통해 공항에 들어갔습니다."

그 비상사태를 이끈 라트와트에게 필요했던 것은 무엇일까?

우선 좋은 조종사여야 했다. 기체가 무거운 상태에서 착륙할 수 있을 만한 기술이 필요했으니 말이다. 그러나 그 비상착륙을 성공으로 이끄는 데 결정적인 역할을 한 것은 조종 기술의 영역 밖에 있는 것이었다. 그는 비행기가 손상될 위험과 한 여성의 위태로운 생명 사이에서 판단을 내려야 했으며, 결정을 내린 후에는 모스크바와 헬싱키 중

—— 유산

어느 곳에 환자를 내려주는 것이 더 나은지를 생각해야 했다. 또한 그는 자신이 한 번도 가보지 않은 공항의 수용 능력을 혼자서 재빠르게 연구해야 했다. 과연 그곳은 60톤이나 초과하는 비행기를 받아줄 수 있을까?

더 중요하게도 그는 승객, 의사, 동료 조종사, 그가 깨운 예비 조종사, 두바이의 본사 관리자, 헬싱키의 관제탑 등의 사람들과 이야기를 해야 했다. 승객이 졸도한 순간부터 헬싱키에 착륙한 그 40분간 조종실에 침묵이 감돌았던 적은 한순간도 없었다. 라트와트에게 필요했던 것은 의사소통 능력이었고, 그것은 명령을 내리는 차원을 넘어 가장 분명하고 잘 알아들을 수 있는 방식으로 사람들을 격려하고 채근하고 달래고 협상하고 정보를 교환하는 것을 포함한다.

**지나가는 말투와
비상사태 사이에서**　　　아비앙카 52편이 첫 번째 착륙 시도에 실패할 때까지의 대화내용 녹취록은 그와 정반대이다. 날씨도 좋지 않았다. 안개가 너무 짙어 클로즈와 카비에데스는 자신들이 어디에 있는지조차 알 수 없었다. 그들의 대화내용이 아니라 대화방식에 주의를 기울여 녹취록을 읽어보자. 특히 대화 사이의 침묵 시간과 클로즈의 말투에 집중해볼 필요가 있다.

카비에데스 활주로, 어디 있나? 못 찾겠는데. 못 찾겠어.

그들은 랜딩기어를 집어넣었다. 기장은 클로츠에게 다음 착륙 신호 요청을 하라고 지시한다. 10초 경과.

카비에데스 (혼잣말하듯) 연료가 없어······.

17초 후 조종사들은 상황에 대해 서로 기계적으로 설명한다.

카비에데스 활주로에 무슨 일이 있기라도 한 건가? 안 보이는데.

클로츠 안 보입니다.

관제탑에서 교신이 들어와 왼쪽으로 꺾으라고 지시한다.

카비에데스 지금 비상사태라고 전해!

클로츠 (관제탑을 향해) 1-0-8로 향하라고? 음, 알았다. 재시도하겠다. 아, 연료가 떨어지고 있다.

그러면 조종석의 상황을 그려보자. 비행기의 연료가 위험한 수준으로 부족한 상태이다. 그들은 첫 번째 착륙 시도 기회를 날려버렸고 비행기가 얼마나 더 날 수 있을지 모른다. 기장은 절박하다.

"지금 비상사태라고 전해!"

그런데 클로츠는 뭐라고 말하는가?

"1-0-8로 향하라고? 음, 알았다. 재시도하겠다. 아, 연료가 떨어지고 있다."

관제탑의 입장에서 '연료가 떨어지고 있다'는 말은 아무런 의미가 없다. 목적지를 향해 다가갈수록 모든 비행기는 당연히 연료가 떨어지고 있기 때문이다. 클로츠의 이 말이 과연 아비앙카 52편이 다른 공항에 착륙을 시도할 수 있을 만큼 연료가 없다는 뜻으로 들릴까? 아니면, 슬슬 연료 부족이 걱정되기 시작한다는 말처럼 보일까?

클로츠는 관제탑과의 정기적인 상황 보고에서 연료 부족에 대한 걱정을 후반부에 가서야 비로소 언급했다. 이건 마치 레스토랑에서 "예, 커피 좀 더 주시고요. 흠, 닭 뼈가 목에 걸렸어요"라고 말하는 것이나 마찬가지다. 웨이터가 이 말을 얼마나 진지하게 들어줄까? 클로츠와 통신했던 관제탑의 통신요원은 그가 '지나가는 말투'로 연료 이야기를 했다고 훗날 증언했다.

폭풍이 몰아치는 밤이면 모든 관제탑 통신요원은 조종사들의 연료 부족 타령을 신물 나게 듣는다. 클로츠가 중간에 '아'라고 한 박자 쉼으로써 자기 말의 중요성을 강조했을지라도 결과는 마찬가지다. 그날 밤 아비앙카 52편과 교신한 또 다른 통신요원도 비슷하게 증언했다.

"부기장은 대단히 일상적인 어투로 말했다. 비상사태에 놓인 사람의 목소리가 아니었다."

완곡어법과의 싸움   비상사태에 놓인 클로츠가 사용한 화법을 일컬어 언어학자들은 '완곡어법(mitigated speech)'이라고 표현한다. 전달 내용을 부드럽게 하거나 상대편의 감정을 상하지 않게 하려는 화법이다. 예의바르게 행동할 때, 부끄럽거나 당황스러운 일을 겪었을 때, 권위 있는 사람 앞에 섰을 때 우리는 완곡어법을 사용한다. 직장 상사에게 뭔가를 부탁하면서

"월요일까지 필요합니다"라고 말하는 사람은 아무도 없을 것이다. 그럴 때는 완곡어법을 사용하게 된다.

"불편을 끼쳐 죄송하지만, 이것을 주말 동안 검토해주시면 대단히 좋을 것 같습니다."

이런 상황에서는 완곡어법을 사용하는 것이 적절하다. 그러나 다른 상황, 가령 폭풍우가 몰아치는 밤 조종석 안에서라면 완곡어법을 사용하는 것은 심각한 문제다. 언어학자 우테 피셔(Ute Fischer)와 주디트 오라사누(Judith Orasanu)는 기장과 부기장들에게 다음과 같은 상황을 제시한 후, 그때 어떻게 반응할 것인지 물어보았다.

"당신은 기상레이더를 통해 40킬로미터 전방에 강한 폭풍우가 몰아치고 있다는 사실을 알았다. 그런데 당신이 폭풍우와 돌풍이 몰아친다고 말했음에도 (기장 혹은 부기장이) 속도를 마하 0.73으로 유지하며 항로를 변경하려 하지 않는다. 당신은 그 지역을 통과할 수 없음을 확실히 해야 한다. 이때 당신은 그에게 어떤 말을 하겠는가?"

피셔와 오라사누는 상대방에게 경로를 바꾸고 나쁜 날씨를 피하자고 말하는 6단계 방법을 제시했다. 그 각각은 완곡어법의 수준에 따라 나뉘게 된다.

1. **명령** "우로 30도 급선회." 자신의 뜻을 가장 직설적으로 명확하게 말하는 방법이다. 완곡어법은 없다.

2. **의무적 진술** "제가 보기에 우리는 지금 오른쪽으로 가야 합니다." 이

전에 비해 덜 구체적인 요구를 하면서 '우리'라는 말을 사용하고 있다. 약간 부드러워졌다.

3. **권유** "날씨를 살펴봅시다." 이 진술은 "우리는 같은 배를 타고 있다"는 내용을 포함한다.

4. **질문하기** "어느 방향으로 피하면 좋을까요?" 이것은 '권유'보다 부드러운 표현이다. 상대방이 책임자라는 사실을 인정해주고 있기 때문이다.

5. **참고사항 제시** "제 생각에는 왼쪽이나 오른쪽으로 꺾는 것이 현명할 듯 싶습니다."

6. **힌트 주기** "40킬로미터 밖에 있는 것들이 좋지 않아 보이는데요." 이것은 가장 완곡한 표현이다.

피셔와 오라사누는 압도적으로 많은 수의 기장이 이런 상황에서 명령을 내린다는 것을 확인했다.

"우로 30도 급선회!"

그들은 자신의 판단이 틀렸을 경우를 두려워하지 않았다. 반대로 부기장들은 자신의 상사에게 말하고 있었기 때문에 가장 완곡한 표현을 선택한 경우가 압도적으로 많았다. 그들은 힌트를 줬을 뿐이다. 피셔와 오라사누의 연구결과는 우리의 경각심을 일깨워준다. 힌트를 주는 것은 가장 알아듣기 어렵고 동시에 가장 무시당하기 쉬운 화법이라는 것이 밝혀졌기 때문이다.

1982년, 워싱턴D.C.의 외곽에서 플로리다 항공(Air Florida)사의 비행기가 추락하는 사고가 발생했다. 이륙을 앞두고 비행기 날개에 위험할 정도로 많은 얼음이 맺혀 있다는 사실을 발견한 부기장은 기장에게 네 번이나 그 사실을 말했다. 문제는 말하는 방식에 있었다. 그는 계속 모호하게 힌트만 주었던 것이다.

부기장 저기, 저 뒤쪽에 얼음이 맺혀 있습니다. 보이죠?

그리고

부기장 뒤에 맺힌 성에와 다른 것이 보이십니까?

그리고 또,

부기장 이런, 이거 제빙작업이 실패한 모양이네요. 안전하지 않다는 생각이 드는데요. 어떻습니까?

최종적으로 이륙 허가를 받은 다음, 부기장은 완곡어법을 두 단계 건너뛰고 권유를 한다.

부기장 여기서 잠시 대기하는 동안 날개 상판을 살펴보도록 하죠.

기장 우리는 1분 내로 이륙해야 하네.

그 비행기가 포토맥강으로 처박히기 직전 부기장이 한 말은 힌트나 권유, 혹은 명령 따위가 아니었다. 그저 있는 사실을 그대로 표현했을 뿐이다. 그리고 그 시점에서야 기장은 그의 말에 동의했다.

부기장 기장님, 떨어지고 있습니다. 기장님!

── 유산

기장 나도 알아.

우리는 완곡어법의 관점에서 비행기 추락 사고에서 발견되는 특이점 하나를 이해할 수 있다. 민간 항공사에서 기장과 부기장은 동등하게 비행에 관한 책임을 진다. 하지만 역사적으로 기장이 조종석에 앉아 있을 때 훨씬 더 많은 추락 사고가 발생했다. 이 무슨 말도 안 되는 얘기냐고?

플로리다 항공사의 비행기 추락 사건을 생각해보자. 부기장이 기장 노릇을 하고 있었다면 과연 네 번씩이나 힌트만 주고 있었을까? 그렇지 않다. 그는 분명 명령을 내렸을 것이고 그랬다면 비행기는 추락하지 않았을 것이다. 비행시간이 더 짧은 조종사가 조종간을 잡을 때 비행기가 더욱 안전한 이유는 경험이 더 많은 조종사가 거리낌 없이 말할 수 있기 때문이다.

완곡어법과의 싸움은 최근 15년간 민간 항공사의 최우선 과제가 되었다. 대부분의 대형 항공사는 '승무원 자원관리(Crew Resource Management)'라는 훈련 프로그램을 실시한다. 이는 연차가 낮은 승무원이 자신의 의사를 분명하고 효율적으로 전달할 수 있게 해주는 훈련이다. 또한 많은 항공사가 상황이 나쁜 방향으로 흘러가고 있을 때 부조종사가 조종사의 권한을 양도받을 수 있는 절차를 마련하고 있다. 예를 들어 "기장님, 걱정스러운데요"라는 말에 이어 "기장님, 이래서는 안 됩니다"라고 말해도 기장이 반응하지 않으면, "기장님, 안전한 상황이 아니라고 생각합니다"라고 말한다. 만약 이 말을 해도 통하지 않을 경우, 부기장은 비행기 운항에 대한 전권을 넘겨받게 된다. 많은 항공 전문가가 최근에 항공 사고가 놀라울 정도로 감소한 이유는 이러한 완곡어법과의 싸움이 승리로 돌아갔기 때문이라고 판단한다.

완곡어법의 문제를 진지하게 생각하고 있다는 라트와트는 한 가지 사례를 들려주었다.

"아랍에미리트 항공은 기장과 부기장이 서로를 이름으로 부르게 합니다. 제가 볼 때 이것은 많은 도움이 될 것 같아요. '기장님, 뭔가 잘못하시는 것 같습니다'라고 말하는 건 어렵죠. 하지만 이름을 부르면 그런 말을 하기가 좀더 쉽습니다."

그는 아마도 아비앙카 52편의 추락 사건을 보고 많은 교훈을 얻은 모양이었다.

"저는 제 자신의 권위를 낮추고자 무척 애씁니다. 함께 조종하는 승무원에게 늘 이렇게 말하죠. '나는 그리 자주 비행하지 않네. 한 달에 두세 번이 고작이야. 나보다 자네가 훨씬 많이 비행하고 있지. 내가 뭔가 멍청한 짓을 한다면 그것은 내 최근 비행 빈도가 낮아서 그런 걸세. 그러니 제때에 정확하게 말해주게. 도와달라는 말일세.' 희망적인 것은 이렇게 말하면 입을 여는 데 도움이 된다는 겁니다."

—— 유산

실수보다 더 중요한
구조적인 문제   이제 아비앙카 52편의 조종실로 돌아가보자. 그 비행기는 첫 번째 착륙 시도에 실패한 후 선회하고 있는 중이다. 언제 착륙할 수 있는지 확인하기 위해 클로츠는 관제탑과 무선으로 통신하고 있다. 카비에데스가 그에게 묻는다.

카비에데스 저쪽에서는 뭐래?

클로츠 이미 말했는데…… 우리가 다시 접근할 건데, 그건 지금 우리가 더 이상……

4초의 침묵이 흐른다.

카비에데스 비상사태라고 전달해.

4초의 침묵이 더 흐른다. 기장은 재차 묻는다.

카비에데스 저쪽에 말해봤어?

클로츠 예, 기장님. 이미 전달했습니다.

클로츠는 다시 통상적 관례를 지키지 않고 관제탑과 대화한다.

클로츠 1-5-0, 고도 2,000 유지. 아비앙카 0-5-2 헤비.

기장은 분명 공황상태에 빠지기 직전인 것으로 보인다.

카비에데스 연료가 없다고 전달해!

클로츠는 다시 관제탑과 교신한다.

클로츠 고도를 높여서 3,000으로 유지. 그리고 아, 연료가 떨어지고 있습니다.

또다시 반복이다. 모든 항공 관제사들이 집중해서 듣도록 훈련된 마법의 단어, '비상'이라는 말은 전혀 입에 담지 않고 있다. 그저 '아'라고 한 박자 쉰 후 덧붙이고 있을 뿐이다. 실수를 몇 번 했는지 세어본다면 이 시점에서 아비앙카 52편의 승무원이 저지른 실수는 이미 열 개가 넘는다.

카비에데스 연료가 없다고 전달한 거 맞아?

클로츠 예, 기장님. 이미 전달했습니다.

카비에데스 부에노(Bueno: 영어의 Well, OK에 해당하는 스페인어-역주).

만약 이 사건이 비극으로 끝나지 않았다면 이들이 대화하는 모습은 1930~1940년대에 활약한 명콤비 코미디언 애보트(Abbott)와 코스텔로(Costello)의 코미디의 한 장면과 비교되었을 것이다.

이제 1분가량이 지났다.

관제탑 아비앙카 0-5-2 헤비. 아, 관제탑은 북동쪽 15마일로 인도한 후 진입로로 들여보낼 계획이다. 승무원과 연료 상태 모두 괜찮은가?

클로츠 그런 것 같다. 대단히 고맙다.

그런 것 같다고? 대단히 고맙다고? 추락하기 직전인 사람들이! 비행 안내원 한 사람이 조종실로 들어와 0으로 되어 있는 연료 눈금을 가리키며 손가락으로 목을 따는 시늉을 해보였다.* 이어지는 5분간 누구도 말을 하지 않았다. 무전기가 시끄럽게 규정된 사항들을 떠들고 있는 가운데, 기관사가 비명을 질렀다.

"4번 엔진이 꺼졌습니다!"

카비에데스가 말했다.

"활주로 나와라."

하지만 활주로는 25킬로미터 저편에 있었다. 36초간의 침묵이 흘렀다. 담당 관제사의 목소리가 마지막으로 울려 퍼졌다.

관제탑 음, 공항에, 공항에 들어올 수 있을 만큼 연료가 있는가?

녹취록은 여기서 끝난다.

문화적 특성과 추락 사고의 연관성

라트와트는 이 충돌 사고에서 우리가 반드시 이해해야 할 점을 꼬집어주고 있다.

"뉴욕 관제탑의 요원들은 무례하고 공격적이며 툭 하면 조롱을 하는 것으로 악명이 높은 집단입니다. 물론 실력도 대단히 좋지요. 어느 정도는 강제력까지 동원해 엄청난 양의 교통량을 다루고 있습니다. 케네

○ 그 비행 안내원이 추락 후 살아남아 증언한 덕택에 우리는 이 사실을 알 수 있었다.

디 공항 근처에서 길을 잃은 어느 조종사에 대한 재미있는 이야기가 있어요. 땅에서 올려다보면 케네디 공항 인근의 상공이 얼마나 어지러운지 알 길이 없지요. 완전 미로입니다. 어느 조종사가 헤매자 한 여성 관제사가 조종사에게 화가 나서 말했어요. '그만, 아무것도 하지 말아요. 내가 말할 때까지 내게 말 걸지 말아요.' 그리고 그냥 그렇게 내버려뒀죠. 결국 조종사가 마이크를 잡고 말했습니다. '관제사님, 우리가 전생에 부부였습니까?'

그들은 믿기 힘들 정도로 강압적입니다. 늘 '내가 통제한다. 닥치고 시키는 대로 해'라는 식이죠. 한마디로 조종사를 휘어잡지요. 휘어잡히기 싫으면 반대로 조종사가 휘어잡아야 합니다. 그러면 그들은 '그래, 알겠다'라고만 하죠. 맞서 싸우지 않으면 뉴욕 관제탑은 철길을 깔아줍니다. 한 영국 항공(British Airways) 편이 뉴욕에 들어오던 때가 기억나는군요. 조종사들은 뉴욕 관제탑 근처에 방치되어 있었어요. 그때 영국 파일럿들이 '네놈들은 히스로우(Heathrow) 공항에 와서 비행기 다루는 법을 배워야 해'라고 하더군요. 뉴욕 관제탑은 그 모양입니다. 정말이지, 정말 불편한 곳이죠. 아비앙카 52편을 운행하던 파일럿들은 분명 속사포처럼 쏘아붙이는 말 앞에서 당황했을 겁니다."

라트와트가 케네디 공항 관제탑에 자신의 상황을 설명하지 못하는 모습을 상상하는 것은 불가능하다. 그가 저돌적이고 고집이 세서가 아니라 세계를 보는 방식이 다르기 때문이다. 그는 조종석에 도움이 필요하면 예비 승무원을 깨운다. 모스크바에 내리는 것이 옳지 않다고 생각하면 헬싱키로 향하고, 헬싱키 공항이 등에 바람을 맞으며 착륙하도록 인도하면 맞바람을 맞으며 내리겠다는 의사를 표명한다.

나와 인터뷰를 하던 날, 그는 헬싱키에서 출발할 때 잘못된 활주로선 위에 비행기를 올려놓았다. 부기장이 그것을 발견하고 즉시 실수를 지적했다. 라트와트는 그것을 떠올리며 웃었다.

"마사(Masa)는 스위스 사람이에요. 제 잘못을 지적하면서 아주 행복해하더군요. 돌아오는 내내 제게 핀잔을 주었습니다. 아비앙카 52편 조종사들이 해야 했던 일은 관제탑에 '우리는 그쪽에서 시도하고자 하는 대로 운항할 만큼 연료가 없다'고 말하는 것뿐이었어요. '그렇게 못한다. 10분 안에 착륙해야만 한다'고 말하는 게 해야 할 일의 전부였죠. 관제사가 내뿜는 압박을 이겨내고 이 말을 해야 하는데 그걸 못해낸 겁니다."

문화적 일반화가 우리를 불편하게 할 수도 있음을 알고 있던 라트와트는 매우 조심스럽게 말했다. 하지만 아비앙카 52편에서 발생한 사건은 그저 기장은 피곤했고 부기장은 서툴렀다는 단순한 설명으로 납득할 수 있을 만한 것이 아니다. 그 사건은 더욱 복잡한 설명을 필요로 한다. 조종석의 문제는 훨씬 근본적이며 구조적인 것이었다. 그렇다면 파일럿들이 컬럼비아 출신이라는 것은 이 충돌 사건에 어떤 영향을 미쳤을까?

라트와트는 좀 이해하기 힘들다는 듯 말했다.

"어떤 미국인 조종사도 그런 식으로 대응하지 않습니다. 간단하잖아요. 미국인들은 이렇게 말합니다. '이봐 친구, 난 착륙해야 돼.'"

1960년대와 1970년대에 걸쳐 네덜란드 사회학자 기어트 홉스테드 (Geert Hofstede)는 IBM 유럽 본사의 인적자원 담당부서에서 의뢰한 연구를 진행하고 있었다. 홉스테드는 세계를 돌며 그들이 어떻게 문제를 해결하는지, 어떻게 협업하는지, 그리고 상급자에 대한 태도는 어떠한지 등을 인터뷰했다. 시간이 흐르면서 홉스테드는 길고 복잡한 질문지를 통해 문화간의 차이를 분석할 수 있을 만큼 광대한 데이터베이스를 축적하게 되었다. 이렇게 탄생한 '홉스테드 차원들(Hofstede's Dimensions)'은 오늘날에도 다문화 심리학을 연구하는 데 가장 널리 쓰이고 있다.

홉스테드는 개인이 집단보다 개인 스스로를 얼마나 중요하게 생각하는지에 따라 문화들이 구분될 수 있다고 주장한다. 그는 이것을 '개인주의-집단주의 척도(individualism-collectivism scale)'라고 부르는데, 개인주의에서 가장 높은 점수를 받는 나라는 미국이다. 그런 점에서 미국이 선진국 중 유일하게 일반 의료보험을 적용하지 않는 나라라는 것은 전혀 놀라운 일이 아니다. 그 반대편 끝에는 과테말라가 자리 잡고 있다.

또 다른 홉스테드 차원은 '불확실성 회피(uncertainty avoidance)'에 대한 것이다. 애매한 것이 과연 얼마나 받아들여지는가? 다음의 다섯 나라는 홉스테드의 데이터베이스에서 불확실성 회피 지수가 가장 높은 나라로, 이들 국가는 질서와 계획을 선호하며 주변 상황에 아랑곳

하지 않고 행동하고자 하는 경향을 보인다.

1. 그리스
2. 포르투갈
3. 과테말라
4. 우루과이
5. 벨기에

다음은 그 반대편의 다섯 나라, 즉 문화적으로 애매한 것에 익숙한 나라다.

49. 홍콩
50. 스웨덴
51. 덴마크
52. 자메이카
53. 싱가포르

물론 홉스테드는 이 차원에서 몇 점을 받느냐로 옳거나 그르다는 가치 판단을 내리지 않는다. 또한 어떤 문화권에 속하는 사람이 반드시 그 문화권의 성향대로 행동하는 것도 아니다. 과테말라 출신이지만 개인주의적으로 행동하는 사람도 있을 수 있다. 그가 말하고자 하는 것은 니스벳과 코헨이 미시건 대학의 복도 실험을 통해 주장하고자 했던 것과 비슷하다.

'우리는 각각 고유한 인격을 지니고 있다. 하지만 그 밑바탕에는 우리가 성장해온 공동체의 문화적 환경을 통해 영향을 받은 것이 있으며, 그 차이는 놀라울 만큼 두드러진다.'

벨기에와 덴마크는 비행기로 한 시간도 걸리지 않는 거리에 위치해 있다. 그리고 덴마크인은 벨기에인과 비슷해보이기 때문에 코펜하겐(Copenhagen) 거리에 뚝 떨어지면 그곳이 브뤼셀(Brussels) 거리인지 구분하기 어려울 정도다. 하지만 불확실성 회피라는 잣대를 놓고 보면, 두 나라는 그보다 더 멀 수 없을 만큼 먼 사이다. 불확실성의 잣대 앞에서 덴마크인은 유럽 국가 사람이 아닌 자메이카인과 훨씬 더 유사하다.

덴마크와 벨기에는 넓은 의미에서 유럽식 사민주의(사회민주주의) 전통에 속하는 나라지만 역사, 정치구조, 종교 전통, 언어, 음식, 건축, 문학 등이 모두 다르다. 이 모든 차이를 종합해보면 위험과 불확실성을 무릅써야 하는 특정한 상황에서 덴마크인은 벨기에인과 전혀 다른 방식으로 대응한다는 결론을 내리게 된다.

모든 홉스테드 지수 중에서 가장 흥미를 끄는 것은 아마도 '권력 간격 지수(Power Distance Index, PDI)'일 것이다. 권력 간격 지수란 특정 문화가 위계질서와 권위를 얼마나 존중하는지를 나타낸다. 이를 측정하기 위해 홉스테드는 "직원들이 관리자의 의견에 동의하지 않음에도

—— 유산

두려움 때문에 그것을 드러내지 않는 일이 얼마나 자주 발생하는가?"
라는 질문을 했다. 또한 조직이나 집단 내에서 권력이 약한 구성원이
권력이 불평등하게 분배되고 있음을 인정하거나 혹은 그렇다고 짐작
하는지 알아보기 위해, "나이 많은 사람이 얼마나 존중받고 또한 두려
움의 대상이 되고 있는가?" 그리고 "권력층이 특권층으로 받아들여지
고 있는가?" 같은 질문을 추가적으로 제시했다.

홉스테드는 자신의 저서 《문화의 결과(Culture's Consequence)》에서
권력 간격 지수가 낮은 나라에 대해 다음과 같이 기술하고 있다.

"권력은 그것을 가진 사람이 부끄러워하고 은밀하게 행사해야 할 그
무엇이다. 나는 스웨덴(PDI가 낮은 나라)의 한 대학교 교직원이 권력을
행사하려면 권력이 없는 것처럼 보여야 한다고 말하는 것을 들은 적도
있다. 이런 상황에서는 지도자가 격식을 차리는 모습보다 그 반대의
모습을 더 노출시키고자 한다. 오스트리아(PDI가 낮은 나라)의 수상 브
루노 크레이스키(Bruno Kreisky)는 종종 전차를 타고 출근하는 것으로
유명했다. 나는 1974년에 네덜란드(PDI가 낮은 나라) 수상 욥 덴 윌
(Joop den Uyl)이 포르투갈에서 캠핑카를 타고 캠핑장에서 쉬고 있는
모습을 직접 목격하기도 했다. 권력자들의 이런 모습은 PDI가 높은 벨
기에나 프랑스 같은 나라에서는 거의 보기 어렵다.*

홉스테드의 발견이 항공업계 종사자들에게 큰 영향을 주었으리라는
것은 충분히 짐작 가능한 일이 아닌가. 완곡어법을 추방하고 협동심을
높이기 위한 모든 노력이 결국 무엇을 위한 것이겠는가? 한마디로 그

목적은 조종실 내의 PDI를 낮추고자 하는 데 있다. 홉스테드가 했던 "직원들이 관리자의 의견에 동의하지 않음에도 두려움 때문에 그것을 드러내지 않는 일이 얼마나 자주 발생하는가?"라는 질문은, 항공 전문가들이 부기장들에게 수없이 물었던 바로 그 질문이기도 하다.

그뿐 아니라 홉스테드의 연구는 항공산업계에서 누구도 의심해본 적 없던 부분에 대해서도 묻고 있다. 그것은 부기장들이 자기 의견을 드러내도록 하는 것은 그가 자라온 문화의 PDI에 큰 영향을 받는다는 점이다. 관제사가 아무리 당황스럽게 몰아붙여도 치명적 결과를 초래하는 미국인 조종사는 한 명도 없다고 했던 라트와트의 말이 뜻하는 바가 바로 그것이다. 미국은 PDI가 낮은 문화를 갖고 있다. 아무리 강한 압박을 받을지라도 미국인은 미국인다운 방식으로 생각한다. 미국인다운 방식이란 관제탑의 관제사 역시 자신과 마찬가지로 사람일 뿐이라고 생각하는 것이다.

하지만 어떤 나라는 PDI가 그 정반대에 있다. 과연 어떤 나라일까? 바로 컬럼비아다. 비행기 조종사의 행동을 설명할 때 문화적 요소를 고려하는 것이 매우 중요하다는 것을 강조해온 심리학자 로버트 헬름라이히(Robert Helmreich)는 아비앙카 52편의 추락 사건에 큰 충격을

○ 홉스테드는 몇 년 전 같은 분야의 비슷한 공장들이 독일과 프랑스에서 각각 어떻게 다른 모습을 보였는지 연구한 결과를 인용하고 있다. 프랑스 공장은 평균 26퍼센트가 관리자 및 특수직으로 구성되어 있었다(독일은 16퍼센트). 그런데 프랑스인은 최고 관리자에게 독일인보다 더 많은 급료를 지불했다. 홉스테드는 이러한 비교를 통해 위계질서에 대한 문화적 태도 차이를 알 수 있다고 주장한다. 프랑스의 PDI는 독일에 비해 2배나 높다. 그들은 독일인이 필요로 하지 않는 위계질서를 원하고 또한 뒷받침하고 있는 셈이다.

—— 유산

받았다. 그는 컬럼비아인의 국민성을 감안하지 않고는 사고 당시의 클로츠의 행동을 이해할 수 없으며, 그날 그가 곤경에 빠졌던 것은 권위에 대한 존중이 몸에 익은 사람이 빠지게 되는 곤경과 동일한 것임을 주장하는 에세이를 발표했다.

그 일부를 인용해보자.

"권력 간격 지수가 높은 나라에서 상급자들이 흔히 그렇듯 기장이 명확한 결정을 내리지 못하자, 부기장은 좌절감을 느꼈다. 부기장과 기관사 모두 기장이 결정을 내려주기를 바라며, 누구도 대안을 내놓을 생각은 하지 못하고 있었다."

클로츠는 스스로를 하급자로 보았고, 따라서 문제를 해결하는 것은 그의 몫이 아니었다. 그 일은 기장이 해야만 했는데 그때 기장은 탈진 상태로 아무 말도 하지 않았다. 그러자 강압적 성향이 강한 케네디 공항 관제탑은 비행기가 계속 허공에서 맴돌도록 내버려두었다. 클로츠는 자신들이 곤경에 처했다는 사실을 전달하고자 계속 시도했지만 그는 하급자가 상급자에게 말하듯, 다시 말해 자신의 문화적 배경에서나 통하는 방식으로 이야기했다.

그러나 관제탑 요원들은 컬럼비아인이 아니었다. 그들은 권력 간격 지수가 낮은 미국인이었다. 미국인은 자신과 조종사 사이에 위계질서가 있다는 생각 따위는 하지 않으며, 그들에게는 부기장의 완곡어법이 상급자에 대한 하급자의 간곡한 화법으로 읽히지도 않았다. 단지 그것은 조종사에게 별다른 문제가 없다는 것을 뜻할 뿐이었다.

실제로 관제탑과 클로츠 사이의 의사소통이 문화적 차이로 틀어지고 있다는 것이 확실히 드러나는 대목이 있다. 읽다 보면 고통스러울 지경이다. 이것은 충돌을 몇 분 앞두고 아비앙카 52편과 관제탑 사이에 오간 마지막 대화이기도 하다. 클로츠가 방금 연료 상황을 묻는 관제탑의 질문에 "그런 것 같다. 대단히 고맙다"라고 대답한 다음, 카비에데스 기장이 클로츠에게 물었다.

카비에데스 그쪽에서 뭐래?

클로츠 화가 난 것 같은데요.

화가 났다니! 클로츠는 상처를 받고 있었다. 바로 이 시점에서 비행기는 재앙으로 빨려들고 있었다. 하지만 그는 하급자는 무조건 상급자의 지시에 따라야 한다는 문화적 배경의 강력한 힘에서 벗어나지 못하고 있었다. 그는 자신이 처한 곤경을 말하려다 실패했다고 생각했고 관제탑에 있는 상급자의 심기를 불편하게 했다는 결론을 내리고 말았다.

케네디 공항에서 벌어진 추락 사건 이후, 아비앙카 항공의 경영진은 사후평가를 실시했다. 그들은 연이어 네 건의 사고를 겪은 다음이었고 (바랑키야(Barranquilla: 카리브해 연안에 위치한 컬럼비아 제1의 무역항-역주), 쿠쿠타(Cucuta: 컬럼비아 동부의 베네수엘라 접경 도시-역주), 마드리드, 뉴욕), 그 모든 사건을 통해 "신체적 결함이 없고 평균이거나 평균 이상의 비행 능력을 가진 조종사들을 선별했음에도 여전히 사고가 발생했다"는 결

—— 유산

론을 내렸다. 그들의 보고서는 마드리드 추락 사건의 경우, 부기장이 기장에게 상황이 얼마나 위험한지 설명하고자 노력했다는 것을 기록하고 있다.

"부기장은 옳았다. 하지만 그들은 사망하고 말았다. 왜냐하면 부기장의 질문에 함축된 제안이 너무 약했기 때문이다. 기장은 그의 말을 완전히 무시했다. 어쩌면 부기장은 기장의 결정에 의문을 표시함으로써 그의 뜻에 항거하는 것처럼 보이고 싶지 않았을 수도 있다. 아니면 기장이 그 지역을 여러 차례 비행했다는 것을 알았기 때문에 인정받지 못하는 말을 더 이상 하고 싶지 않았을지도 모른다. 부기장은 자신의 견해를 더 강력하게 표출했어야 했다."

자신이 하는 일에서 성공할 수 있는 능력은 출신지의 성격과 강하게 결합되어 있기 때문에 PDI가 높은 문화에서 좋은 조종사가 나오기란 쉽지 않을 수 있다. 하지만 PDI가 가장 높은 나라는 컬럼비아가 아니다. 헬름라이히와 그의 동료인 애슐레이 메리트(Ashleigh Merritt)는 전 세계 조종사들의 PDI를 측정한 적이 있다. 그 결과가 궁금한가? 1위는 브라질이었고 2위는 한국이었다.*

● 조종사들의 PDI에서 상위 5위에 속하는 나라는 다음과 같다. 이것을 국가별 비행기 추락 사고 발생 빈도와 대조하면 보기 좋게 맞아떨어진다.
1. 브라질 2. 한국 3. 모로코 4. 멕시코 5. 필리핀
다음은 조종사들의 PDI가 가장 낮은 다섯 나라의 목록이다.
15. 미국 16. 아일랜드 17. 남아프리카공화국 18. 오스트레일리아 19. 뉴질랜드

잔 고장, 날씨,
그리고 피곤함　　　　비행기 추락 사고의 사후분석을 책임지고 관장하는
미국 교통안전위원회 본부는 워싱턴 포토맥강 옆에 쪼그리고 앉아 있는
70년대 풍의 건물에 자리 잡고 있다. 그곳에 가면 위원회의 긴 복도를 따
라 엔진터빈이 녹아내린 조각, 헬리콥터 회전날개에서 문제가 되었던 부
분 등 파손된 비행기의 잔해로 꽉 찬 연구실들이 배치되어 있다. 그 연구
실들 중 하나에 흔히 블랙박스라고 불리는 조종실 음성 및 데이터 녹음
기가 놓여 있었는데, 그것은 1996년에 110명의 사망자를 낸 플로리다 밸
류젯(Valujet) 여객기의 추락 사고 현장에서 회수한 것이다. 신발상자 크
기에 두꺼운 강철판으로 만들어진 블랙박스는 뭔가에 의해 엄청난 힘으
로 물어뜯긴 것처럼 구멍이 나 있었다.

　교통안전위원회의 조사관들 중 일부는 기술자로 그들은 추락 사고
현장에서 물질적 증거들을 수집한다. 조종사들은 또 다른 종류의 증거
물에 해당한다. 엄청나게 많은 심리학자가 조종사들이 추락 직전까지
나눈 몇 분간의 대화기록을 듣고 그들이 어떤 말을 했으며 무슨 생각을
하고 있었는지 알아내는 일을 담당하고 있다. 교통안전위원회에서 블
랙박스 해독에 관한 한 최고의 전문가는 50년대 스타일에 깡마른 심리
학 박사 말콤 브레너(Malcolm Brenner)로, 그는 대한항공의 괌 추락 사
건을 조사한 사람 중 하나이기도 하다. 브레너는 조용히 입을 열었다.

　"일반적으로 괌에 진입하는 것은 어렵지 않습니다."

　괌 공항에는 글라이드 스코프(glide scope)라는 항공 유도등이 있기

1997년 8월 6일 괌에서 추락한 대한항공 여객기와 동일기종의 보잉 747기.

때문에 조종사는 공항에서 쏘아주는 거대한 레이저 빔을 따라 비행기를 몰고 들어오기만 하면 된다. 하지만 그날 밤에는 글라이드 스코프가 나간 상태였다.

"그날따라 글라이드 스코프가 작동 불능 상태였습니다. 수리를 위해 다른 섬에 보내졌죠. 하늘에 떠있는 사람들에게 글라이드 스코프가 작동하지 않는다는 경고가 발송되었습니다."

그러나 이것은 큰 문제가 되지 않는다. 글라이드 스코프를 수리하고 있던 그달에 이미 괌 공항에는 1,500여 편의 비행기가 안전하게 착륙했다. 그것은 그저 착륙을 좀더 어렵게 만드는 아주 사소한 일에 불과했다. 브레너는 심각한 표정으로 말을 이었다.

"두 번째 요소는 날씨였습니다. 남태평양에 들어서면 일반적으로 기상상태에 대해 보고를 받게 되어 있습니다. 폭풍이 없으면 대개 열대낙원이라는 보고가 올라가지만, 그날 밤엔 모니터에 스톰 셀(Storm cell: 습기를 머금고 마치 하나의 덩어리처럼 움직이는 공기. 이것이 모여 폭풍을 유발한다-역주)이 잔뜩 떴지요. 대한항공 조종사들은 공항에서 몇 킬로미터 떨어진 지점에 나타난 스톰 셀을 통과해야 하는 상황이었습니다. 기장이 결정을 내려야 했죠. 착륙을 위해 내가 해야 할 일은 무엇인가? 글쎄요, 그들은 분명 VOR/DME(전방향 무선 거리측정 장비)를 보고 접근하는 식으로 비행기를 몰아야 했을 겁니다. 복잡하죠. 엉덩이가 쑤실 정도로 힘들어요. 제대로 해내려면 많은 협업이 필요합니다. 긴장의 끈을 놓쳐서는 안 돼요. 하지만 몇 킬로미터 앞에서 아시다시피 기장은 괌 공항의 불빛을 봤습니다. 안도했죠. 그리고는 '비주얼 어프로치하겠습니다'라고 말한 거죠."

VOR은 공항에 다가갈 때 조종사가 자신의 고도를 파악할 수 있도록 신호를 보내주는 신호기이다. 글라이드 스코프가 끼어들기 전까지 조종사들은 VOR에 의존하고 있었다. 기장은 VOR을 기점으로 비행기를 접근시킨 다음, 공항의 불빛이 보이면 육안으로 착륙시킬 생각이었다. 이것은 합당한 전략이다. 조종사들은 언제나 시계(視界) 착륙을 한다. 그런데 조종사들은 대개 하나의 계획이 망가지면 대안을 마련하지만, 이 기장은 그렇게 하지 않았다.

"그들은 관제소와 협력했어야 합니다. DME(거리측정 장치)를 이용해 하강하고 있다는 것을 보고했어야 했지요. 하지만 그 말을 하지 않았습니다. 스톰 셀이 주변에 가득하고 쭉 가다가 어느 시점을 넘으면 구름을 뚫고 공항의 불빛이 보일 거라고 가정하고 있었다면, 500피트 상공에서도 불빛이 보이지 않을 때 고도를 높였어야죠. 그리고 한 가지 잘

—— 유산

못된 사실이 있었습니다. 그가 전략적으로 이용하고 있던 VOR은 공항에 있는 것이 아니었어요. 4킬로미터 떨어진 니미츠 힐에 있는 거였죠. 물론 그게 맞는 공항도 있습니다. 공항에 VOR이 있고 곧장 따라가면 활주로가 나오죠. 하지만 괌에서는 VOR을 따라가면 니미츠 힐로 이어집니다."

기장은 VOR을 알고 있었다. 그것은 기장이 괌 공항에 보고한 내용에 명확히 적혀 있다. 그는 괌 공항에 여덟 번이나 착륙해본 경험이 있고 이륙하기 전에도 그 점을 특별히 언급했다. 그러나 다시 강조하지만 이것은 새벽에 벌어진 일이고 그는 전날 아침 6시부터 잠을 자지 못했다. 브레너는 계속해서 분석결과를 들려주었다.

"피로도 한 원인이 됐죠. 그 코스는 왕복비행입니다. 한국 시간으로 새벽에 비행기를 타고 착륙한 다음, 지상에서 몇 시간 보내고 해가 떠오를 때 다시 나가는 거죠. 기장은 한 달 전에도 그런 비행을 해봤습니다. 그때 그는 1등석에 앉아서 잤죠. 그런데 이제 다시 비행해서 들어가는데 그는 매우 피곤하다고 말하고 있습니다."

괌 사고도 아비앙카 52편 사건과 마찬가지로 비행기 추락 사고를 유발하는 세 가지 요인, 즉 사소한 기술적 잔 고장, 나쁜 날씨, 피곤한 조종사가 모두 결합되었다. 이들 각각은 사고를 불러오지 못한다. 조종석에 있는 모든 사람의 실수가 뭉쳐야 이 요소들이 결합될 수 있다. 그렇게 해서 대한항공 801편은 문제의 한가운데로 빨려 들어가고 말았다.

세 가지 요인보다 더 큰 요인의 발견　　　다음은 대한항공 801편이 추락하기 30분 전부터 블랙박스에 녹음된 것이다. 그 내용은 피곤하다고 불평하는 기장의 말로 시작된다.

[오전 1시 20분 1초]

기장 이거 뭐, 왕복해가지고 아홉 시간 나와야 뭐 조금이라도 있는 것 아니야? 이것 여덟 시간 나오면 말짱 헛일 아냐? 여덟 시간 가지곤 아무 도움 안 되는 것……. 아이고, 맥시멈으로 고생시키는구나. 맥시멈으로. 이게 아마, 이래되면 캐빈 승무원들 호텔비 안 들어가지요, 비행시간 맥시멈으로 태우지요, 그래서 노멀 점보(조종사 세 명이 타야 하는 구식)만 잡아먹는 거야(김포-괌 왕복시간은 여덟 시간이 안 되므로 초과근무 수당에 해당되지 않는 것을 두고 하는 말).

의자를 움직이는 소리가 들린다. 1분 경과 후.

[오전 1시 21분 13초]

기장 어…… 정말로…… 졸려서…… (알아들을 수 없는 말)

부기장 그럼요. 괌이 안 좋네요, 기장님.

이 비행에서 결정적인 부분이 바로 여기 나온다. 부기장은 이렇게 말했다.

기장 야, 비가 많이 온다.

부기장 예. 더 오는 것 같죠, 이 안에…….

부기장은 이 말을 하기까지 오랜 시간 많은 생각을 해야만 했을 것이다. 그는 라트와트가 조종하는 개방적인 분위기의 조종실에 앉아 있던 것이 아니었다. 대한항공 승무원들 사이에는 선배가 은퇴할 때 후배가 식사를 대접한다거나 선물을 제공하는 풍습이 있다. 한 전직 대한항공 조종사에 따르면 상당수 조종실의 분위기가 '기장이 책임지고 자신이 원하는 방향으로, 자신이 생각하는 대로 비행기를 조종하고 다른 사람은 조용히 앉아서 아무것도 하지 않는 것'이었다고 한다.

한번은 대한항공에 대한 델타 항공의 보고서가 익명으로 인터넷에 공개되어 파장을 불러일으킨 적이 있다. 참고인 중 한 명에 따르면 부기장이 관제탑의 지시를 잘못 듣고 다른 비행기가 올라탔어야 할 항로로 비행기를 인도하는 경우를 목격했다고 한다.

"부기장은 뭔가 잘못되었다는 것을 깨달았지만 아무 말도 하지 못했다…… 시계가 잘 확보되어 있음에도 불구하고 누구도 밖을 내다보고 현재 방향이 잘못되어 있다는 것을 지적하지 않았다."

결국 비행기의 레이더가 실수를 잡아냈으며 그 증언에서 결정적 문장이 뒤따라온다.

"기장은 부기장의 실수를 탓하며 그를 손등으로 때렸다."

손등으로 때렸다고? 분명 장난은 아닐 것이다.

비행 전의 예비 모임을 위해 세 명의 파일럿이 만난 자리에서 부기장과 기관사는 기장에게 허리를 숙여 인사했다. 이때 부기장은 손을 내밀어 악수를 하며 존경어린 말투로 "처음 뵙겠습니다"라고 말했다.

이 말은 '당신을 만나는 것은 처음입니다'라는 뜻이다. 한국어에는 말하는 이와 듣는 이 사이의 관계를 반영해 적용되는 복잡한 경어체계가 있다. 아주 낮춤(해라), 예사 낮춤(하게), 예사 높임(하오), 아주 높임(하십시오) 등이 그것이다. 기장에게 말할 때, 부기장은 이들 중 적절한 표현을 찾기 위해 고심하지 않을 수 없다. 이는 대화 상대방과의 관계에 엄청난 주의를 기울여야 하는 문화를 바탕에 두고 있다.

한국의 언어학자 손호민의 책을 보자.

"밥상에서 손아랫사람은 손윗사람이 앉아 수저를 들 때까지 수저를 들어서는 안 되며, 손윗사람이 수저를 내려놓을 때까지 자리를 떠서도 안 된다. 사회적으로 상급자가 있는 곳에서 담배를 피워서는 안 된다. 자기보다 높은 사람과 술을 마실 때는, 잔을 가리고 몸을 돌려서 마셔야 한다……. 자신의 친지가 아니라 해도 사회적으로 높은 사람을 만나면 허리를 숙여 인사해야 한다. 자기보다 높은 사람이 들어오면 자리에서 일어나야 하며 그 앞을 함부로 지나쳐서 걸어가도 안 된다. 연장자가 누구냐, 누가 더 높으냐에 따라 모든 사회적 행동양식이 규정되어 있다. '찬물에도 위아래가 있다'는 말이 보여주는 것처럼, 차가운 물을 마실 때도 순서를 지켜야 한다."

부기장은 "예, 더 오는 것 같죠, 이 안에……."라고 말하는 대신 어떻게 말해야 했을까? 우리는 그가 말하고자 했던 것을 알고 있다.

"기장님, 비상 대책 없이 시계 접근을 하겠다고 하셨지만 바깥 날씨가 끔찍합니다. 구름을 뚫고 나가면 활주로를 볼 수 있을 것 같다고 하

―― 유산

셨는데, 만약 안 보이면 어떡하시겠습니까? 밖은 완전히 깜깜하고 비는 쏟아지는데 글라이드 스코프는 작동하지 않고 있습니다."

하지만 이렇게 말하지 못했다. 그는 힌트를 주면서 스스로 상급자에게 할 수 있는 최선을 다했다고 생각했을 것이다. 부기장은 날씨에 대해 다시는 언급하지 않았다. 비행기가 구름을 뚫고 나와 파일럿들이 먼 곳의 불빛을 발견했을 때의 상황이다. 기관사가 물었다.

"이게 괌이야?"

잠시 침묵한 후 그가 다시 말했다.

"이거 괌이야, 괌!"

기장이 웃음을 터트렸다.

"허허허, 괌 좋네."

하지만 좋지 않았다. 착각을 하고 있었을 뿐이다. 공항에서 32킬로미터나 떨어진 지점이었고 주변의 기상상황은 엄청나게 좋지 않았다. 날씨를 추적하는 것이 그의 임무였던 터라 기관사는 이 사실을 잘 알고 있었고 그는 이렇게 말했다.

"오늘, 기상레이더 덕 많이 본다."

기상레이더 덕을 많이 본다고? 두 번째 힌트는 이렇게 제시되었다. 기관사가 말하고자 했던 것은 부기장이 의도했던 것과 똑같았다. 그는 아마도 이렇게 말하고 싶었을 것이다.

"육안에만 의존해서 착륙을 시도할 수 있는 상황이 아닙니다. 기상레이더에 뜬 걸 보세요. 계속 가면 문제가 생길 수 있습니다."

서구인의 눈에는 기관사가 이런 말을 고작 한 번만 하고 말았다는 것이 의아하게 보일 수도 있다. 서구인의 의사소통은 언어학자들이 '화자 중심'이라고 부르는 원칙, 즉 의사소통이 명확하게 이뤄지지 않으면 부정확하게 말한 화자에게 책임을 묻는 원칙에 기반하고 있다. 심지어 플로리다 항공의 비극에서도 부기장은 날개 위에 쌓인 얼음이 초래할 수 있는 위험에 대해 네 차례나 힌트를 주었고, 자신이 말하고자 하는 것을 정확히 전달하기 위해 각각 다른 화법을 구사하고 있다. 그는 자신과 기장 사이의 권력 간격을 의식하긴 했지만 의사소통에 문제가 있을 경우 말하는 사람의 문제로 보는 서구 문화에 따라 행동했다.

　　그러나 한국은 다른 많은 아시아 국가와 마찬가지로 청자 중심이다. 대화 내용을 알아듣는 것은 듣는 사람의 문제인 것이다. 기관사가 보기에 자신은 충분히 말했다.

　　손호민은 회사원 김씨와 과장 사이의 대화를 다음과 같이 묘사하고 있다.

> **과장** 날씨도 으스스하고 출출하네(한 잔 하러 가는 게 어때?).
>
> **회사원 김씨** 한 잔 하시겠어요?(제가 술을 사겠습니다).
>
> **과장** 괜찮아. 좀 참지 뭐(그 말을 반복한다면 제안을 받아들이도록 하지).
>
> **회사원 김씨** 배고프실 텐데, 가시죠?(저는 접대할 의향이 있습니다).
>
> **과장** 그럼 나갈까?(받아들이도록 하지).

250
아웃라이어

── 유산

대화 참여자가 서로 상대방의 의중을 세심하게 짚어가며 말하고 듣는다는 점에서 이 미묘한 대화에는 일종의 아름다움이 존재한다. 무감각하고 무신경한 것을 용납하지 않는다는 뜻에서 이 대화는 세련되다. 그러나 권력 간격이 먼 대화는 듣는 사람이 충분한 주의를 기울일 능력이 있을 때라야 제대로 이뤄질 수 있다. 양쪽 모두 상대방의 의중을 떠볼 만한 시간이 많을 때 가능한 것이다. 비바람이 몰아치는 밤, 글라이드 스코프가 고장 난 공항으로 비행기를 착륙시켜야 하는 탈진한 조종사에게는 어울리지 않는다.

**실패에서 성공을
이끌어내는 길**　　　　2000년, 대한항공은 델타 항공으로부터 데이비드 그린버그(David Greenberg)를 비행 담당자로 영입했다. 그린버그가 처음으로 한 일은 그가 대한항공의 문제를 뿌리부터 파악하고 있지 않았다면 내놓을 수 없던 것이었다. 우선 그는 전 항공사 승무원의 영어실력 평가에 들어갔다. 그는 당시의 상황을 솔직히 말해주었다.

"괜찮은 사람도 있었고 그렇지 못한 사람도 있었습니다. 우리는 곧바로 항공 영어 능력을 향상시킬 수 있는 프로그램을 개발하기 시작했지요."

그는 두 번째 단계로 보잉의 계열사인 알테온(Alteon)에 대한항공의 교육 및 훈련 프로그램을 이관했다.

"알테온은 영어로 훈련 프로그램을 짰습니다. 한국어를 할 수 없었죠."

그린버그는 '대한항공의 공용어는 영어다. 만약 대한항공의 조종사로 남고 싶다면 영어를 유창하게 구사할 수 있어야 한다'는 규칙을 세웠다.

"이건 결코 무리한 요구가 아닙니다. 모두에게 평등하게 기회가 주어졌고 언어가 문제인 사람은 휴직한 후 자비로 공부를 하고 올 수 있게 해주었죠. 하지만 언어는 필터에 불과했습니다. 그 누구도 비행 기술이 모자라 퇴사한 사람은 없었다고 기억합니다."

그린버그는 영어가 항공 세계의 공통 언어라는 점에 착안했다. 승무원들이 비행절차에 따라 지켜야 하는 체크리스트는 모두 영어로 기록되어 있다. 그것을 복창할 때 승무원들은 영어로 말한다. 세계 어디서든 관제탑과 대화할 때도 영어로 말해야 한다.

"케네디 공항의 러시아워에 손짓, 발짓으로 대화할 수는 없지요. 어디까지나 대화로 풀어가야 하므로 상황이 어떻게 돌아가고 있는지 잘 이해하고 있다는 걸 보여줘야 합니다. 물론 한국 사람들끼리 영어로 말할 필요는 없겠죠. 그러나 외국인과 중요한 의사소통을 해야 하는 경우라면 영어는 매우 중요해집니다."

그린버그는 조종사들에게 또 다른 정체성을 심어주고자 애썼다. 그들이 문화적 유산의 함정에 빠져 있다는 것을 심각한 문제로 보았기 때문이다. 일단 조종석에 앉았을 때는 기존의 역할로부터 벗어날 필요가 있었고, 언어는 그 전환을 이끌어내는 열쇠였다. 영어로는 한국어의 복잡한 경어체계를 사용할 수 없지 않은가. 그린버그의 개혁에서 가장 결정적인 것은 '그가 하지 않은 일'에 있었다.

그는 절망에 빠진 대한항공 조종사들을 몽땅 해고하고 권력 간격이 낮은 문화권의 조종사로 대체하지 않았다. 그는 문화적 유산이 문제이고, 그 힘은 강력하고 널리 퍼져 있으며 본래의 유용성이 사라진 후에도 오래도록 지속된다는 것을 잘 알고 있었다. 하지만 그 문화적 유산을 떨쳐낼 수 없는 것으로 보지는 않았다. 그는 한국인이 스스로의 문화적 기원에 솔직해지고 항공 세계와 맞지 않는 부분과 정면으로 대결할 의향이 있다면 그것을 바꿀 수 있을 거라고 믿었다. 결국 그는 하키 선수로부터 소프트웨어 재벌, 인수합병 변호사까지 모든 이들이 누렸던 기회를 대한항공 파일럿에게도 제공했다. 일과 삶의 관계를 재정립할 수 있는 기회를 말이다.

나중에 그린버그는 카고 360(Cargo 360)이라는 화물 항공사의 출발을 돕기 위해 대한항공을 떠나면서 대한항공 조종사 몇 명을 데려갔다. 그들은 모두 기관사였고 대한항공의 경직된 위계질서 속에서는 언제나 기장과 부기장 아래로 세 번째에 위치하던 사람들이었다.

"그들은 대한항공의 기존 환경 속에서 15~18년씩 일한 사람들이었죠. 사다리의 가장 아래쪽에 있었으면서도 그들은 자신의 역할에 충실했습니다. 우리는 그들을 다시 훈련시켰고 서양 승무원들과 함께 배치했습니다. 결과는 매우 성공적이었죠. 자신의 스타일을 확 바꾼 그들은 새 출발을 했습니다. 짐을 벗어던진 겁니다. 이제 50대에 접어든 그들은 누군가의 명령을 기다리지 않습니다. 그동안 한 우물을 깊게 판

연장자들이 새로 훈련을 받고 서구 항공사의 조종석에서 성공적으로 일하고 있는 겁니다. 우리는 그들을 그들의 문화 속에서 끄집어내 새로운 규범에 적응시켜 주었습니다."

정말 놀라운 해방 사례이다. 우리는 문화와 역사, 개인을 둘러싼 외부세계가 전문적인 영역에서의 성공을 얼마나 좌우하는지는 물론 좋은 파일럿이 되기 위한 조건도 알고 있다. 하지만 비행기를 산중턱에 들이받은 조종사들이라 할지라도 그들을 가혹하게 내던져야 하는 것은 아니다. 실패로부터 성공을 이끌어내는 길을 찾아야 한다.

그 전에 우리는 오랫동안 외면해왔던 주제에 솔직해질 필요가 있다. 1994년, 보잉사가 홉스테드 지수와 국가당 비행기 추락 사고의 상관관계를 명확하게 보여주는 자료를 출판했을 때, 보잉사 연구원들은 여러 문화권 사람들의 기분을 상하게 하지 않기 위해서 안간힘을 썼다. 보잉사의 항공안전 수석 엔지니어는 이렇게 말했다.

"이것이 문제의 전부라고 말하려는 것이 아니다. 문제의 일부가 여기에 있다고 말하는 것뿐이다."

우리는 왜 이렇게까지 민감하게 구는 걸까? 각각의 문화에는 장점도 있고 단점도 있으며, 특정한 형태로 행동하게 하는 힘이 있다는 점을 솔직하게 인정하는 것이 그토록 어려운 일일까? 개인은 그가 속한 문화로부터 자유로울 수 없다. 문화를 무시하면 비행기가 추락한다.

다시
고 어라운드　　　다시 조종실로 돌아가보자.

"오늘, 기상레이더 덕 많이 본다."

이제는 누구도 이렇게 말하지 않는다. 하지만 그때는 1997년으로 대한항공이 조종실 내 권력 간격의 문제를 심각하게 받아들이지 않던 시절이었다. 기장은 지쳤고 기관사의 속마음은 기장에게 전달되지 않고 있었다. 기장이 대답했다.

"그래. 정말 쓸모 있지."

그는 듣고 있지 않았다. 비행기는 VOR을 목표로 날아가고 있었고 그 VOR은 산중턱에 있었다. 날씨가 개지 않아 조종사들은 아무것도 볼 수 없었다. 기장은 랜딩기어를 내리고 플랩을 펼쳤다.

오전 1시 41분 48초, 기장이 말했다.

"와이퍼 온."

기관사는 와이퍼를 켰다. 비가 오고 있었다.

오전 1시 41분 59초, 부기장이 혼잣말을 했다.

"안 보이잖아?"

그는 활주로를 찾고 있었다. 보이지 않았다. 그는 아마도 가슴이 철렁했을 것이다. 1초 후, 지표근접경보장치에서 생기 없는 기계음이 흘러나왔다.

"500피트."

기체는 지상 500피트에 있었다. 이 경우 지표면은 니미츠 힐의 경사

면이었다. 하지만 땅 위에 활주로가 있을 거라고 생각했던 조종사들은 혼란에 빠졌다. 왜 활주로가 보이지 않는 걸까? 기관사가 놀라는 어투로 "어!"라고 말했다. 경보장치에서 울리는 소리를 듣고 그들이 처음 생각했던 위치와 달리 자신들이 어디 있는지 파악하기 위해 얼마나 열심히 머리를 썼을지 우리는 어렵지 않게 짐작할 수 있다.

오전 1시 42분 19초, 부기장이 말했다.

"착륙, 포기합시다."

그는 결국 힌트를 주다가 동료에게 권유하는 방식으로 어조를 높였다. 그는 착륙을 취소하고 싶었던 것이다. 훗날 조사를 통해 그 시점에 부기장이 조종권을 넘겨받고 조종간을 당겼더라면, 니미츠 힐에 충돌하지 않고 재착륙을 시도할 수 있는 충분한 여유가 있었음이 확인되었다. 부기장은 기장이 명백히 잘못하고 있을 경우, 그렇게 행동하라고 훈련을 받고 있다. 하지만 그것은 교실에서 배우는 내용일 뿐이고 하늘에서 벌어지는 일은 엄연히 달랐다. 실수를 하면 손등으로 맞을 수도 있는 것이 조종실의 현실이었다.

오전 1시 42분 20초, 기관사가 말했다.

"안 보이잖아."

결국 재앙이 그들 앞에 얼굴을 드러낼 때가 되어서야 부기장과 기관사가 입을 열었다. 그들은 기장이 '고 어라운드' 하기를, 조종간을 당겨 다시 착륙을 시도하기를 바랐다. 하지만 너무 늦었다.

오전 1시 42분 21초, 부기장. "안 보이죠. 착륙 포기."

— 유산

오전 1시 42분 22초, 기관사. "올라갑시다."

오전 1시 42분 23초, 기장: "고 어라운드."

오전 1시 42분 24초 05, 지표근접경보장치: "100피트."

오전 1시 42분 24초 84, 지표근접경보장치: "50"

오전 1시 42분 25초 19, 지표근접경보장치: "40"

오전 1시 42분 25초 50, 지표근접경보장치: "30"

오전 1시 42분 25초 78, 지표근접경보장치: "20"

오전 1시 42분 25초 78, 충돌음.

오전 1시 42분 28초 65, 목소리.

오전 1시 42분 28초 91, 신음소리.

오전 1시 42분 30초 52, 목소리.

녹음 끝.

8장

아시아인이 수학을 더 잘하는 이유

Rice Paddies and
Math Tests

"1년 내내 해뜨기 전에 일어날 수 있다면
어찌 부자가 못 되리."

**쌀은
생명이다**　　　　　드넓게 펼쳐진 주장강(珠江) 삼각주는 중국 남부 산업지
대의 관문이다. 그곳은 늘 두텁고 짙은 매연으로 뒤덮여 있고 고속도로
는 트랙터 운송 차량으로 붐빈다. 하늘에 어지럽게 흩어져 있는 전력선
과 잇닿아 있는 공장에서는 연신 카메라, 컴퓨터, 시계, 우산, 티셔츠 등
온갖 상품들을 쏟아내고 있다. 대지의 한쪽에는 이빨처럼 아파트가 촘촘
하게 솟아나 있고 또 한쪽에는 산더미처럼 쌓인 바나나, 망고, 사탕수수,
파파야, 파인애플이 수출선에 오를 날만 기다리고 있다.

　한 세대 전만 해도 그곳은 하늘이 무척 깨끗했고 도로는 2차선에 불
과했다. 그리고 그보다 한 세대 전에 그곳에서 볼 수 있는 것은 오로지
논뿐이었다.

　주장강 하류에서 두 시간을 거슬러 올라가면 광저우(廣州)시가 나오
지만, 광저우의 외곽에서 옛 중국의 흔적을 발견하는 것은 그리 어려

운 일이 아니다. 교외에 있는 난링산을 배경으로 흘러가는 구름 아래에 석회암 바위들이 불쑥불쑥 솟아 있는, 가슴 시리도록 아름다운 풍경이 펼쳐진다. 여기저기에 중국 농부들이 전통적으로 살아온 카키색 벽돌로 지은 초가집이 보이고 작은 마을에는 노천시장이 열린다. 시장에는 닭과 거위가 대나무 소쿠리에 담겨 있고 땅 위에 줄지어 놓인 야채들, 탁자 위에 놓인 돼지고기, 큰 뭉치로 팔리는 담배가 눈에 띈다. 그리고 어디를 둘러봐도 쌀이 펼쳐져 있다.

겨울 동안 메마른 논에는 작년에 벼가 자랐던 곳에 시커먼 흙이 고스란히 드러나 있다. 초봄에 벼를 심으면 살랑거리는 바람과 함께 들판은 온통 초록색으로 변신하고 첫 추수를 할 때쯤이면 곡식이 벼의 끄트머리부터 영글기 시작해 대지는 끝이 보이지 않는 황금색 물결을 이룬다.

중국인은 수천 년간 쌀농사를 지어왔다. 한국, 일본, 싱가포르, 대만 등지로 쌀농사법이 전파된 근원지도 중국으로 여겨진다. 가장 오래된 역사적 기록을 들춰보더라도 아시아 전역의 농부들은 지속적이고 복잡한 방식으로 꾸준히 농사를 지어왔음을 알 수 있다(논에 물을 대서 농사를 짓는 법이 한국에 전파된 것은 삼국시대 이후의 일이다. 물론 탄화된 볍씨가 출토된 연도는 기원전 6세기까지 거슬러 올라간다-역주).

쌀농사는 말 그대로 '짓는' 것이지 밀농사처럼 '가는' 것이 아니다. 단순히 나무와 잡목을 뽑고 돌을 제거한 후 쟁기질을 하는 것으로 끝나지 않는다. 쌀농사는 다양한 토질의 산기슭과 습지 및 강 근처에서

—— 유산

힘겨운 과정을 통해 지어진다. 특히 논은 물의 드나듦이 좋아야 하기 때문에 다양한 경로로 복잡한 두렁이 함께 만들어진다. 이때 논두렁은 반드시 인근의 물길과 닿아 있어야 하고, 논두렁에는 물이 빠지고 들어오는 통로를 만들어 벼에게 알맞은 물의 양을 조절해야 한다.

특히 논에는 단단한 진흙이 바닥에 깔려 있어야 한다. 그렇지 않으면 물이 몽땅 바닥으로 스며들고 말기 때문이다. 그러나 단단한 진흙 바닥에 모를 심을 수는 없으므로 그 위에는 부드러운 진흙층이 두텁게 깔리게 된다. 그 부드러운 진흙층은 물기를 적당히 머금는 것은 물론 벼를 적정 수준까지 받쳐줄 수 있을 만큼 적당한 두께를 형성해야 한다.

벼에는 주기적으로 비료를 뿌려주는데 이것은 또 다른 기술의 영역이다. 비료가 없던 시절, 농부들은 인분을 퇴비나 강가의 진흙, 콩깻묵, 마와 섞어 사용했다. 비료를 주는 일은 상당한 주의가 필요한데, 그 이유는 시기를 잘못 맞추면 효과가 떨어지고 또한 너무 많이 주면 조금 주느니만 못한 결과를 낳기 때문이다.

파종할 시기가 다가오면 중국의 농부들은 수백 가지의 볍씨 중에서 무엇을 심을지 선택하게 된다. 각각의 종(種)은 성장 속도, 가뭄을 견디는 정도, 토양에 대한 적응력 등에서 약간씩 차이가 있다. 농부는 한번에 열두 개에서 그 이상의 변종들을 심고 그 비율을 해마다 조금씩 바꿈으로써 농사를 완전히 망치게 될 위험을 최소화한다.

이러한 쌀농사는 가업이기 때문에 모든 가족이 들에 나가 특별히 준비된 모판에 볍씨를 심는다. 몇 주가 지나면 모가 자라 논으로 옮겨질 준비가 끝나고, 1.5미터 간격으로 세워진 줄을 따라 심어진다. 이렇게 모판에서 자란 어린 싹을 논으로 옮겨 심는 것을 두고 '모내기'라고 한다. 갓 심어진 모들은 다른 잡초들에 비해 약하기 때문에 모내기 이후에도 농부들은 끊임없이 관심을 기울이며 정성을 다한다. 때로 농부들은 해충을 털어내기 위해 벼의 새순을 일일이 대나무 빗으로 빗어내기도 한다.

이 모든 과정과 함께 농부들은 여름 햇살에 물의 온도가 너무 높아지지 않도록 물의 높이를 확인하고 또 확인해야 한다. 이렇게 해서 벼가 영글면 농부는 친구와 친지들을 불러 최대한 빨리 수확을 하는데, 그렇게 해야만 겨울의 건기가 오기 전에 이모작을 할 수 있기 때문이다.

중국 남부에 사는 비교적 여유로운 사람은 아침 식사로 상추, 황어 조림, 죽순 등을 곁들인 콘지(congee, 중국식 죽)를 먹는다. 점심에는 콘지를 더 많이 먹고 저녁에는 밥과 반찬을 먹는다. 중국인이 생필품을 구입하기 위해 시장에 내다파는 물건은 쌀이다. 예로부터 중국에서는 쌀이 건강과 지위의 척도였다. 매일, 매순간 일하라는 것은 쌀의 명령과도 같았다. 전통적인 중국 남부 마을들을 연구한 인류학자, 곤칼로 산토스(Goncalo Santos)는 중국인에게 쌀이 얼마나 중요한지 설명해준다.

"쌀은 생명입니다. 쌀이 없으면 살아남을 수 없습니다. 중국의 이 지역에서 대접받고 싶다면 쌀을 갖고 있으면 됩니다. 이 세계는 쌀로 돌아가고 있어요."

한국인, 중국인, 일본인
수리력의 비밀　　　4, 8, 5, 3, 9, 7, 6. 이 숫자들을 유심히 살펴보고 입으로 소리 내어 읽어보자. 이제 20초 동안 다른 곳을 쳐다보며 방금 외운 숫자를 기억해내 다시 큰소리로 말해보자. 영어권에 사는 사람들이 일곱 개의 숫자를 완벽하게 외워서 다시 말할 가능성은 50퍼센트에 지나지 않는다. 그러나 만약 여러분이 중국인이라면 거의 확실하게 이 숫자를 다시 말할 수 있다.

왜 그럴까? 인간의 기억이 작동하는 최소단위는 2초이기 때문이다. 우리는 2초 안에 말하거나 읽을 수 있는 것은 쉽게 기억할 수 있다. 영어와 달리 중국어에서는 앞서 말한 숫자, 즉 4, 8, 5, 3, 9, 7, 6을 언제나 2초 안에 읽을 수 있기 때문에 일곱 개 숫자를 20초 동안 기억해낼 수 있는 것이다. 이것은 스타니슬라스 데하네(Stanislas Dehaene)의 저서 《넘버 센스(The Number Sense)》에서 가져온 예시이다. 데하네는 다음과 같이 설명한다.

"숫자를 읽을 때 쓰는 중국어의 단어는 매우 짧다. 대부분의 숫자 표현이 0.25초 안에 발음될 수 있을 정도다(가령 4는 '쓰'이고 7은 '치'이다). 같은 의미를 지니는 영어 단어 'four'와 'seven'은 훨씬 길다. 이것을 발음하려면 0.33초 정도 걸린다. 영어와 중국어의 숫자 기억력 차이는 전적으로 발음 길이의 차이에 따른 것이다. 웨일스어, 아랍어, 중국어, 영어, 히브리어 같은 다양한 언어를 살펴보면 해당 언어가 숫자를 발음하는 데 걸리는 시간과 그 언어권의 사람들이 숫자를 기억하는 능력 사이에서 주목할 만한 상관관계를 발견할 수 있다. 같은 맥락에서 홍콩인이 숫자를 10자리까지 기억할 수 있는 것은 중국 광동어의 간결함에서 비롯되었다고 봐도 무방하다."

서구와 아시아 언어 사이에는 숫자에 이름을 붙이는 방식에도 큰 차이가 있다. 예를 들어 영어에서는 14를 fourteen, 16을 sixteen, 그리고 17, 18, 19를 seventeen, eighteen, nineteen이라고 하므로 oneteen, twoteen, threeteen, fiveteen도 있을 거라고 짐작할 만하다. 그러나 영어권 사람들은 그렇게 말하지 않는다. 11, 12, 13, 15를 각각 eleven, twelve, thirteen, fifteen이라고 말한다. 마찬가지로 영어에서는 10단위를 셀 때 forty나 sixty처럼 상관있는 숫자, 즉 four와 six의 형태를 쓰기도 하지만 fifty, thirty, twelve처럼 five, three, two와 관련이 있어보이지만 완벽하게 동일하지 않는 경우도 있다. 더 큰 문제는 20을 넘어가면 그때부터 10단위를 먼저 말하고 1단위를 말하지만(가령 twenty-one, twenty-two처럼), 11에서 19까지는 완전히 다른 방식, 즉 fourteen, seventeen, eighteen 같은 식으로 읽는다는 점이다.

이처럼 영어의 숫자체계는 대단히 불규칙하지만 한국, 중국, 일본의 경우에는 그렇지 않다. 그들 나라의 숫자체계는 매우 논리적이다. 11은 '십일'이고 12는 '십이'이다. 24는 '이십사'이며 계속 이런 식으로 이어진다. 그렇기 때문에 아시아 어린이들은 미국의 어린이들보다 숫자 세는 법을 훨씬 빨리 배울 수 있다.

중국에서는 네 살만 되어도 보통 40까지 헤아린다. 그 나이의 미국 어린이들은 고작 15까지밖에 세지 못하며 대부분 다섯 살이 되도록 40까지 세지 못한다. 이에 따라 다섯 살짜리 미국 어린이는 같은 나이의 아시아 어린이에 비해 기초적인 수학 훈련에서 1년이나 뒤처지게 된다.

숫자체계가 규칙적이라는 것은 아시아 어린이들이 덧셈 같은 기초적인 산술을 훨씬 더 쉽게 배울 수 있다는 것을 뜻하기도 한다. 미국의 일곱 살짜리 꼬마에게 삼십칠(thirty-seven) 더하기 이십이(twenty-two)를 암산하라고 하면, 그 꼬마는 먼저 '37+22'처럼 말을 숫자로 바꿔서 계산해야 한다. 하지만 같은 나이의 아시아 꼬마에게 '삼십칠 더하기 이십이'를 물어보면 들리는 그대로 암산이 가능해 쉽게 계산한다. 숫자로 바꿔서 생각할 필요가 없기 때문이다. 노스웨스턴 대학 (Northwestern University)의 심리학자로 오랫동안 아시아와 서구 언어의 숫자체계 차이를 연구해온 카렌 푸손(Karen Fuson)은 아시아식 숫자체계는 상당히 간결하다고 말한다.

"저는 그것이 수학에 대해 전반적인 태도의 차이를 낳는다고 생각합니다. 아시아인들에게 숫자는 단순히 암기해야 하는 대상이 아니라 일정한 패턴이 있는 것으로 간주됩니다. 이러한 생각은 결국 할 수 있다는 확신과, 잘 생각하면 답이 나오는 패턴이 있다는 생각을 불어넣어주죠. 가령 분수 3/5을 영어로는 three-fifths라고 하죠. 그러나 중국어로는 문자 그대로 '다섯으로 셋을 나눔(즉, 오분의 삼-역주)'이라고 말합니다. 분수의 개념을 직접 전달해주고 있는 거죠. 분자와 분모의 개념적 차이를 확실히 보여줍니다."

서양의 아이들이 산수를 늦게 깨우친다는 것은 자주 지적되어온 사실로, 푸손은 그 원인 중 일부를 언어에서 찾고 있다. 서양 어린이들에게 산수는 기초적인 규칙부터 작위적이고 복잡한 것처럼 보인다. 숫자를 나타내는 언어적인 구조가 엉망이기 때문이다. 반면 아시아 어린이들은 그런 식의 고충을 겪지 않아도 된다. 그들은 더 많은 숫자를 한꺼번에 계산하기도 하고 분수의 구조를 그대로 간직한 채 머릿속으로 생각해볼 수도 있다. 어쩌면 이 작은 차이가 수학을 좀더 즐기고 더욱 노력하게 하며 나아가 거대한 선순환을 그려낼지도 모른다.

아시아인은 수학에서 타고난 장점을 지니고 있다. 하지만 이것은 결코 평범한 장점이 아니다. 오랜 세월동안 한국, 중국, 일본에서 유학을 왔거나 그 나라에서 온 이민자의 자손으로 태어난 아이들은 서구의 아이들보다 수학에서 높은 성취를 올려왔다. 이에 대한 일반적인 설명은 아시아인에게 수학을 잘하는 어떠한 내재적 특성이 있다는 것이었다.[*]

심리학자 리처드 린(Richard Lynn)은 '아시아인의 IQ가 더 높은 이유'를 밝히기 위해 히말라야산맥, 대단히 추운 날씨, 산업사회 이전의 사냥 습관, 뇌의 크기, 특이하게 발달한 모음 등을 포괄적으로 조사해 진화론적 관점에서 가설을 제시하기도 했다.[**]

---

[*] 아시아 어린이가 수학에서 앞선다는 것은 다양한 방식으로 확인되고 있다. 교육학자 얼링 보(Earling Boe)가 제시한 점수가 그것을 단순하고 명확하게 보여주고 있다. 한국, 일본, 홍콩, 싱가포르, 대만 어린이는 모두 비슷하게 98퍼센트의 문제를 맞혔다. 그것은 미국, 프랑스, 영국, 독일, 그밖에 서구 선진국 어린이가 28~38퍼센트밖에 맞히지 못하는 문제였다. 분명 큰 차이가 있다.

수학에 대해서도 우리는 같은 식으로 설명한다. 즉 누군가가 대수문제를 잘 푸는 것은 그 사람이 똑똑하기 때문이라고 생각하는 것이다. 그러나 동양과 서양 간 숫자체계의 차이는 전혀 다른 가능성을 제시한다. 결론적으로 말해 수학을 잘하는 것은 그가 속한 문화의 영향을 받는다.

한국인의 경우, 그들의 문화적 요소 중 하나가 비행기 조종이라는 현대적 과제를 수행하는 데 나쁜 영향을 미쳤다. 하지만 그들에게는 21세기를 살아가는 데 매우 요긴한 문화적 유산 또한 존재한다. 문화적 유산은 매우 중요하다. 우리가 살펴본 것처럼 권력 거리나 숫자체계 같은 것이 놀랄 만큼 많은 영향을 미친다는 사실을 감안하면, 21세기의 지식사회를 살아가는 데 있어 다른 문화적 유산 역시 큰 영향을 미칠 것이라는 예상은 그리 놀라운 것이 아니다.

혹시 쌀농사를 지으며 다듬어진 문화권에서 자란 것이 수학을 잘하는 데 도움이 되지는 않을까? 논농사와 밭농사의 차이가 교실에서의 차이를 불러올 수도 있지 않을까?

◎ ◎ 아시아인의 IQ가 더 높다는 린의 주장은 많은 동료 연구자에게 배척당했는데, 그들은 린이 표본으로 삼은 대상이 도시에 거주하는 중상류층에 국한되어 있음을 지적했다. 특히 세계적인 IQ 권위자 제임스 플린 (James Flynn)은 대단히 흥미로운 반대의견을 내놓았다. 그는 역사적으로 볼 때 아시아인의 IQ는 서구인에 비해 약간 낮았고, 그들이 수학에서 지배적인 성과를 내놓는 것은 IQ가 낮음에도 불구하고 이뤄내는 성취이지 IQ가 높아서 나타난 결과가 아니라고 말했다. 그의 저서 《아시아계 미국인: IQ를 넘어서는 성취(Asian Americans: Achievement Beyond IQ)》(1999)에 좀더 자세한 내용이 나와 있다.

1년에 3,000시간을
일하는 쌀농사꾼

중국인이 경작하는 논의 크기는 생각보다 작다. 전형적인 중국의 논은 대략 호텔방 하나쯤 되는 크기다. 15,000명이 사는 중국의 마을은 450에이커, 즉 180만 평방미터 정도의 농지를 차지하고 있으며 이것은 미국 중서부에서 일반적으로 한 가족의 농장 정도에 해당하는 넓이이다. 대여섯 명으로 구성된 한 가족이 호텔방 두어 개쯤 되는 논에서 농사를 짓는 경우에 농업의 형태는 극적으로 바뀌게 된다.

역사적으로 서양의 농업은 '기계 중심'이다. 따라서 효율성을 높이거나 수확량을 늘리고자 하는 농부는 수확기, 건초기, 콤바인, 트랙터 등 새로운 기계장비를 도입했다. 새로운 기계로 경작지를 넓히면 더 많은 수확을 올릴 수 있기 때문이다. 하지만 중국이나 일본의 경우에는 농부에게 새로운 장비를 살 만한 돈이 없다. 돈이 있을지라도 새롭게 농지로 개척할 만한 땅이 남아 있지 않다. 따라서 농부는 더욱 머리를 써서 자신의 시간을 잘 관리하고 보다 나은 선택을 함으로써 수확량을 늘려야 한다.

인류학자 프란체스카 브레이(Franchesca Bray)가 말한 대로 쌀농사는 기술 중심적이다. 모내기에 정성을 다하고 비료를 개발하며 물 관리를 잘하는 한편, 논을 최대한 활용할 수 있도록 노력하면 더 많은 결실을 얻을 수 있다. 모든 역사를 통틀어 쌀농사를 짓는 농부만큼 열심히 일하는 농부는 존재하지 않았다.

물론 이 말이 의아하게 들릴 수도 있다. 근대 산업사회 이전에 살았던 모든 사람이 열심히 일했다고 생각하기 때문이다. 그것은 옳지 않다. 우리는 모두 수렵과 채집생활을 하던 사람들의 자손이라고 할 수 있는데, 이들은 대개 매우 여유로운 삶을 살았다.

지금까지도 수렵과 채집생활을 하는 칼라하리사막(Kalahari Desert: 보츠와나공화국의 남서부)의 부시맨 '쿵(!Kung)' 족의 경우, 지천으로 널려 있는 과일, 열매, 뿌리, 그밖에 단백질과 기타 영양소가 대단히 풍부한 견과류인 몽공고(mongongo)를 먹고산다. 그들은 농사를 짓지 않는데 농사를 지으려면 준비하고 심고 잡초를 제거하고 추수하고 보관하는 시간과 노력이 필요하기 때문이다. 그들은 동물도 기르지 않는다. 때로 남성이 사냥을 하긴 하지만 어디까지나 여가생활로 하는 것뿐이다. 쿵족 남성과 여성은 일주일에 12~19시간을 일하며 나머지 시간은 춤추고 놀고 친척과 친구들을 방문하면서 보낸다. 이것은 1년에 1,000시간 정도 일한다는 뜻이다(언젠가 한 부시맨에게 당신네 부족은 왜 농사를 짓지 않느냐고 물었더니, "세상에 널린 것이 몽공고인데 우리가 왜 농사를 지어야 하느냐?"며 의아한 표정으로 되물었다고 한다).

18세기 유럽 농노의 삶도 크게 다르지 않았다. 당시 남성과 여성은 대략 1년에 200일 정도 새벽에서 정오까지, 즉 1,200시간을 일했다. 물론 수확기나 파종기에는 일하는 시간이 좀더 늘어났지만, 겨울에는 일의 양이 훨씬 줄었다. 역사학자 그레이엄 롭(Graham Robb)은 《프랑스의 발견(The Discovery of France)》에서 19세기 들어서도 프랑스 농부의 삶은 오랜 기간 빈둥거리다 몇몇 시기에만 필수적으로 일하는 식으로 짜여져 있었다고 말한다.

"프랑스의 교외에서 벌어지는 모든 인간 활동은 늦봄과 초가을 사이에 이뤄진다."

피레네산맥과 알프스산맥에서는 첫눈이 오는 11월부터 3월말~4월 초까지 온 마을이 동면상태에 들어갔다. 겨울에도 그다지 추워지지 않는, 즉 기후 환경이 좀더 나은 많은 지역에서도 상황은 마찬가지였다. 롭의 글을 더 살펴보자.

"플랑드르(Flandre: 북해 연안의 저지대)의 농지는 한 해 중 많은 기간 동안 버려져 있었다. 1844년에 작성된 니에브르(Nievre: 프로방스 인근 의 한 지방-역주)의 한 공식 보고서에 따르면, 부르고뉴(Bourgogne: 프 랑스 동부에 있는 주) 지역의 일용 노동자들은 추수가 끝난 뒤 포도덩굴 에 불을 붙이고 나면(포도 추수가 끝나면 줄기 끝에 불을 붙여 다음해 수확 량을 높임-역주) 집안에 콕 박혀 꼼짝하지 않았다고 한다.

'그들은 작업에 필요한 도구를 수리하고 나면 그때부터 하루 종일 침대에 누워 온기를 유지하고 허기를 덜 느끼기 위해 몸을 바싹 웅크 리고 있다. 그들은 그렇게 서서히 쇠약해진다.'

이러한 '인간 동면'은 신체적, 경제적 필요에 따른 것이었다. 신진 대사를 늦추면 체력이 소비되어 배가 고파지는 것을 막을 수 있 다……. 사람들은 심지어 여름에도 느릿느릿 걸었다……. 대혁명 이 후 알자스(Alsace)와 파드칼레(Pas-de-Calais) 지역의 관리들은 와인 경작자와 소농들이 한가한 계절이 오면 '조용히 앉아서 할 수 있는 일

—— 유산

들'이 많음에도 불구하고 '멍청하게 시간을 보내면서 뒹구는 것'을 보고 분통을 터트렸다."

이와 대조적으로 중국 남부의 농부들은 겨울이 와도 동면에 들어가지 않는다. 11월에서 2월까지 이어지는 건조하고 추운 겨울에 농부들은 자잘한 부업을 하느라 바쁘다. 대나무로 소쿠리나 모자 등을 만들어 시장에 내다팔기도 하고 논에 물을 대는 수로나 논두렁을 수리하며 집도 손본다. 그뿐 아니라 두부를 만들고 메주를 빚으며 겨울의 별미인 뱀도 잡고 해충도 구제한다. 그러다가 입춘이 오면 다시 새벽에 일어나 들판으로 향한다.

논에서 일하는 것은 같은 면적의 옥수수나 밀밭에서 일하는 것보다 10~12배나 노동집약적이다. 어떤 사람은 아시아 지역의 논에서 일하는 농부의 업무량을 연간 대략 3,000시간으로 추산한다.

벼농사를 짓는 사람은 부지런할 수밖에 없다?

이제 주장강 삼각주에서 벼농사를 짓는 농부의 삶을 잠시 생각해보자. 1년에 3,000시간이나 일하는 것은 양적으로도 힘들 뿐 아니라, 뜨거운 태양 아래서 허리를 구부린 채 벼를 심고 길러야 한다는 점에서 질적으로도 힘든 일이다. 그런데 바로 그 일의 성격이 농부의 삶을 구원하기도 한다. 그것은 뉴욕에 도착한 유태인 이민자들이 종사했던 의류업계와 많은 부분에서 닮아 있다.

벼농사에는 두 가지의 두드러진 특징이 있다. 첫째, 노력과 결과 사

황금색 물결을 이루는 들판을
한 어린아이가 가로지르고 있다.

이에 명확한 관계가 있다. 논에서는 열심히 일한 만큼 수확량이 늘어
난다. 둘째, 복잡하다. 봄에 씨를 뿌린 다음 가을에 걷기만 하면 되는
일이 아니다. 무엇보다 가족의 노동력을 잘 조합해야 하고 종자 선택
을 통해 불확실한 위험을 회피해야 하며 섬세하게 수로를 만들고 유지
하는 가운데, 두 번째 종자를 뿌릴 시기와 첫 번째 추수를 하는 시점을
절묘하게 파악해 협업으로 빠른 시간 안에 그 복잡한 과정을 해치워야
한다.

무엇보다 중요한 것은 자율성이다. 유럽의 농노는 귀족적인 지주 밑
에서 낮은 임금을 받으며 일하는 노예와 비슷했고 스스로의 삶에 대한
결정권이 거의 없었다. 하지만 중국이나 일본에는 그런 강압적인 봉건
제도가 단 한 번도 발전한 적이 없는데, 이는 봉건주의가 벼농사와 어
울리지 않는 제도이기 때문이다.

농부를 아침마다 들판으로 내몰아 일하도록 강요하는 시스템 아래
서는 쌀농사처럼 복잡한 형태의 농업을 구현해낼 수 없다. 14~15세

—— 유산

기 무렵, 중국의 중부 및 남부 지주들은 자신의 땅을 아예 농부에게 맡겨버리고 일정 금액의 소작료만 받으며 농부들이 알아서 농사를 짓도록 내버려두었다. 역사학자 케네스 포머란츠(Kenneth Pomerantz)는 그 시스템을 자세히 설명하고 있다.

"논에 물을 대서 벼농사를 짓는다는 것은 노동량이 많은 동시에 그 일을 정확하게 해내야 한다는 것을 뜻합니다. 한마디로 관리를 잘해야 하죠. 물을 대기 전에 땅을 평평하게 고르는 것도 중요합니다. 땅이 평평하지 않으면 전체적인 물의 수위를 조절하기가 어렵지요. 물의 양은 수확에 큰 영향을 미칩니다. 모내기를 고르게 하는 것과 삐뚤삐뚤하는 것도 엄청난 수확량 차이로 이어집니다. 3월 중순에 옥수수 씨를 뿌리고 그달 말까지 계속 비가 온다고 해도 괜찮은 것과는 다르죠. 쌀농사에서는 모든 투입요소를 직접 관리해야 합니다. 즉, 많은 손길이 필요하기 때문에 지주는 그 노동에 실질적인 보상이 돌아갈 만한 제도를 만들어 수확량이 많은 만큼 농부에게 더 많이 돌아가도록 보장해줄 필요가 있습니다. 그래서 고정 소작료가 생겼죠. 지주가 '나는 20섬을 가져갈 테니, 나머지는 자네들이 갖게. 소출이 더 나오면 그건 자네들 몫이야'라고 선언하는 겁니다. 벼는 노예나 일당벌이 일꾼들의 손으로는 키울 수 없어요. 몇 초만 늦게 물꼬를 막아도 논에 필요 이상으로 물이 들어가고 그러면 곧바로 수확량이 떨어질 만큼 예민한 작물입니다."

역사학자 데이비드 아르쿠시(David Arkush)는 러시아와 중국 농민의 속담을 비교해본 적이 있는데, 그 차이는 상당히 충격적이다.

"하느님이 키우지 않으시면 땅에서도 자라지 않는다."

이것은 전형적인 러시아 농민의 속담이다. 농노들이 열심히 일해야 할 이유가 없는 봉건제가 고스란히 반영된, 숙명론적이고 비관주의적인 속담이라고 할 수 있다. 하지만 중국의 속담은 다르다. 그들의 속담에는 '계획을 잘 세워 열심히 일하고 스스로를 믿으며 서로 돕는다면 언젠가 보상을 받는다'는 믿음이 담겨 있다. 돈 한 푼 없이 가난한 농부들은 푹푹 찌는 날씨 속에서 거머리로 가득 찬 축축한 중국식 논에 발을 담근 채 서로 이런 말을 주고받았다.

"땀 흘려 일하지 않는 자 먹지도 마라."
"농부는 바삐 일하고 또 일한다. 농부가 바쁘지 않으면 겨우내 양식은 누가 마련하리."
"게으른 사람은 겨울에 얼어 죽는다."
"하늘은 스스로 돕는 자를 돕는다. 네 먹을 것은 네 손으로 벌어라."
"비료와 노력이 결정하는 것이니, 종자가 무엇이냐고 물어볼 필요는 없다."
"사람이 열심히 일하면 땅은 결코 배반하지 않는다."

가장 유명한 속담은 이것이다.

"1년 내내 해뜨기 전에 일어날 수 있다면 어찌 부자가 못 되리."

—— 유산

해뜨기 전에 일어나라고? 그것도 1년 내내? 몽공고를 주우러 다니는 한가한 쿵족이나 겨울잠을 자는 프랑스 농부, 혹은 쌀농사를 짓지 않는 지역에 사는 모든 사람은 이런 속담을 생각해내지도 못할 것이다. 아시아 문화권 사람들에게서 이런 모습을 발견하는 것은 그리 어려운 일이 아니다. 어느 대학에 가더라도 압도적으로 많은 아시아권 학생이 가장 일찍 도서관에 들어가 가장 늦게까지 공부한다. 이런 말을 하면 편견이자 차별의 근거라며 방어적인 태도를 보이는 사람도 있지만, 자기 일에 열심인 것만큼 아름다운 모습이 또 있을까?

우리가 이 책에서 살펴본 성공사례 중 어느 누구도 동료보다 열심히 일하지 않고 그 결과를 얻은 사람은 없었다. 빌 게이츠는 어린 시절부터 컴퓨터에 중독되어 모니터 앞에서 살았다. 빌 조이도 그랬다. 비틀스는 함부르크에서 1만 시간을 연습했다. 기회가 오기 전까지 조셉 플롬은 밑바닥에서 기업의 인수합병과 관련한 기술을 갈고닦았다.

성공하는 모든 사람은 열심히 일한다. 쌀농사를 통해 형성된 문화의 최고 장점은 그 어려운 일 속에서도 가치를 찾아낸다는 것에 있다. 그 교훈은 아시아인에게 많은 영역에서 도움을 주고 있으며, 특히 수학의 경우 완벽하게 맞아떨어진다.

수학을 배우는 과정　　　몇 년 전, 버클리 대학의 수학 교수 앨런 쉰펠트(Alan Shoenfeld)는 수학문제를 풀기 위해 고심하고 있는 르네(Renee)라는 여성의 모습을 비디오테이프에 담았다. 르네는 20대 중반이었고 긴 검은 머리에 은색 안경을 쓰고 있었다. 그 테이프에는 르네가 대수학을 가르치기 위해 특별히 만든 프로그램을 가지고 놀고 있는 모습이 찍혀 있었다. 화면에는 x축과 y축이 보이는데, 프로그램에 x축과 y축에 해당하는 값을 입력하면 컴퓨터는 자동으로 그 점을 찍어 원점과 이어지는 직선을 그려 보여준다. 만약 y축 값에 5를 넣고 x축 값에 5를 넣으면 모니터에 이런 그림이 등장한다.

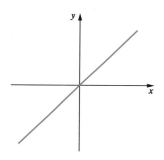

  중학교 수학시간에 배운 내용이 머릿속에서 희미하게 떠오르는가? 그러나 안심하시라. 르네의 이야기가 얼마나 특별한가를 깨닫기 위해 중학교 수학 공식을 알아야 하는 것은 아니다. 르네가 무엇을 말하고 있는가가 아니라 어떻게 그리고 왜 그렇게 말하고 있는지에 집중하기만 하면 된다.

  쇤펠트가 만든 컴퓨터 프로그램의 핵심은 학생들에게 직선의 기울기를 계산하는 법을 가르치는 데 있다. 기울기는 여러분이 기억하는 것처럼(좀더 정확히 말하자면 기억하지 못한다는 쪽에 한 표 던진다. 나도

─── 유산

기억이 안 나니까!), 높이 나누기 밑변이다. 밑변이 5이고 높이도 5니까 우리가 본 예시 그래프의 기울기는 1인 셈이다.

르네는 지금 완전히 수직인 그래프, 즉 y축과 완전히 겹치는 직선을 그리기 위해 어떤 숫자를 입력해야 할지 고민하고 있다. 고등학교 수학 내용을 기억하는 사람이라면 다들 알겠지만, 이것은 사실 불가능하다. 수직선의 기울기는 정의되지 않는다. 높이가 무한대로 올라가기 때문이다. 0에서 출발해 무한히 나아가는 것이다. x축의 값은 0으로 되어 있다. 무한을 0으로 나누면 수가 성립하지 않는다.

하지만 르네는 자신이 끙끙대고 있는 문제가 답이 나올 수 없다는 사실을 모르고 있다. 그녀는 쉰펠트가 말하는 '위대한 착각'에 빠져 있는 것이다. 그럼에도 쉰펠트는 이 테이프를 아주 좋아하는데 그 이유는 위대한 착각에서 벗어나는 과정이 생생하게 기록되어 있기 때문이다. 간호사로 일하는 르네는 전에 수학에 특별히 관심을 기울인 적이 없다. 하지만 이 프로그램을 접한 뒤 완전히 꽂혀버리고 말았다. 옆에 앉아 있는 쉰펠트를 보며 르네가 말했다.

"저는 지금 y축과 평행한 직선을 만들어낼 수 있는 숫자를 입력하려고 해요."

하지만 이내 걱정스러운 표정으로 쉰펠트를 힐끗 보고는 여러 가지 숫자를 넣어본다.

"수학을 해본 지 벌써 5년이나 되었어요. 만약 제가 기울기를 이쪽으로 바꾸면 −1을 넣고, 이러면 직선이 나오지 않을까 싶은데요……."

그녀가 숫자를 넣자 모니터에 뜬 직선이 바뀌었다.

"이런, 이렇게는 안 되잖아."

그녀는 혼란스러워 보였다. 쉰펠트가 조용히 물었다.

"어떻게 하려고 하나요?"

르네는 y축 값이 들어가는 지점을 손으로 가리키며 말했다.

"저는 지금 y축과 겹치는 직선을 만들려고 해요. 여기서 뭘 해야 하죠? 이걸 조금만 바꾸면 될 것 같은데요. 한 가지는 알아냈어요. 1에서 2로 숫자를 키우면 기울기가 더 커져요. 하지만 더 가파른 기울기를 원하면 숫자를 또 바꿔야 하죠."

바로 이것이 르네의 위대한 착각이었다. 그녀는 y축의 좌표값을 크게 입력할수록 직선의 기울기가 더욱 가팔라진다는 사실까지 알아냈다. 따라서 그녀는 y축의 좌표값을 충분히 큰 숫자로 넣기만 하면 수직선을 얻어낼 수 있을 것이라고 생각했다.

"12나 13이면 될 것 같아요. 아니면 15쯤 되어야 할지도 모르지만."

그녀는 몰두했지만 일보 전진, 일보 후퇴를 거듭하고 있었다. 가끔 르네는 질문을 했고 쉰펠트는 조심스럽게 올바른 방향을 지적해주었다. 어느 순간 르네는 20을 입력했다. 직선이 약간 더 가팔라졌다. 40을 입력했다. 직선은 좀더 기울어졌다.

"이것이 핵심이라는 것은 알겠어요. 하지만 이건 왜, 제게 말이 안 되는 것처럼 보이죠? 80을 입력하면? 40이 여기까지 왔으니까, 80은 더 y축에 가까워져야겠죠. 일단 어떻게 될지 보고 생각할게요."

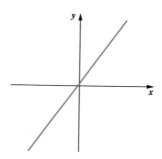

그녀는 80을 쳤고 직선은 훨씬 기울어졌지만 아직 수직은 아니었다.

"아, 이건 무한이에요. 그렇죠? 저 끝까지 갈 수는 없어요."

르네는 거의 정답에 다가섰다. 하지만 기존의 착각으로 되돌아갔다.

"그럼 얼마가 필요하지? 100? 숫자를 두 배로 키울 때마다 y축과의 거리가 반으로 줄어들어요. 하지만 거기에 다다를 수는 없을 것 같은 데……."

100을 입력했다.

"가까워졌네요. 그러나 y축과 맞닿은 건 아니죠."

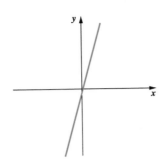

마치 머릿속에서 톱니바퀴 돌아가는 소리가 들려올 것만 같다. 분명 뭔가 알아낼 듯했다.

"흐음, 이거 아는 건데, 그런데…… 그렇지만…… 이거 알아요. 숫자가 커질수록 기울기도 커지겠죠. 그런데 뭔가 혼동하는 게 있는데……."

그녀는 잠시 멈추고 화면을 노려보았다.

"헷갈렸어요. 이게 벌써 열 번째인데, 또 그러고 싶지는 않고……."

그리고 갑자기 답을 깨달았다.

"오! 어떤 숫자든 상관없고 0으로 나눈 거. 아무 숫자나 0으로 나눈 게 답이에요!"

그녀의 얼굴에 화색이 돌았다.

"수직선은 아무 숫자나 0으로 나눈 값이죠. 그래서 정의되지 않는 숫자인 거예요. 오호라, 이제 알았어요. 수직선의 기울기는 정의되지 않아요. 아, 뭔지 알 것 같아요. 이제 잊지 않겠죠!"

**재능보다 태도가
중요하다**　　　쉰펠트는 오랫동안 셀 수 없을 만큼 많은 학생이 수학문제를 푸는 모습을 비디오테이프에 담아왔다. 그중에서도 르네의 테이프는 수학을 배우는 것의 비밀과 아름다움이 잘 담겨 있어 어떤 것보다 아낀다. 르네가 '아, 뭔지 알 것 같아요'라고 말하는 시점부터 문제를 풀기까지 23분이 흘러갔다. 이건 긴 시간이다. 쉰펠트는 자신의 생각을 털어놓았다.

"이것은 중학교 2학년 수학입니다. 만약 중학교 2학년짜리를 르네가 앉았던 컴퓨터 앞에 데려다놓으면 몇 번 시도해본 다음 '못하겠어요. 설명해주세요'라고 말하겠죠. 저는 그럴 거라고 생각합니다."

쉰펠트는 고등학교 학생들에게 스스로 풀기 어려운 문제를 풀다가 포기하기까지 몇 분이나 시도를 해보느냐고 물어보았다. 그 대답은 30초에서 5분까지 다양했는데 평균을 내보니 2분이었다. 그러나 르네는 끈질기게 도전했고 시간에 구애받지 않고 같은 주제에 반복해서 접근했다. 또한 자신의 생각을 말했고 계속 값을 집어넣었다. 그러면서 무의식적으로 수직선 긋기에 대해 배운 내용을 떠올리며 완벽하게 옳다고 인정할 수 있는 답이 나올 때까지 멈추지 않았다.

르네는 수학을 잘하는 타입이 아니었다. 그녀는 기울기나 정의되지 않는 수 같은 개념을 명확하게 이해하고 있지 않았다. 하지만 쉰펠트가 보기에 르네만큼 인상적인 학생은 없었다.

"자기가 하는 일을 납득할 때까지 밀어붙이는 저력이 있어요. 그녀는 피상적으로 '그래, 네 말이 맞다'라고 한마디 하고 그냥 가는 것을 용납하지 못해요. 그런 사람이 아니죠. 이건 정말 드문 경웁니다."

그는 테이프를 감아 르네가 화면에 뜨는 결과를 보고 깜짝 놀라는 장면을 틀어주었다.

"보세요. 르네는 두 가지 생각을 동시에 하고 있어요. 많은 학생이 그냥 집중만 하다가 흥미를 잃고 말죠. 하지만 르네는 '저건 내가 어떻게 해도 나오지 않을 것 같아. 도저히 답을 못 얻겠는걸. 그래도 저건 중요한 거야. 나는 제대로 알고 싶어'라고 생각하고 있어요. 결국 답을 알아내고 '그래, 맞았어'라고 기뻐하고 있죠."

쉰펠트는 버클리에서 문제해결에 관한 강의를 하는데, 그의 말에 따르면 그 수업의 핵심은 학생들이 대학에 올 때까지 몸에 밴 문제풀이 습관을 떨쳐내는 데 있다고 한다.

"저도 풀지 못하는 문제를 하나 고릅니다. 그런 다음 학생들에게 말하죠. '이것을 집에서 2주일간 푸는 거다. 나는 여러분의 버릇을 알고 있지. 첫 주에는 아무것도 하지 않다가 둘째 주에 가서야 손을 대기 시작하겠지. 경고하는데 첫 주를 헛되이 흘려보내면 절대 풀지 못할 거다. 반대로 만약 내가 문제를 주자마자 풀기 시작하면 좌절하게 될 거야. 나를 찾아와 이건 풀 수 없는 문제라고 말하겠지. 그럼 나는 계속하라고 할 거고. 2주째에 접어들면 여러분은 괄목할만한 성과를 거둘 거라고 확신한다.'"

우리는 보통 수학을 잘하는 재능은 타고나는 것이라고 생각한다. 하

—— 유산

지만 쉰펠트는 재능보다 태도가 중요하다고 말한다. 시도하고자 하면 수학을 마스터할 수 있다는 얘기다. 쉰펠트는 학생들에게 그것을 가르치고 싶어 한다.

성공은 대개 보통사람이 30초 만에 포기하는 것을 22분간 붙잡고 늘어지는 끈기와 지구력, 그리고 의지의 산물이다. 르네 같은 사람을 몇 명 선별해 그들끼리 수학문제를 탐구할 만한 시간과 여유를 주었다고 해보자. 또한 르네의 끈기가 예외적인 뭔가가 아니라 컴퍼랜드 고원을 지배하던 명예 문화처럼 그녀가 속한 문화 속에서 보편적인 것이라고 생각해보자. 그렇다면 르네의 고향 사람들은 분명 수학을 잘할 것이다.

벼농사 문화와 수학실력의 놀라운 상관관계   전 세계의 교육자들은 4년마다 초등학교, 중학교, 고등학교 학생들을 대상으로 복합적인 수학, 과학 문제를 통해 학생들의 능력을 평가한다. 그 시험은 국제수학과학연구경향(TIMSS, Trends in International Mathematics and Science Study)으로 이는 각국의 학생이 수학, 과학에서 어느 정도 성취를 하고 있는지 비교하는 데 목적이 있다(앞서 우리는 이 시험결과를 통해 학교에 일찍 들어간 초등학교 4학년 학생과 늦게 들어간 초등학교 4학년 학생의 성취도를 비교해보았다).

TIMSS 시험을 보는 학생은 질문지를 전부 채워 넣어야 한다. 거기에는 부모의 교육수준, 수학에 대한 자신의 생각, 친구들이 수학을 좋아하는지 등 온갖 질문이 들어 있다. 이것은 사소한 몸 풀기용 문제가 아니라 질문이 120개나 될 만큼 엄청난 분량이다. 사실 너무 지루하게 많은 것을 물어보는 탓에, 많은 학생이 10~20개를 대답하지 않고 넘겨버린다.

바로 여기가 핵심이다. 곧 밝혀지겠지만 TIMSS 질문지에 대답하는 개수를 세어보면 나라별로 다른 평균치가 나온다. 학생들이 몇 개의 문제를 풀지 않고 넘기는지 혹은 대답하는지에 따라 참가국의 순위를 매기는 것도 가능하다. 만약 실제 수학시험 성적 순위와 그 질문지에 대답하는 순위를 비교해본다면 어떤 결과가 나올까? 똑같은 결과가 나온다. 다시 말해 이 질문지를 놓고 끝까지 앉아 집중하고 대답하고자 노력하는 학생일수록 수학문제도 잘 풀어낸다는 얘기다.

우연히 이 사실을 알아낸 얼링 보는 그것을 발견하고 좀 우울해졌다고 말했다. 너무 황당한 이야기라 이 발견을 과학적인 저널에 실을 수 없었기 때문이다. 기억하자. 그는 질문지를 끝마치는 능력과 수학시험을 잘 보는 능력 사이에 단순히 연관이 있다고 말하지 않았다. 그는 그 둘이 같은 것이라고 말한다. 실제로 두 개의 순위를 비교해보면 아주 동일하다.

이것을 다른 방향에서 생각해보자. 매년 세계의 유명 도시에서 수학 올림피아드가 열리고 전 세계에서 모여든 1,000명의 중학교 2학년생이 시험을 치른다. 보는 수학 올림피아드의 경우에도 단 한 문제도 빼놓지 않고 푸는 학생이 많은 나라를 기준으로 순위를 매겨 결과를 가능할 수 있다고 주장한다. 우리가 해야 할 일은 끈기 있게 풀어내야 할 문제를 제시하는 것뿐이다. 그리고 우리는 어떤 나라가 노력과 끈기에 가장 큰 가치를 부여하고 있는가를 통해 그 나라의 수학 성적을 예측할 수 있다.

그 순위의 상위권에 어떤 나라가 놓여 있을까? 그 결과는 별로 놀랍지 않을 것이다. 싱가포르, 한국, 대만(중국), 홍콩, 그리고 일본이다. 이 다섯 나라는 공통적으로 논에 물을 대는 쌀농사를 지어왔고, 그 일에서 삶의 가치를 찾는 문화가 자리 잡은 나라들이다.*

그들 나라는 돈 한 푼 없는 가난한 농부들이 1년에 3,000시간씩 수백 년간 질척대는 논바닥에서 일하면서도 서로 "1년 내내 해뜨기 전에 일어날 수 있다면 어찌 부자가 못 되리"라고 말해온 그런 곳이다.**

◎ 두 가지 사소한 지적을 하고 싶다. 중국 본토는 TIMSS 시험에 참가하지 않기 때문에 저 목록에 포함되지 않는다. 하지만 대만과 홍콩이 높은 순위를 차지하고 있다는 것은 중국 본토 또한 비슷한 결과를 낼 것임을 시사하고 있다. 더 중요한 문제는 전통적으로 쌀농사를 지어오지 않았고 서부 유럽에 가까운 밀농사를 지어온 중국 북부의 경우이다. 과연 그들은 어떤 결과를 내고 있을까? 역시 비슷하게 수학을 잘할까? 결론부터 말하면 지금으로서는 알 수 없다. 사회학자 제임스 플린이 지적하는 것처럼 서쪽으로 건너가 살고 있는 중국인의 대다수는 본래 수학을 잘하는 지역인 남부 출신이다. MIT에서 최고 성적을 내는 중국인 대학원생들은 대부분 주장강 하류 삼각지 농부의 자손인 것이다. 그는 또한 사읍(四邑)지역 출신 중국계 미국인이 가장 낮은 성취를 보이는 이유는 그들이 삼각주의 끄트머리, 즉 토지가 덜 비옥해 농업의 집약화가 덜 이루어진 곳에서 왔기 때문이라고 주장한다.

◎◎ 아시아인의 경향을 잘 보여주는 과학적 연구를 하나 소개할까 한다. 프리실라 브링코(Priscilla Blinco)는 초등학교 1학년짜리 일본인 어린이와 미국인 어린이를 대상으로 매우 어려운 퍼즐을 내주고 그 문제를 언제까지 풀고 있는지 측정하는 실험을 해보았다. 미국 어린이들은 평균적으로 9.47분간 문제를 풀려고 했고, 일본 어린이들은 13.93분간 붙들고 있었다. 이는 일본 어린이들이 미국 어린이들에 비해 40퍼센트 정도 긴 것이다.

9장

마리타에게 찾아온
놀라운 기회
Marita's Bargain

"제가 지금 만나는 친구들은 모두 키프● 애들이에요."

뉴욕이 사랑하는
공립학교   1990년대 중반, 뉴욕시의 루게릭(Lou Gehrig) 중학교 4
층에서 키프(KIPP) 아카데미라는 실험적인 공립학교가 문을 열었다. 루
게릭 중학교는 뉴욕시에서도 가장 가난한 지역인 사우스 브롱크스의 일곱
번째 학군에 위치하고 있었다. 거리 양편으로 을씨년스러운 고층건물이
솟아 있는 가운데, 유독 눈에 띄는 1960년대 스타일의 장방형의 회색 건물
이 루게릭 중학교이다. 그곳에서 몇 블록을 더 지나면 그 지역의 주요 관문
인 그랜드 콩코스(Grand Concourse)가 있다. 이 거리는 해가 지고 난 후에
명랑한 기분으로 돌아다닐 수 있는 곳이 아니다.

    키프는 학급당 학생수가 많으며 2학년은 35명씩 두 반으로 나뉘어져
있다. 입학시험이나 자격요건 심사 따윈 없으며 브롱크스에 사는 학생

○ 키프(KIPP)는 '아는 것이 힘 프로그램(Knowledge Is Power Program)'의 약자다.

중 초등학교 4학년 때 지원한 학생들 중에서 추첨해 신입생을 받는다. 절반에 가까운 학생이 흑인이고 나머지는 히스패닉이며, 그들 중 4분의 3이 편모 혹은 편부 슬하에서 자라고 있다. 또한 90퍼센트가 무료나 저가급식을 신청하는데, 이는 그들의 가정이 너무 가난해 연방정부의 도움을 받아야만 점심을 먹을 수 있는 상황이라는 것을 의미한다.

키프는 선생을 곤경에 빠뜨리는 학생들로 가득 찬 인근의 다른 학교와 다를 게 없어 보이지만, 막상 문을 열고 들어가 보면 뭔가 다르다는 것을 금세 알 수 있다. 학생들은 복도에서 조용히 한 줄로 걸어 다닌다. 또한 학생들은 수업시간에 말을 거는 다른 사람에게 'SSLANT'라고 말하도록 교육받았는데, 이것은 웃어라(smile), 똑바로 앉아라(sit up), 들어라(listen), 질문해라(ask question), 누군가 말을 하면 고개를 끄덕여라(nod when being spoken to), 눈으로 수업 내용을 쫓아라(track with your eyes)의 머리글자를 딴 것이다. 벽에는 키프 졸업생이 다니는 학교의 깃발이 수백 개나 걸려 있다. 작년까지만 해도 브롱크스 너머에 사는 수백 가구의 자녀가 키프의 5학년 학생 선발 대상자가 되기 위해 추첨에 참여했다.

설립된 지 고작 10년 만에 키프가 뉴욕시에서 가장 많은 사람이 선호하는 공립학교가 되었다는 말은 결코 과장이 아니다. 키프는 특히 수학에서 명성을 떨치고 있다. 사우스 브롱크스에서는 중학생 중에서 오직 16퍼센트만이 자기 학년 수준 혹은 그보다 높은 수준의 수학 실력을 지니고 있다. 하지만 키프에 들어오면 5학년이 끝날 때쯤 모두들

수학을 가장 좋아하게 된다.

키프 학생들은 1학년 때부터 고등학교 대수를 시작한다. 이에 따라 2학년이 끝날 때쯤이면 84퍼센트의 학생이 그들 학년 수준 혹은 그보다 높은 수준의 수학 실력을 갖추게 된다. 이것은 그 지역에서 가장 가난한 동네, 다시 말해 부모들 중 대다수가 대학 문턱을 밟아보지도 못한 집안에서 자란 아이들을 임의로 선별해 미국의 부유층이 사는 사립학교 학생과 비견할 만큼의 성적을 올리고 있음을 뜻한다. 1994년, 동료교사 마이클 파인버그(Michael Feinberg)와 함께 키프를 설립한 데이비드 레빈(David Levin)은 키프 학생들의 특징을 간단하게 설명했다.

"우리 학생들은 읽기 실력이 문제예요. 작문 실력에서는 약간 고전을 하죠. 하지만 이곳을 졸업하면 수학 실력으로 휩쓸게 됩니다."

현재 미국 전역에는 50곳이 넘는 키프 학교가 있으며 계속 늘고 있는 추세이다. 키프 프로그램은 미국에서 가장 주목받는 교육 철학을 반영하고 있다. 그러나 키프의 성공요인은 커리큘럼이나 교사, 교육자원, 그리고 제도적 혁신에 있지 않다. 키프의 성공을 제대로 이해하려면, 문화적 유산의 중요성을 다시금 진지하게 고려해야만 한다.

노력과 휴식은
병행되어야 하는가　　　19세기 초, 일군의 개혁자가 모여 현행 미국 공립교육시스템의 토대를 닦았다. 당시 통과된 안건은 무질서하게 흩어진 채 지역별로 운영되고 있던 교실 하나짜리 학교와 도시 내 과밀 학급들을 재조정하는 것이었다. 교외지역에서는 학교가 봄과 가을에 문을 닫았고 여름방학은 턱없이 길었는데, 이는 학생들이 바쁜 추수기에 일을 도와야 했기 때문이다. 도시에서는 부모들의 길고 무질서한 근무 스케줄에 맞춰 학생들의 일정이 들쑥날쑥해졌다. 개혁자들은 모든 어린이가 학교에 갈 수 있기를, 또한 공립학교에서 읽기, 쓰기, 기초 산술을 가르쳐 학생들이 생산적인 시민으로서 제몫을 다할 수 있도록 종합교육을 할 수 있게 되길 바랐다.

그러나 역사가 케네스 골드(Kenneth Gold)가 지적한 것처럼 초기 교육 개혁자들은 학생들이 학교에서 너무 많은 교육을 받게 되지는 않을까 대단히 노심초사했다. 예컨대 1871년, 미국 교육부위원회는 에드워드 자비스(Edward Jarvis)가 쓴 〈교육과 광기의 관계(Relation of Education to Insanity)〉라는 보고서를 발행했다. 자비스는 1,741건의 광기에 대한 사례를 연구했고 그중 205건이 '과잉 교육'으로 인한 것이라고 결론을 내렸다. 그는 "교육은 정신질환의 원인 중 많은 부분의 기저에 자리 잡고 있다"고 썼다. 이와 유사하게 매사추세츠 공립교육의 선구자인 호레이스 만(Horace Mann)은 학생들에게 너무 많은 공부를 시키는 것은 '인격과 습관에 가장 유독한 영향을 미치며 정신의 지나친 활동으로 건강 자체가 파괴되는 일 또한 드물지 않다'고 믿었다. 당시 발행된 교육학 저널들을 읽어보면 지나친 학업으로 자연적 능력이 망가지는 것에 대한 근심이 지속적으로 표명되고 있음을 알 수 있다.

골드에 따르면 개혁자들은 공부에 쓰는 시간을 줄이기 위해 최대한 노력했다고 한다. 왜냐하면 장기간의 휴식이 정신을 혹사시킬 위험을 차단할 수 있을 것이기 때문이다.

"토요일 수업을 없애고 수업시간을 줄이며 방학을 늘리는 모든 변화가 19세기에 이뤄진 것이다. 교사들은 학생들에게 공부를 시킬 때 그들의 육체가 정신노동으로 지치지 않도록 또한 황량해지지 않도록 주의를 받았다. 인지 능력과 분석력을 키우기 위한 휴식시간이 주어져야 한다는 말도 함께 언급되었다. 〈매사추세츠 티처(Massachusetts Teacher)〉의 한 기고자가 말한 것처럼, '학생들은 학습과정에서 긴장상태에 있다가 이완되는 과정을 통해, 성인과 마찬가지로 그들 스스로 결론을 내리고 독립적으로 사고하며 자신이 권위자나 타인으로부터 배운 것을 검토하는 능력을 얻게 된다.'"

노력과 휴식이 병행되어야 한다는 생각은 일과 공부에 대한 아시아적 관점과 많이 다르다. 다시 말하지만 아시아적 세계관은 오랜 세월의 벼농사를 통해 다져진 것이다. 중국의 농부들은 주장강 삼각주에서 한 해에 벼를 두 번, 때에 따라서는 세 번 수확했다. 물론 노는 땅은 거의 없었다. 쌀농사를 짓는 문화권의 특징 중 하나는 비료가 수로를 통해 물과 함께 들어가기 때문에 땅이 개간되고 논두렁을 많이 파놓을수록 그 땅이 비옥해진다는 것이다. 서구식 경작법은 상황이 정반대다. 따라서 경작지가 휴식 없이 계속 작물을 생산하다 보면 토양의 양분이 사라져버리기 때문에 봄과 가을에 힘겹게 씨를 뿌리고 수확을 하면 여름과 겨울에는 땅을 쉬게 한다. 학생들의 두뇌를 향상시키고자 했던 교육 개혁가들이 염두에 두고 있던 것도 바로 이 모델이다. 우리는 이미 알고 있는 것에 대한 비유를 활용해 모르는 것을 이해하고자 하는데, 개혁자들이 알고 있었던 것은 계절에 따른 농사의 순환이었던 것이다.

인간의 정신세계 역시 일궈야 한다. 그러나 너무 많이 일구면 도리어 황폐해진다. 그러한 현상을 막으려면 어떻게 해야 할까? 오늘날 학생들의 학습패턴을 결정짓고 있는 미국의 독특한 문화유산, 즉 긴 여름방학이 바로 그 해답이다.

긴 여름방학의 폐해와 쌀농사 문화의 교훈

교육에 대한 토론에서 여름방학이 화제로 언급되는 경우는 드물다. 그것은 마치 고등학교 미식축구나 졸업파티처럼 영속적이며 없앨 수 없는 뭔가로 간주되기 때문이다. 그러나 뒤에 제시되는 초등학교 성적표를 보면 기나긴 여름방학의 가치에 대한 신념이 흔들리게 될 것이다.

다음의 수치는 존스 홉킨스 대학의 사회학자 칼 알렉산더(Karl Alexander)의 연구결과이다. 알렉산더는 캘리포니아 학업성과시험(California Achievement Test)이라 불리는 보편적인 수학 및 읽기 평가시험 결과를 토대로, 볼티모어(Baltimore)의 공립학교에 다니는 초등학교 1학년 학생 650명의 발달 과정을 추적했다. 학생들의 매년 첫 시험 성적을 사회경제적 계급을 토대로 빈곤층, 중산층, 상류층으로 나누면 다음과 같은 표가 나온다.

분류	1학년	2학년	3학년	4학년	5학년
빈곤층	329	375	397	433	461
중산층	348	388	425	467	497
상류층	361	418	460	506	534

첫 번째 열을 살펴보자. 1학년 아이들의 지식과 능력의 차이는 압도적이진 않더라도 의미가 있다. 상류층 자녀들의 1학년 평균 성적은 빈곤층 아이들보다 32점 높지만, 볼티모어의 빈곤층 가정에서 자라는 아이들의 부모는 정말로 심각하게 가난하다는 사실을 감안해야 한다. 이제 다섯 번째 열을 살펴보자. 4년이 지나 아이들이 5학년이 되면, 상류층 어린이와 빈곤층 어린이 사이에 존재했던 완만한 격차는 2배 이상 벌어진다.

이러한 성취도 차이는 수없이 반복적으로 발견되어 온 것으로 보통 두 가지 반응 중 하나를 불러오게 마련이다. 첫 번째는 뒤떨어진 아이들이 부유한 환경의 아이들보다 타고난 능력 면에서 부족하다는 주장이다. 두 번째는 어떤 면에서 우리의 학교시스템이 빈곤층 아이들을 잘 가르치지 못한다는 것이다. 알렉산더의 연구가 흥미로운 이유는 이 두 가지 주장이 모두 진실과 거리가 있음을 보여주고 있기 때문이다.

볼티모어시는 매 학년이 끝나는 6월뿐 아니라 막 여름방학이 끝난 시점인 9월에도 학업성과시험을 보았다. 그 결과 9월의 시험결과에서 지금까지와 다른 결론을 이끌어내게 되었다. 학년이 시작되는 9월의 성적과 학년이 끝나는 이듬해 6월의 성적을 비교하면, 한 해 동안 학교에서 배운 것의 성과를 가늠해볼 수 있다. 또한 학년이 끝나는 6월과 여름방학이 지나고 새 학년이 시작되는 9월의 성적을 비교하면, 학생이 여름방학 동안 얼마나 더 배우고 돌아왔는지 측정할 수 있다. 이렇게 해서 알렉산더는 긴 여름방학 동안 무엇을 하고 돌아오는가가 그해의 성취도 평가에 어떤 영향을 주는지 부분적으로 알아볼 수 있게되었다.

그러면 9월에서 이듬해 6월까지의 성적 변화를 살펴보자. 다음 표에는 학생들이 9월에 학년을 시작해 이듬해 6월에 학년을 마칠 때까지 학업성과시험 점수가 몇 점이나 올랐는지 학년별로 기록되어 있다. '종합'이라고 적힌 열은 초등학교에 입학할 때부터 5학년이 될 때까지의 모든 성적 변화를 보여준다.

처음 보았던 표와 내용이 완전히 다르지 않은가? 첫 번째 표에서의

분류	1학년	2학년	3학년	4학년	5학년	종합
빈곤층	55	46	30	33	25	189
중산층	69	43	34	41	27	214
상류층	60	39	34	28	23	184

시험결과는 빈곤층 자녀의 학교 교육은 실패하고 있는 것처럼 보인다. 하지만 두 번째 표에서 보듯 그것은 사실이 아니다. 특히 '종합'을 보면 5년간의 초등교육 과정을 통해 빈곤층 자녀의 성취도는 189점으로 나타나 상류층 자녀의 184점을 앞서고 있다. 물론 중산층 자녀와 비교

—— 유산

했을 때 다소 부족한 성취도를 보이긴 하지만, 2학년의 결과를 보면 앞선 적이 있다는 것을 알 수 있다.

이제 여름방학이 지나고 난 후, 읽기 성적이 어떻게 바뀌는지 알아보자.

차이가 보이지 않는가? 첫 번째 열을 통해 1학년 여름방학이 지나고

분류	1학년 후	2학년 후	3학년 후	4학년 후	종합
빈곤층	-3.67	-1.70	2.74	2.89	0.26
중산층	-3.11	4.18	3.68	2.34	7.09
상류층	15.38	9.22	14.51	13.38	52.49

난 후 무슨 일이 벌어지는지 살펴보자. 상류층 자녀는 여름방학이 지나고 9월에 돌아오면 읽기 성적이 15점이나 뛰어오른다. 반면 방학을 마치고 돌아온 빈곤층 자녀의 읽기 성적은 거의 4점이나 떨어진다. 빈곤층 아이들은 학기 중에는 앞서가지만 여름방학 동안 상류층 아이들에게 뒤처지고 마는 것이다.

1학년에서 5학년이 되기까지 모든 여름방학 동안 이뤄낸 성취도를 종합하고 있는 마지막 열을 보자. 빈곤층 아이들의 읽기 점수는 0.26 포인트 올랐다. 읽기에 관한 한, 빈곤층 아이들은 학교가 문을 닫으면 아무것도 배우지 못한다. 그와 대조적으로 상류층 아이들의 읽기 점수는 무려 52.49포인트나 껑충 뛰어올랐다. 이 결과를 놓고 보면 상류층 아이와 빈곤층 아이의 차이는 그들이 방학 기간에 무엇을 하느냐에 따라 결정된다고 할 수 있다.

여기서 우리는 무엇을 볼 수 있을까? 우리가 크리스토퍼 랭건을 다룬 장에서 살펴본 부모들의 교육 스타일 차이가 아이들의 성적 차이를 해명하는 답이 될 수 있을 것이다. 아네트 라루가 연구했던 알렉스 윌리엄스의 경우를 회상해보자. 알렉스의 어머니는 집중 양육의 힘을 믿었고 알렉스는 미술관 견학, 여름 캠프, 그밖에 온갖 특별 프로그램에 다니며 수업을 들었다. 집에는 읽을 책이 가득했으며 부모는 아이가 자신을 둘러싼 세상과 활발히 교류할 수 있도록 최선을 다했다. 여름 방학이 지난 후 알렉스의 읽기와 수학 성적이 오르는 것은 당연한 일이다.

반대편에 서 있던 소녀, 케이티 브린들은 그렇지 않았다. 케이티에게는 여름 캠프에 갈 돈이 없었고 어머니가 특별 교육 프로그램에 데려가지도 않았다. 또한 집에는 읽을 책이 많지 않았다. 아마도 케이티는 텔레비전을 보거나 밖에서 놀며, 즉 누군가의 관심을 받지 못하며 여름방학을 보냈을 것이다. 결국 케이티는 알렉스에 비해 수학 및 읽기 능력에서 뒤처질 수밖에 없다.

알렉산더의 연구결과는 미국의 교육시스템에 대한 수많은 토론이 부차적인 것이라는 뜻을 함축하고 있다. 사실 교실 크기, 교육 과정, 학습기기, 학교발전기금 등에 관해 토론하느라 엄청난 시간이 소요되고 있지만, 이 모든 논의는 학교가 제 역할을 해내지 못한다는 전제 아래 벌어지는 것이다.

그렇다면 학년이 시작되는 9월부터 학년이 끝나는 다음해 6월까지의 점수 변화를 다룬 두 번째 표를 상기해보자. 학교는 제 역할을 하고 있다. 학교가 안고 있는 유일한 문제는 성적을 내지 못하는 학생들이 충분히 공부하도록 해주지 못한다는 점이다.

알렉산더는 단순히 볼티모어의 어린이들이 학교에 다니면서 성취도에 어떤 변화가 일어났는지 보여주기 위해 간단한 계산을 했을 뿐이다. 그 결과 상류층 어린이든 빈곤층 어린이든 초등학교를 졸업할 때쯤에는 거의 비슷한 수준의 읽기와 수학 능력을 갖추게 된다는 사실을 알았다.

아시아인이 수학에서 우위를 점하는 이유가 이 시점에서 갑자기 명확해진다. 아시아의 학생들은 긴 여름방학을 즐기지 않는다. 왜 그럴까? 성공하고 싶다면 1년 내내 해뜨기 전에 일어나야 한다고 생각하는 문화적 토양 아래서는 3개월이나 학교에 가지 않는 긴 방학을 용납할 수 없기 때문이다. 평균적으로 미국의 수업 일수는 약 180일이다. 한국의 수업 일수는 220일 정도다. 일본 학생은 평균 243일간 수업을 든는다.

한번은 전 세계의 학생들이 수학 실력을 겨루는 시험에서 시험지에 출제된 미적분, 대수, 기하학을 수업시간에 얼마나 다루었는지 조사해본 적이 있다. 일본의 고등학교 3학년 학생들은 92퍼센트가 그 내용을 수업시간에 다뤘다고 대답했다. 한 해에 243일간 수업을 든는 교육과정의 가치가 바로 여기에 있다. 배워야 할 것을 전부 배울 수 있을 만큼 충분한 시간이 주어지고, 그것을 까먹을 만한 여유는 거의 없다. 그와 대조적으로 미국의 고등학교 3학년 학생들은 고작 54퍼센트만 그 내용을 수업시간에 다뤘다고 대답했다.

빈곤층 학생들에게 미국의 교육시스템은 작동하지 않는다. 긴 여름 방학이 안고 있는 문제가 있기 때문이다. 키프 학교는 바로 그 문제를 해결하고자 한다. 그들은 미국의 도시 한가운데에 쌀농사의 교훈을 심고자 하는 것이다.

수학 때문에 울던 아이가 회계를 전공한다고?　　　데이비드 레빈은 브롱크스 키프 아카데미에 다니는 학생들이 어떻게 교육을 받고 있는지 들려주었다.

"학생들은 일곱 시 25분부터 수업을 듣기 시작합니다. 일곱 시 55분까지 '사고 능력'이라는 과목을 공부하죠. 영어 90분, 수학 90분이 매일 있고 5학년으로 올라가면 수학을 두 시간씩 해요. 과학 한 시간, 사회 한 시간, 그리고 한 시간짜리 음악수업이 일주일에 적어도 두 번 있습니다. 그밖에 일주일에 한 시간 15분씩 하는 합주 연습이 있죠. 모든 학생이 오케스트라에 참여합니다. 일곱 시 25분부터 오후 다섯 시까지가 하루 일정인데, 다섯 시 이후에는 모여서 숙제를 하거나 공부를 하거나 운동을 하죠. 아침 일곱 시 25분에 와서 저녁 일곱 시까지 있는 학생도 있어요. 평균적인 수업 일수를 놓고 본다면, 우리 학생들은 일반적인 공립학교 학생들에 비해 50~60퍼센트 많은 시간을 공부합니다."

레빈은 학교의 중앙복도에 서 있었다. 마침 점심시간이었는데 학생들은 모두 키프 아카데미 셔츠를 입은 채 한 줄로 서서 조심스럽게 걷고 있었다. 그는 계속 말했다.

"토요일에는 아침 아홉 시에 와서 한 시에 갑니다. 여름철에는 아침 여덟 시에 와서 두 시에 가지요."

레빈은 7월에 학생들이 3주일 더 수업을 듣는다는 사실을 강조했다. 이들 학생은 알렉산더가 말한 긴 여름방학 동안 배운 것을 잊게 되는 빈곤층 자녀들이다. 키프는 여름방학을 길게 주지 않는 단순한 방법을 채택했다.

"처음으로 시도할 때는 어려웠지요. 하루가 끝날 때쯤 아이들은 지쳐버렸어요. 지구력, 동기부여, 인센티브, 적절한 보상, 그리고 재미를 하나로 녹여내야 합니다. 우리는 끈기와 자기관리에 대해 계속 강조합니다. 아이들은 이제 그 말의 뜻을 알고 있죠."

레빈은 중학교 2학년 수학 수업이 진행되는 교실을 향해 걸어가 조용히 그 뒤에 섰다. 애론(Aaron)이라는 학생이 모든 키프 학생이 아침마다 해야 하는 '사고 능력' 수업교재의 한 쪽에 나오는 연습문제를 풀기 위해 애쓰고 있었다. 꽁지머리를 묶은 30대 남자 선생의 이름은 프랭크 코코란(Frank Corcoran)이었고, 그는 토론을 지도해야 하는 경우가 아니면 의자에 앉아 옆으로 빠져 있었다. 단 한 가지의 차이만 제외한다면, 이것은 여느 미국 교실에서 흔히 볼 수 있는 풍경이다.

칠판 앞에 선 애론은 하나의 문제를 붙잡고 20분간 고민하고 있었다. 다른 아이들 역시 조심스럽게 방법론을 검토하며 단순히 답을 구하는 것이 아니라 다른 답을 구할 수 있는 또 다른 방법은 없는지 고민하면서 애론의 문제를 풀고 있었다. 마치 수직으로 서 있는 그래프의 정의되지 않는 값을 놓고 힘겹게 고민하던 르네의 모습을 보는 것만 같았다. 수업이 끝난 후 코코란은 즐거운 표정으로 말했다.

"이렇게 시간을 충분히 주면 좀더 부드러운 환경 속에서 문제를 풀 수 있죠. 저는 헤엄치지 않으면 가라앉게 만드는 기존의 수학교육은 잘못된 접근법이라고 생각합니다. 그런 방식 아래서는 모든 문제에 빨리 대답해야 하고 처음으로 정답을 맞힌 학생이 보상을 받죠. 그러면 누구는 수학을 잘하고 또 누구는 수학을 못하는 식의 분위기가 조성됩니다. 하지만 충분한 시간을 들이면 교사는 문제를 더 설명할 수 있는 여유를 얻게 되고, 앉아 있는 학생들도 자신이 아는 것을 되짚어보면서 좀더 천천히 검토해볼 수 있습니다. 수업이 지체되는 것 같지만 우리는 천천히 함으로써 더 많은 것을 배우고 있어요. 더 많이 외우고 더 많이 이해하게 되죠. 저도 그냥 마음을 놓고 있을 수만은 없어요. 우리는 게임을 하고 있는 겁니다. 학생들은 물어보고 싶은 것을 물어보고, 저는 시간 부담을 느끼지 않고 뭔가를 설명해줍니다. 시간에 대한 부담감 없이 진도를 돌아가서 가르쳐주기도 하고요."

코코란이 학생들에게 제공하는 충분한 시간은 수학을 가치 있는 것으로 만들어준다. 학생들은 노력과 보상 사이의 연관관계를 명확히 알게 되는 것이다. 그 교실의 벽에는 뉴욕시 교육감 시험에서 받은 수십 개의 상장이 걸려 있었고 그것은 코코란이 가르친 학생들이 가장 우수한 학생임을 입증해주고 있었다. 코코란은 아직도 선명히 기억나는 이야기가 있다며 다소 감상적인 모습을 보였다.

"이 교실에 한 여학생이 있었어요. 당시 5학년이던 그 학생은 완전히 수학 공포증에 빠져 있었죠. 남아서 공부를 하는 토요일마다 울었어요. 굵은 눈물을 뚝뚝 흘렸지요. 그 학생이 몇 주일 전에 저에게 이메일을 보내왔더군요. 지금은 대학생인데 회계를 전공하고 있죠. 수학 때문에 울던 녀석이 회계학을 배우고 있는 겁니다."

화려하지 않은 일상 속으로   우리는 종종 패자를 승자로 바꿔놓은 학교에 관한 이야기를 듣는다. 그 기적 같은 얘기가 책이나 영화의 단골소재로 쓰이기 때문이다. 그러나 키프 같은 학교의 실상이 그렇게 화려한 것만은 아니다. 수업시간이 50~60퍼센트나 더 길다는 말을 실감하기 위해 한 키프 학생의 평범한 하루 일과를 들어보자. 그 학생의 이름은 마리타(Marita)이다.

마리타는 편모슬하에서 자란 외동딸로 어머니는 대학에 가본 적이 없다. 두 사람은 브롱크스에서 방이 하나뿐인 아파트에 살며 마리타의 어머니가 키프에 대해 듣기 전까지, 마리타는 집 근처에 있는 학교에 갈 생각이었다.

"4학년 때 제 친구 타냐(Tanya)와 함께 키프에 지원했어요. 오웬(Owen) 선생님이 생각나요. 저를 인터뷰했는데 말하는 내용이 너무 딱딱해서 교도소에 들어온 줄 알았어요. 거의 울 뻔했죠. 선생님은 사인하고 싶지 않으면 하지 않아도 된다고 했지만, 엄마가 옆에서 보고 있었기 때문에 할 수 없이 사인을 했어요."

이후 마리타의 삶은 확 바뀌었다(마리타가 열두 살이라는 점을 염두에 두자).

"저는 새벽 다섯 시 45분에 일어나요. 늦지 않으려면 할 수 없어요. 이 닦고 샤워하고…… 늦으면 학교에서 아침을 먹어요. 늘 꾸물대서 대체로 한소리 듣고 가는 편이고요. 친구 다이애나(Diana)와 스티븐(Steven)을 버스정류장에서 만나 1번 버스를 타고 가요."

키프 학생들 중 다수가 버스나 지하철을 타고 먼 거리를 통학해야 하기 때문에, 다섯 시 45분에 일어나는 것은 통상적인 일이다. 언젠가 레빈은 70명의 아이가 있는 중학교 1학년 음악 교실에 들어가, 아침에 몇 시에 일어나는지 물어보았다. 여섯 시 넘어서 일어나는 학생은 손가락 안에 꼽을 정도였다. 4분의 3에 해당하는 학생이 여섯 시 전에 일어났던 것이다. 그리고 거의 절반이 다섯 시 30분 전에 일어난다고 대답했다. 마리타의 학교 친구인 호세(José)는 때로 새벽 서너 시까지 깨어있을 때도 있고 그럴 때면 학교에 가기 전까지 "잠깐 눈을 붙인다"고 말하기도 했다. 마리타의 말은 계속된다.

"학교는 다섯 시에 끝나기 때문에 한눈을 팔지 않으면 집에는 다섯 시 30분에 오게 돼요. 엄마한테 인사하고 빨리 숙제해야 돼요. 숙제가 별로 없는 날에는 두세 시간 걸리기 때문에 아홉 시 정도에 끝낼 수 있

—— 유산

어요. 작문 숙제가 있으면 열 시나 열 시 반까지 해야 하죠. 여덟 시쯤에 저녁을 먹고 한 30분쯤 쉬고 다시 하던 거 하죠. 숙제가 끝나면 엄마가 뭘 했는지 물어보는데 열한 시에 자야 하니까 엄마랑 빨리 얘기해야 해요. 내일 준비물을 챙겨놓고 침대로 들어가야 하니까요. 오늘 무슨 일이 있었는지 얘기하다가 열한 시가 넘으면 엄마가 졸기 시작해요. 그러면 저도 자고 다음날 아침에 또 일어나는 거죠. 저는 엄마랑 방을 같이 써요. 침실이 작아서 둘로 나눠 쓸 수가 없어요."

마리타는 자신의 삶을 있는 그대로 말했지만 자신이 다른 아이들과 얼마나 다른 방식으로 살고 있는지는 전혀 모르고 있었다. 마리타는 로펌에 갓 들어간 신참 변호사나 레지던트 과정의 수련의처럼 살고 있다. 남는 것은 퀭해진 눈가와 빈 커피잔으로 이것은 마리타처럼 어린 소녀에게는 어울리지 않는다.

"할 일이 너무 많을 때는 잠을 포기하기도 해요. 음, 열두 시 넘어서 잘 때도 있는데 그러면 다음날 오후쯤 졸려요. 가끔은 수업시간에 졸죠. 그래도 배워야 하니까 어떻게 해서든 깨어 있어야 해요. 한번은 졸다가 선생님께 걸린 적이 있는데 '수업 끝나고 얘기 좀 할까?' 하시더니 '왜 졸고 있니?'라고 물어보시더라고요. 그래서 늦게 자서 그렇다고 말씀드렸죠. 선생님은 '넌 좀더 일찍 자야 해'라고 하셨어요."

**21세기, 마리타의
기적을 꿈꾸다**　　　마리타의 삶은 일반적인 열두 살짜리와 다르다. 또
한 우리는 열두 살 어린이가 그렇게 살기를 바라지도 않는다. 우리는 어
린이들이 잘 놀고 좋은 꿈을 꾸고 충분히 잠을 자야 한다고 생각한다. 그
런데 마리타는 책임을 지고 있다. 그녀는 대한항공 조종사들과 마찬가지
로 어려운 질문에 대면했고 자신의 삶을 바꾸기로 결정했다.

　대한항공 조종사들은 자신이 하는 일에서 성공하기 위해 자기 고유
의 정체성을 어느 정도 포기해야 했다. 한국 문화에 뿌리내린 권위에
대한 존중은 비행기 조종석의 현실과 전혀 부합하지 않기 때문이다.
마리타 역시 자신이 속한 문화적 유산 속에서는 중산층이나 상류층 가
정처럼 주말과 여름방학 동안 어린이에게 더 많은 경험을 제공하려 하
지 않았기 때문에 다른 방향을 선택해야만 했다. 마리타가 속한 공동
체는 마리타에게 필요한 것을 제공하지 못했다. 그 결과, 마리타는 키
프에 다니면서 이전 세계의 모든 것, 즉 저녁시간과 주말, 친구들을 포
기했다.

　마리타의 말을 다시 들어보자. 읽다 보면 조금 가슴이 아파진다.

　"으음, 저는 5학년이 되었을 때도 예전에 다니던 학교 친구랑 계속
연락하고 있었어요. 금요일마다 학교가 끝난 후 그 친구의 집에 가서
일하러 가신 걔네 엄마가 돌아오실 때까지 함께 있었지요. 걔네 집에
서 숙제를 하곤 했어요. 그런데 그 친구에게는 숙제가 없어요. 제 친구
는 '이런, 너 정말 학교에서 공부를 많이 하는구나'라고 말했죠. 자기

도 키프에 가고 싶지만, 거기에 다니면 너무 힘들어서 다니고 싶지 않다는 말도 했어요. 저는 '다들 키프에 다니는 것이 힘들다고 하지만 한번 적응하면 별로 안 어려워'라고 했죠. 그 친구는 '그건 네가 똑똑해서 그런 거야'라고 하더군요. 저는 '아니야. 우리 학교 애들 중에 똑똑한 애는 없어'라고 했어요. 다섯 시까지 학교에 있어야 하고 돌아와서도 숙제를 해야 한다는 말을 듣고 의욕을 잃은 것 같아서 저는 숙제를 많이 하면 다음날 수업에 도움이 된다고 얘기해줬어요. 걔는 그 얘기를 더 이상 듣고 싶지 않다고 하더라고요. 제가 지금 만나는 친구들은 모두 키프 애들이에요."

그러면 마리타의 시각에서 이 일을 생각해보자.

마리타는 학교와 거래를 하고 있다. 새벽 다섯 시 45분에 일어나고 토요일에도 학교에 가며 밤 열한 시까지 숙제를 한다. 대신 키프 프로그램은 가난의 수렁에 빠져 있는 마리타 같은 학생들에게 그곳에서 빠져나올 수 있는 기회를 제공한다. 그 과정은 정말 효과를 발휘해서 키프 학생들 중 90퍼센트는 브롱크스의 낙후된 고등학교가 아닌 사립 고등학교나 가톨릭 교구에서 설립한 고등학교에 장학금을 받고 입학한다. 그리고 키프 졸업생 중 80퍼센트 이상이 대학에 가는데, 대부분의 경우 그들은 가족 중 최초의 대학생이 된다.

이것을 어떻게 나쁜 거래라고 할 수 있을까?

우리는 이 책을 통해 성공은 예측 가능한 경로를 통해 달성된다고 배웠다. 가장 똑똑한 사람이 성공하는 게 아니다. 만약 그렇다면 크리스토퍼 랭건은 아인슈타인과 같은 반열에 서야 한다. 그렇다고 성공이 우리 스스로 만들어낸 결정과 노력의 산물로만 이뤄진 것도 아니다. 성공은 주어지는 것이다. 성공하는 사람은 기회를 얻었다. 물론 그들에게는 그 기회를 움켜잡을 힘과 마음자세가 있었다.

1월에 태어난 하키선수나 축구선수는 올스타팀에 들어가기에 보다 유리한 조건을 갖추고 있다. 비틀스에게는 함부르크가 기회였다. 빌 게이츠는 정확한 시기에 태어났고 그가 다니던 고등학교에 컴퓨터 터미널이 설치되었다. 조셉 플롬과 왁텔, 립톤, 로젠 & 카츠의 창업자들에게는 복합적인 기회가 있었다. 그들은 올바른 시기에 올바른 부모 밑에서 올바른 정체성을 지니고 태어났고, 따라서 그들은 나머지 법조계가 잠들어 있던 20년간 인수합병에 대한 실무 경험을 쌓을 수 있었다. 대한항공은 자신을 지배하고 있던 문화적 유산의 손아귀에서 벗어남으로써, 조종사들에게 기회를 제공하고 보다 나은 회사로 탈바꿈할 수 있었다.

여기서 얻을 수 있는 교훈은 매우 단순하다. 하지만 놀라우리만치 간과되고 있는 것이기도 하다. 가장 똑똑한 사람이 최선을 다해 성공한다는 신화는 그저 자신이 할 일에 충실했다는 뜻 정도로만 이해되어야 한다. 우리는 빌 게이츠를 바라보면서 우리가 사는 세상은 열세 살 소년도 최고의 억만장자가 될 수 있는 곳이라며 자화자찬한다. 하지만 그것은 잘못된 생각이다. 우리가 사는 세상은 오직 단 한 명의 소년에게만 1968년도에 시간 공유 터미널을 무제한으로 이용할 수 있도록

—— 유산

허용했다.

만약 백만 명의 소년에게 같은 기회가 주어졌다면, 오늘날 얼마나 더 많은 마이크로소프트가 활약하고 있을까? 성공에 대한 진정한 교훈을 잘못 이해하거나 무시하면 우리는 재능을 낭비하게 된다. 만약 캐나다에 7~12월에 태어난 아이들을 위한 또 다른 리그가 있다면 우리는 두 배로 많은 성인 하키스타를 확보할 수 있을 것이다. 이제 모든 전문영역에서 놓쳐버린 잠재력을 합쳐보자. 이 세상은 우리가 만들어 놓은 것보다 더 풍성한 곳이 될 수도 있었다.

마리타에게는 번쩍거리는 시설과 넓은 운동장이 확보된 새 학교가 필요하지 않았다. 개인용 노트북, 적은 수의 학급, 박사학위를 딴 선생, 그리고 더 큰 아파트도 필요치 않았다. 크리스토퍼 랭건처럼 높은 IQ가 필요한 것도 아니었다. 물론 그런 게 있다면 더 좋았을지도 모르지만 그것은 요점을 놓치는 것이다. 마리타는 그저 기회가 필요했고 마리타가 사는 세상에서는 진짜 성공으로 이어질 단 하나의 기회조차 너무 드물게 주어지고 있었다. 이제 그녀에게 주어진 기회를 생각해보자! 누군가가 사우스 브롱크스에 한 뼘의 논을 떼와 마리타에게 가치 있는 일의 기적을 가르쳐주고 있다.

자메이카에서 온 이야기

"혼혈아는 4번 거래되면 해방된다."

● ● ● ● ●

**내 아버지와
어머니 이야기**　　　1931년 9월 9일, 데이지 네이션(Daisy Nation)이라
는 여성이 쌍둥이 딸을 낳았다. 그녀와 남편 도널드(Donald)는 헤어우드
(Harewood)라는 작은 마을의 학교 선생이었는데, 그 학교는 세인트 캐
서린스(Saint Catherine's) 교구의 한가운데에 있었다. 그들은 쌍둥이에게
페이스(Faith)와 조이스(Joyce)라는 이름을 붙여 주었다. 도널드는 자신
이 두 딸의 아버지가 되었다는 말을 들었을 때, 땅에 무릎을 꿇고 감사하
며 아이들의 목숨을 신에게 맡긴다고 기도를 올렸다.

　　네이션 집안사람들은 헤어우드의 성공회 교회 땅에 작은 오두막을
짓고 살았다. 학교는 바로 옆에 있었지만, 학교라고 해야 콘크리트로

지어진 긴 방 하나짜리 헛간이었다. 어떤 날은 학생이 300명도 넘었고, 또 어떤 날은 스무 명 남짓하기도 했다. 학생들은 큰소리로 읽고 구구단을 낭독했다. 글쓰기 연습은 석판에 했고, 언제든 가능하면 망고나무 그늘로 나가 야외수업을 하기도 했다. 학생들이 말을 듣지 않으면 도널드 네이션은 학생들이 잠잠해지고 자기 자리로 돌아갈 때까지 가죽 끈을 들고 교실을 왔다갔다했다.

그는 조용했고 무게감이 있었으며 책을 엄청나게 좋아했다. 그의 작은 서재에는 시와 철학, 서머셋 모옴(Somerset Maugham) 같은 작가의 소설이 가득 차 있었다. 그는 매일 꼼꼼하게 신문을 읽었으며 세계의 시사 문제에 관심이 있었다. 저녁이 되면 그와 가장 친한 친구이자 언덕 반대편에 살고 있는 성공회 사제 헤이(Hay) 부주교가 도널드를 찾아와 자메이카의 문제를 함께 고민했다. 도널드의 아내 데이지는 세인트 엘리자베스(Saint Elizabeth) 교구 출신이었다. 결혼 전 성은 포드(Ford)였고, 데이지의 아버지는 작은 식료품점을 하고 있었다.

어느덧 세월이 흘러 열한 살이 된 쌍둥이 자매는 북쪽 해안에 있는 세인트 힐다스(Saint Hilda's) 기숙학교에 장학금을 받고 입학했다. 그곳은 유서 깊은 성공회 사립학교로 영국인 성직자, 자산가, 지배인들의 딸을 위해 설립된 학교였다. 세인트 힐다스를 졸업한 쌍둥이들은 이후 런던에 있는 단과대학에 들어갔다. 그리고 얼마 지나지 않아 조이스는 그레햄(Graham)이라는 영국인 수학자의 스물한 살 생일파티에 참석하게 되었다. 거기서 그레햄은 시를 낭송하다가 도중에 까먹었고 조이스는 자기가 실수한 것이 아니었는데도 당황스러워 어쩔 줄 몰라 했다.

이후 사랑에 빠진 조이스와 그레햄은 결혼을 해서 캐나다로 이주했다. 남편 그레햄이 수학 교수로 일하는 동안 작가로 성공한 조이스는 가족 치료 전문가가 되었다. 그들은 세 아들을 낳고 교외로 나가 언덕 위에 아름다운 집을 지었는데, 그레햄의 성이 바로 글래드웰(Gladwell)이다. 그는 내 아버지이고 조이스 글래드웰은 내 어머니다.

**높은 학구열과
교육정책 개혁의 결과**　　　앞에서 내 어머니의 성공스토리를 들려주었지만, 정확한 설명이라고 할 수는 없다. 개별적인 사실을 놓고 보면 거짓이라고 할 수는 없지만, 레이크사이드의 컴퓨터를 논하지 않고 빌 게이츠의 성공을 이야기하거나 쌀농사가 낳은 문화를 도외시한 채 아시아인의 우수한 수학 성적을 이야기하는 것이 옳지 않듯이 내 어머니의 성공스토리도 틀린 것이다. 왜냐하면 위의 설명은 내 어머니가 누렸던 많은 기회와 어머니가 속한 문화적 유산의 중요성을 모두 빠트리고 있기 때문이다.

내 어머니와 이모가 네 살이던 1935년에 윌리엄 M. 맥밀런(William M. McMillan)이라는 역사학자가 자메이카를 방문했다. 그는 남아프리카공화국의 비트바테르스란트(Witwatersrand) 대학 교수였다. 시대를 앞서갔던 맥밀런은 남아프리카공화국의 흑인 문제를 깊이 고민하고 있었으며, 남아프리카에서 그가 하던 주장의 근거를 좀더 찾아보기 위해 캐리비안(Caribbean) 지방에 왔다.

맥밀런이 가장 근심했던 것은 자메이카의 교육시스템이었다. 정규교육이라고 해야 내 할아버지가 가르치던 헛간 교육이 고작이었지만 그나마도 열네 살까지밖에 제공되지 않았다. 자메이카에는 공립 고등학교나 대학교가 없었다. 학문적 소질이 있는 사람은 10대 시절에 재능을 알아봐주는 선생을 만나야 했고, 그 선생이 추천해주는 대학에 들어갈 만큼 운도 따라야만 했다. 더 큰 야심이 있는 사람은 어떻게 해서든 사립학교에 들어간 다음 미국이나 영국에 있는 대학으로 향했다.

하지만 장학금은 턱없이 부족했고 지원을 기대하기도 어려웠으며 사립학교 등록금은 극소수 부유층을 제외한 모든 사람에게 진입장벽일 뿐이었다. 훗날 맥밀런이 영국 식민지 지역을 돌아본 뒤 교육정책에 대해 예리한 비판을 담아낸 《서인도제도로부터의 경고(Warning from the West Indies)》에는 "초등교육에서 고등학교로 이어지는 다리는 매우 좁고 위험하다"라고 적혀 있다. 그는 계속 비판한다.

"이런 교육시스템은 사회적 차별의 골을 더 깊고 가파르게 하는 요소로 작용할 뿐이다."

그는 만약 정부가 국민에게 기회를 제공하지 않으면 문제가 생길 수 있다고 경고했다. 그의 책이 출간된 지 1년 후, 카리브해 지역은 폭동과 항의의 물결에 휩싸였다. 트리니다드(Trinidad)에서는 14명이 죽고 59명이 부상을 당했다. 바르바도스(Barbados)에서도 14명이 죽고 47명이 부상을 당했다. 연이은 폭력시위로 국가 기능이 마비된 자메이카에서는 계엄령이 선포되었다.

충격을 받은 영국 정부는 맥밀런의 처방을 진심으로 받아들였고, 다른 개혁안과 함께 학문적 재능이 있는 학생을 사립 고등학교에 보내주기 위한 장학금 제도를 신설했다. 이 장학제도는 1941년부터 시작됐는데 내 어머니와 쌍둥이 이모는 그 이듬해에 시험을 볼 수 있었다. 바로 이런 이유로 어머니와 이모가 고등학교에 갈 수 있었던 것이다. 만약 두 분이 서너 해만 일찍 태어났어도 교육과정을 끝까지 밟아볼 기회를 누리지 못했을지도 모른다. 어머니의 삶은 당신이 태어나신 연도와 1937년의 시위, 그리고 W. M. 맥밀런에게 큰 빚을 지고 있는 것이다.

내 할머니는 미모가 돋보였던 것은 물론, 참으로 당찬 분이셨다. 어머니와 이모가 세인트 힐다스에 들어가기 위해 헤어우드를 떠날 수 있었던 것은 할머니 덕분이었다. 할아버지는 많이 배우긴 했지만 이상주의자에다 몽상가였던 터라 그저 책 속에만 파묻혀 지냈다. 그래서 그런지 딸들의 장래에 대해 야심은 있었어도 그것을 실현시키기 위한 전망과 에너지는 부족했다. 다행히 할머니는 그런 면모를 지니고 있었다.

딸들을 세인트 힐다스에 보내겠다는 것은 할머니의 생각이었다. 할머니는 그 지역의 몇몇 부잣집에서 딸을 그곳에 보내는 것을 보았고, 좋은 학교에 가는 것이 얼마나 중요한지도 알고 있었다. 할머니의 뜻에 따라 어머니와 이모는 마을의 친구들과 어울려 놀지 않고 책을 읽었다. 라틴어와 대수학이 고등학교 입학에 필수적이라는 것을 알고 헤이 부주교에게 아이들을 가르쳐달라고 부탁한 사람도 할머니였다.

어머니는 그때를 회상하며 할머니 얘기를 들려주셨다.

"만약 네 할머니께 자식 교육의 목표가 뭐냐고 물었다면 우리를 자메이카에서 내보내는 것이라고 말씀하셨을 거야. 네 할머니는 자메이카가 충분치 않다고 생각하셨지. 그때 할머니는 뭐든 기회가 다가오면 그것을 움켜쥐기 위해 최선을 다하셨어."

그러나 장학금 신청 시험에 통과한 사람은 이모뿐이었다. 어머니는 아직도 그때 할아버지와 할머니가 문가에 서서 나누던 대화를 기억하고 있다.

"조이스를 학교에 보낼 돈이 없어요."

1학기 등록금과 교복비를 내고 나니 두 분은 거덜이 나고 말았다. 내 어머니 몫의 2학기 수업료를 어떻게 마련할 것인가? 그런 상황에서도 두 분은 딸 하나만 보내겠다는 생각은 결코 하지 않았다. 할머니는 두 딸을 모두 학교에 보내게 해달라는 기도를 하셨는데, 1학기가 끝날 무렵 다른 학생 중 누군가가 두 개의 장학금 시험에 복수 합격했다는 사실이 확인되었고 결국 그중 하나가 내 어머니에게로 돌아왔다.

대학에 갈 때가 되었을 때, 함께 학교를 다니던 이모는 '백주년 장학금(Centenary Scholarship)'이라 불리던 것을 타냈다. '백주년'이라는 말은 자메이카에서 노예 제도가 폐지된 지 100년이 지난 것을 기념한다는 뜻이었다. 공립 초등학교를 졸업한 학생을 대상으로 하는 그 장학금은 자메이카에서 매년 단 한 명의 학생만 받을 수 있었고 그것도 한 해에는 여학생, 이듬해에는 남학생에게 돌아가는 식이었다. 이모가 그 장학금을 신청한 해는 여학생이 선발되는 해였다. 이모는 운이 좋았지만 어머니는 그렇지 않았다. 어머니는 방값과 탑승권 비용, 생활비, 뱃삯을 마련해야 했고 또한 런던 대학의 수업료도 필요했다. 이것이 주는 부담감이 얼마나 컸을지는 백주년 장학금이 할아버지의 연봉보다 많았다는 것으로도 충분히 알 수 있다. 당시에는 학생 융자 프로그램도 없었고 시골에 사는 학교 선생에게 돈을 빌려줄 은행도 없었다.

어머니는 그때의 절망감을 조용히 드러내셨다.

"만약 네 할아버지께 물어봤다면 아마 이렇게 대답하셨을 거야. '우리는 돈이 없단다.'"

그때 데이지는 어떻게 했을까? 그녀는 인근 마을의 중국인 상점으로 갔다. 자메이카에는 수많은 중국인이 살았고 그들은 19세기부터 상권을 꽉 쥐고 있었다. 자메이카식 표현을 쓰자면 상점은 그냥 상점이 아니라 모두 '중국 상점'이었다.

데이지는 '중국 상점'에 가서 '기회 씨'를 만나 돈을 빌려왔다. 막대한 금액임이 분명했지만 누구도 데이지가 얼마를 빌려왔는지 알지 못한다. 또한 누구도 '기회 씨'가 대체 왜 데이지에게 돈을 빌려주었는지 모르지만, 확실한 것은 데이지가 지불 날짜를 밀려본 적이 없고 그녀가 '기회 씨'의 아이들을 헤어우드에서 가르치는 사람이라는 것이었다. 중국계 아이들이 자메이카 학교에 다니는 것은 쉬운 일이 아니었다. 자메이카 어린이들은 중국 어린이들을 향해 소리를 질렀다.

"짱개들은 개를 먹어요!"

데이지는 친절과 사랑으로 그 적개심을 녹여주는 사람이었다. '기회 씨'는 그것만으로도 그 빚을 갚았다고 생각했을 수도 있다. 어머니 역시 그것이 어떻게 된 노릇인지 모르기는 마찬가지였다.

"어떻게 돈을 빌려왔는지 나한테 말해줬냐고? 난 물어보지도 않았어. 그냥 그렇게 된 거야. 나는 대학에 지원해 들어갔지. 나는 네 할머니께 이미 의존하고 있다는 걸 깨닫지도 못한 채, 네 할머니가 어떻게든 해내실 것이라는 믿음을 갖고 대학에 들어간 거야."

조이스 글래드웰의 대학교육은 W.M. 맥밀런, 자신의 장학금을 양보해준 세인트 힐다스의 어떤 학생, '기회 씨', 마지막으로 데이지 네이션에게 가장 크게 빚을 지고 있는 것이다.

자메이카라는 공간과 18세기라는 시간의 만남

데이지 네이션은 자메이카의 북서쪽 끄트머리 출신이었다. 데이지의 고조부는 아일랜드 출신으로 윌리엄 포드(William Ford)였다. 1784년 커피 농장을 구입한 다음 자메이카로 건너온 그는 도착한 지 얼마 지나지 않아 여성 노예를 하나 사서 첩으로 들였다. 남쪽 해안가 어촌인 앨리게이터 폰드(Alligator Pond)에서 동아프리카의 이그보(Igbo) 부족 여인인 그 노예를 만났던 것이다. 그들 사이에 존이라는 아들이 태어났고, 당시의 표현대로 하면 존은 물라토(mulatto), 즉 유색인종이었다. 그리고 그 시점부터 포드 집안의 모든 사람은 자메이카의 유색인종 계층에 속하게 되었다.

같은 시기에 미국 남부에서 백인 지주가 흑인 노예와 공개적으로 관계를 갖는 것은 극히 드문 일이었다. 백인과 흑인 사이의 성관계는 도덕적 타락으로 간주되었다. 미국에서는 이종(異種)간의 결혼을 금지하는 법안이 통과되었고 연방대법원에 의해 1967년 위헌 판결이 내려지기까지 그 법은 유지되었다. 노예와 공개적으로 살림을 차린 백인 대농장 지주는 사회적으로 매장당했으며, 백인과 흑인 사이에 태어난 아이는 노예가 될 운명에 처했다.

그러나 자메이카에서는 이종간 혼인을 대하는 태도가 미국과 달랐다. 당시 카리브해 지방은 노예들로 이뤄진 거대한 식민지 이상도 이하도 아니었으며, 흑인은 백인을 10 대 1 이상의 비율로 압도하고 있었다. 사실상 자메이카에는 혼인 가능한 백인 여성이 거의 없었고, 따라서 많은 백인이 흑인이나 혼혈 여성을 배필로 맞아들였다. 한 영국인 자메이카 농장주는 138명의 여성과 맺은 성관계를 37년에 걸쳐 자세히 기록함으로써 유명해졌는데, 그중 대부분이 노예였던 것을 감안하면 그 모든 관계를 자발적인 것으로 보긴 어려울 것이다.

백인은 이종간의 관계에서 태어난 물라토를 잠재적 아군으로 보았고, 그들과 노예 사이의 완충지대로 여겼다. 물라토 여성은 집안의 안주인이 될 수 있었으며 그들 사이에서 태어난 자녀들은 피부색이 좀더 밝았는데, 그러면 사회 경제적 사다리에서 한 칸 더 올라갈 수 있었다. 물라토들은 거의 들일을 하지 않았다. 그들은 '집안'에서 일하며 훨씬 더 편하게 살았다. 주인이 물라토에게 좀더 많은 자유를 주었기 때문이다. 특히 자메이카가 흑인이나 혼혈인도 유증(遺贈: 사망 후 상속받는 것-역주)의 대상이 될 수 있다는 법을 통과시켰을 때, 비록 상한선이 2,000파운드로 제한되긴 했지만 그 액수 자체가 엄청난 것이었기 때문에 많은 물라토 안주인이 백인 재산가의 유언에 따라 그럭저럭 살아갈 만한 재산을 손에 넣을 수 있었다.

18세기의 한 관찰자는 이런 기록을 남기고 있다.

"유럽인이 서인도제도에 상륙해 어느 정도 시간을 보내고 나면 집을 돌봐주고 살림을 해줄 사람을 필요로 하게 된다. 그는 흑인, 물라토, 인디언 혼혈 중에서 선택할 수 있고 그 각각은 100~150스털링이면 구입할 수 있다. 혼혈아는 4번 거래되면 해방되고 이들은 대부분 세 살이나 네 살이 되면 영국으로 입양되어 그곳에서 교육을 받았다."

데이지의 증조부 존이 살던 세계는 그런 곳이었다. 그는 노예선에서 내린 지 한 세대가 지난 시점의 사람이었고 아프리카 식민지의 연장선상에 있다고 해야 할 나라에서 자라긴 했지만, 자유인으로 교육의 혜택을 모두 누렸다. 그는 백인과 자메이카에 살고 있던 인디언 부족 아라와크족(Arawak)의 물라토와 결혼해 일곱 명의 자식을 낳았다.

자메이카의 사회학자 올랜도 패터슨(Orlando Patterson)은 그러한 역사의 단면을 보여준다.

"유색인종에게는 사회적 지위가 있었습니다. 1826년에는 유색인종에게 완전한 시민권이 주어졌죠. 사실 그때 유태인도 마찬가지로 완전한 시민권을 얻었습니다. 투표권도 있었지요. 여전히 노예제 사회라는 맥락이 있었음에도 백인이 하는 것은 뭐든 할 수 있었어요. 그들의 꿈은 기술자가 되는 것이었습니다. 자메이카에는 설탕 농장이 있었고 그 것은 미국 남부의 목화 농장과는 완전히 다릅니다. 목화는 전적으로 농업적인 생산품이지요. 노예들은 목화를 줍기만 하고 나머지는 영국 랭카셔(Lancashire)나 미국 북부에서 해결하는 거죠. 하지만 설탕은 농업과 공업이 혼합된 상품입니다. 사탕수수는 수확되는 순간부터 당도를 잃어가기 때문에 농장 바로 옆에 공장을 세우지 않으면 안 됩니다. 사탕수수밭 옆에 설탕 공장을 세울 수밖에 없었는데 설탕 공장에는 많은 설비가 필요하죠. 이로써 통을 만드는 사람, 보일러 관리자, 목수 등의 직업이 생겨났고 이것은 전부 유색인종의 몫이었어요."

자메이카의 영국인 엘리트에게는 미국의 경우와 대조적으로 국가를 설립하고자 하는 원대한 꿈이 없었다. 그들은 돈을 벌어 영국으로 돌아가고 싶어 했다. 따라서 새로운 사회를 세우는 과업은 그 속에 포함된 수많은 기회와 함께 유색인종의 손으로 넘어갔다. 패터슨의 설명을 좀더 들어보자.

"1850년만 해도 킹스턴(Kingston, 자메이카의 수도)의 시장은 유색인이었습니다. 〈데일리 글리너(Daily Gleaner)자메이카의 유력 신문〉의 설립자도 마찬가지죠. 유색인은 일찌감치 전문직 영역에 진출했어요. 백인은 사업이나 대농장 업무에 주로 종사했죠. 의사나 변호사가 된 사람은 모두 유색인종이었습니다. 학교를 운영한 것도 마찬가지고요. 킹

스턴의 주교는 전형적인 갈색 피부를 지니고 있었죠. 그들은 경제적 엘리트는 아니었지만 문화적으로는 분명 엘리트였어요."

다음의 표는 자메이카의 전문가, 변호사, 국회의원을 분류해 놓은 것으로 분류 기준은 피부색이다. '백인이거나 밝은 색'은 완전히 하얀 피부로 흑인의 유전자가 거의 영향을 미치지 못한 경우를 뜻한다. '올리브'는 백인보다 좀더 진하고 '밝은 갈색'은 올리브보다 좀더 진한 피부색이다(자메이카 사람이 아니라면 올리브와 밝은 갈색을 명확하게 구분해내지도 못할 테지만). 염두에 두어야 할 것은 1950년대 당시 흑인이 자메이카 전체 인구의 80퍼센트를 차지했고 다른 유색인종에 비해 5 대 1의 비율로 많았다는 사실이다.

인종	변호사 (퍼센트)	국회의원(수)
중국인	3.1	
동인도제도 출신	–	
유태인	7.1	
시리아계	–	
백인이거나 밝은 색	38.8	10
올리브	10.2	13
밝은 갈색	17.3	19
짙은 갈색	10.2	39
흑인	5.1	10
모름	8.2	

그러면 소수의 유색인종이 백인 혼혈을 통해 얻을 수 있었던 엄청난

이점을 자세히 살펴보자. 들판이 아닌 집에서 일하고 1826년 완전한 시민권을 얻었으며 노예로 팔리는 대신 자기 가치를 인정받았고, 사탕수수 농장에서 일할 기회를 얻은 선조의 자손이 두세 세대가 지난 후 낳게 된 모든 차이를 생각해보자는 것이다.

데이지 포드가 두 딸을 교육시키고자 했던 열정은 다른 곳에서 나온 것이 아니었다. 그녀는 풍부한 유산의 상속자였다. 어린 시절 함께 살았던 오빠 루퍼스(Rufus)는 교사였고 학식이 있는 사람이었다. 동생 카를로스(Carlos)는 쿠바로 건너갔다가 돌아와 의복 공장을 차렸다. 아버지 찰스 포드(Charles Ford)는 도매업에 종사했다. 어머니 앤(Ann)은 결혼 전 파월(Powell)이라는 성을 썼고 교육을 받았으며 유색인종 집안에서 자랐다. 그 파월 집안에서 2대 후 콜린 파월(Colin Powell)이 태어났다. 데이지의 삼촌 헨리(Henry)는 자산가였다. 데이지의 할아버지 존(John)은 윌리엄 포드와 동아프리카계 첩 사이에서 태어난 아들로 목회자가 되었다. 그리고 포드 집안에서 적어도 세 명 이상이 로즈 장학금(Rhodes Scholarship)을 받았다. 내 어머니가 W. M. 맥밀런, 1937년의 시위대, '기회 씨', 내 할머니에게 빚을 지고 있듯 데이지는 루퍼스, 카를로스, 앤, 찰스, 존에게 빚을 지고 있는 것이다.

성공, 역사적 유산과
특별한 기회의 합작품　　　내 할머니는 정말 주목할 만한 여성이다. 그러나 포드 가문의 점진적 상승은 하나의 사건에 의해 촉발되었다는 것을 잊어서는 안 된다. 윌리엄 포드가 내 고조 고조 고조 할머니를 앨리게이터 폰드의 노예시장에서 발견하고 구입한 일 말이다.

선택받지 못한 노예들은 그야말로 짧고도 불행한 삶을 살았다. 자메이카의 농장주들은 노예가 가진 인적 자원을 어릴 때 최대한 뽑아낸 다음, 다시 말해 노예가 죽거나 쓸모없어질 때까지 일을 시킨 뒤 새로운 노예를 사오는 것이 훨씬 더 합리적이라고 생각하고 있었다. 그들은 자신이 노예와의 관계에서 낳은 자식을 귀여워하는 것과 노예를 그저 재산으로 생각하는 것 사이에서 어떠한 철학적 갈등도 일으키지 않았다.

자신의 성적 모험을 자세히 기술한 것으로 유명한 농장주 윌리엄 시슬우드(William Thistlewood)는 피바(Phibbah)라는 노예와 평생토록 관계를 유지했고 모든 면에서 피바를 사랑했으며 피바는 그의 아들을 낳았다. 하지만 그는 농장의 노예를 대할 때면 짐승이 되었고 도망가다가 잡힌 노예에게는 '더비의 처방(Derby's dose)'이라는 벌을 내리곤 했다. 도망자를 두들겨 팬 후 상처에 굵은 소금, 라임주스, 후추를 뿌리고 마구 비비는가 하면, 심지어 다른 노예를 불러와 도망자의 입에 변을 보게 한 후 서너 시간 동안 재갈을 물려놓기도 했다.

그러니 자메이카의 유색인종이 밝은 색 피부에 집착하는 것은 그리 놀라운 일이 아니다. 그들은 타인의 피부색을 유심히 관찰했고 백인이 하는 것처럼 피부색을 가지고 희롱하기 시작했다. 자메이카의 사회학자 페르난도 헨리크(Fernando Henriques)는 흥미로운 사실을 전해주고 있다.

"한 가족 안에 피부색이 다른 아이들이 함께 있을 경우, 가장 밝은 피부색을 가진 사람이 선망의 대상이 된다. 사실 이런 일은 아주 흔했다. 어두운 피부색을 가진 가족 구성원은 더 밝은 피부색을 가진 사람들이 모두 들어오기 전까지 집에 들어오지 못한다. 이러한 불평등은 성장기 내내는 물론 결혼할 때까지 지속된다. 피부색이 좋은 아이들은 가문의 색깔 계급을 올려줄 존재로 기대를 받으며 결혼은 집안의 피부색을 진전시키기 위한 중요한 단계로 인식된다. 피부색이 밝은 사람은 피부색이 어두운 사람과의 사회적 관계를 가급적 회피한다……. 흑인 집안에서 피부색이 더 어두운 사람은 밝은 피부색을 가진 사람이 백인 사회의 관문을 '통과'할 수 있도록 도와야 한다. 피부색에 따른 가족 내 관계는 피부색에 대한 공적인 편견을 그대로 반영하고 있다."

우리 집안도 예외는 아니었다. 데이지는 자기 남편이 백인이었다는 사실에 대해 대단한 자부심을 갖고 있었다. 하지만 그 편견의 화살은 데이지에게도 돌아왔을 것이다. 할머니를 며느리로 맞아들이는 쪽에서는 아마도 이렇게 말했으리라.

"데이지는 피부색이 검어."

내가 후안(Joan) 이모라고 부르는 어머니의 친척 중 한 분은 이 피부색의 계급에서 비교적 높은 위치에 있었다. 그분은 '하얗거나 밝은' 쪽이었다. 하지만 남편은 자메이카인이 '인준(Injun)'이라 부르는 어두운 피부색에 검은 머리카락을 가진 사람이었다. 그들 사이에 태어난 딸들은 모두 아버지처럼 피부색이 어두웠다. 남편이 죽고 난 후, 어느 날 열차를 타고 딸들을 만나러 가던 후안 이모는 같은 칸에서 밝은 피부색을 가진 남자를 보고 호감을 느꼈다. 그 다음에 벌어진 일은 오랜 세월이 지난 후, 후안 이모가 내 어머니에게만 살짝 말해주었는데 그때 그녀는 큰 수치심을 느끼고 있었다. 열차에서 내린 뒤 딸 옆에 나란히 걸으면서도 이모는 자기 딸이 아니라고 부정했던 것이다. 그처럼 피부색이 어두운 딸을 낳았다는 사실을 피부색이 밝은 남자에게 알리고 싶지 않았기 때문이다.

1960년대에 내 어머니는 당신의 경험을 담아 책을 펴냈다. 제목은 〈갈색 얼굴, 큰 주인(Brown Face, Big Master)〉이었는데, 갈색 얼굴이란 어머니 자신을 말하고 큰 주인은 자메이카식으로 신을 지칭한다. 책의 한 대목에서 어머니는 아버지와 결혼하고 내 형을 낳았던 시절의 얘기를 묘사하고 있다. 그때 두 분은 런던에 살고 있었는데 아버지는 오래도록 집을 찾아 헤맨 끝에 교외에서 간신히 아파트를 구했다. 하지만 이사를 하고 얼마 지나지 않아 집주인으로부터 방을 빼라는 통보를 받았다. 집주인은 아버지에게 화를 내며 쏘아붙였다고 한다.

"당신 아내가 자메이카인이라고 말하지 않았잖아요!"

그 책에서 어머니는 오랫동안 겪어온 이 고난을 묘사하며 그것을 신앙과 조화시키고자 부단히 노력하고 있다. 결말에 이르러 어머니는 자신의 가족 역시 자메이카에서 피부색을 통해 이익을 누렸던 만큼 영국에서 겪는 일에 분노하는 것은 옳지 않다고 생각하며 피부색으로 사람을 나누는 이들에 대한 적개심을 누그러뜨렸다.

"나는 하느님께 수없이 불평했다. '여기 제가, 흑인의 피를 받아 상처받고 신음하는 제가 우리를 지배하는 백인과 동등한 대접을 받을 수 있기를 갈구하나이다!' 하느님은 그저 웃으실 뿐이었다. 내 기도에 진실이 부족했던 것이다. 나는 다시 기도했다. 그러자 하느님께서 말씀하셨다. '너 또한 같은 짓을 해오지 않았느냐? 조금 다르다는 이유만으로 네가 피하고 무시하고 덜 존중했던 그 수많은 사람을 생각해 보아라. 너는 그들과 같으니 부끄러워해야 마땅하리라. 너는 네가 그들과 같지 않다는 이유로 기뻐한 적이 없더냐? 네가 흑인이 아니라고 기뻐한 적이 없더냐?' 집주인에 대한 내 분노와 증오가 녹아내렸다. 나는 그 집주인과 다르지 않았고, 아니 오히려 더 나빴다. 우리는 자기중심적이고 자만에 빠져 있으며 다른 사람을 배제한다는 점에서 모두 죄인이다."

우리의 문화적 배경을 솔직히 밝히는 것은 쉬운 일이 아니다. 내 어머니로서는 자신이 어려움을 극복하고 자수성가를 한 사람으로 소개하는 편이 더 쉬울 것이다. 조셉 플롬의 경우도 그를 "위대한 변호사"로 부르는 것이 더 쉬울 것이다. 빌 게이츠도 자신이 "천재"라고 불리는 것을 그대로 받아들일 수도 있다. 그가 "나는 단지 운이 좋았을 뿐"이라고 말한다고 해서 그가 창피해지는 것도 아니다. 그러나 실제로 그는 운이 좋았다. 레이크사이드의 학부모회는 1968년에 그에게 컴퓨터를 사주지 않았는가.

하키선수, 빌 조이, 로버트 오펜하이머, 그리고 그밖에 다른 어떤 부류의 아웃라이어라고 하더라도 드높은 횃대 위에 앉아 사람들을 내려 다보며 진심으로 "나는 이 모든 것을 내 힘으로 해냈다"라고 말할 수 없다. 슈퍼스타 변호사와 수학 천재, 소프트웨어 기업가는 얼핏 우리 의 일상적인 경험에서 벗어난 존재처럼 보인다. 하지만 그렇지 않다. 그들은 역사와 공동체, 기회, 유산의 산물이다. 그들의 성공은 예외적 인 것도 신비로운 것도 아니다. 그들의 성공은 물려받거나, 자신들이 성취했거나 혹은 순전히 운이 좋아 손에 넣게 된 장점 및 유산의 거미 줄 위에 놓여 있다. 이 모든 것은 그들을 성공인으로 만들어내는 데 결 정적인 요소였다. 아웃라이어는 결국, 아웃라이어가 아닌 것이다.

내 고조 고조 고조 할머니는 앨리게이터 폰드에서 팔렸다. 그 결과 아들 존 포드가 태어났고 그의 밝은 피부색은 존을 노예의 삶으로부터 건져냈다. 데이지 포드가 누렸고 또한 자신의 두 딸을 기르는 데 적극 활용한 기회는 서인도제도의 사회적 구조로부터 출발한 문화의 산물 이었다. 또한 내 어머니가 받은 교육은 1937년의 시위대와 '기회 씨' 가 만들어낸 작품이다.

이것은 역사가 내 가족에게 준 선물이다. 만약 그 상인이 갖고 있던 경제력, 시위대가 낳은 사회적 결실, 자메이카의 문화가 지닌 가능성, 피부색의 특권이 다른 사람에게도 확장된다면 얼마나 더 많은 사람이 언덕 위의 아름다운 집에서 풍요로운 삶을 살 수 있게 될까?

평범한 사람과 비범한 사람을 가르는
그 작은 차이

《아웃라이어》는 성공에 대한 책이다. 1부에서 우리는 '성공하는 사람들의 흔해 빠진 최루성 신파극'이나 '평범한 사람이 감히 근접할 수 없는 영웅들의 무용담' 대신, 성공하는 사람들이 누렸던 행운과 그들이 태어난 시대적 배경, 세대 등의 요인을 객관적으로 살펴보았다. 그로 인해 세기의 부자인 빌 게이츠가 노력하지 않고 성공한 천재가 아니라는 사실도 알게 되었고, IQ가 높다고 무조건 성공이 보장되는 것도 아니라는 사실을 밝힐 수 있었다.

빌 게이츠가 십대 시절 마음껏 프로그래밍 연습을 하지 못했더라면, 그는 지금의 빌 게이츠가 되지 못했을 것이다. 빌 조이도 그렇다. 선마이크로시스템의 창립자가 아니라, IBM같은 기업에서 근무하는 엔지니어로 인생을 마감하게 되었을지도 모른다. 물론 그들은 모두 특별한 재능을 타고난 사람들이지만 그게 전부가 아니다. 재능은 성공의 필요조건이지 충분조건이 아니다. 재능을 완전히 꽃피우기 위해서는, 기회와 노력과 행운이 모두 필요하다.

2부는 그보다 한 발 더 나아간다. 개인은 결국 '사회'라는 문화적 테두리 안에서 성공할 수밖에 없다. 말콤 글래드웰은 각각의 사회가 지니고 있는 다양하면서도 독특한 문화요소에 주목한다. 그는 각 문화요소가 오래 전부터 이어온 생활방식에서 기인했으며 산업화와 문명화를 거쳐 그 형태가 변모했거나 첨삭되기는 했으나, 결국은 그대로 존속하게 된다고 주장한다. 글래드웰은 그것을 '역사·문화적 유산'으로 규정한다.

책에 따르면 스코틀랜드와 아일랜드 지방에서 미국 남부로 넘어온 이민자들은 수백 년이 지난 지금까지도 그들의 조상처럼 '명예 문화' 속에 살고 있다. 마찬가지로 오랜 세월 농경민족으로 살아온 사람들, 특히 쌀 농사를 지으며 살아온 아시아인은 근면·성실을 당연한 미덕으로 간주하는 문화적 유산을 지니고 있다. 그 덕에 아시아인은 수학 문제를 끈기 있게 붙들고 늘어지며, 탁월한 수학적 능력을 발휘해 결국 좋은 성적을 얻는다는 것이다.

글래드웰의 논리 중에서 대한항공의 이야기를 다룬 부분은 '한국의 문화적 유산'을 적나라하게 파헤친 것이어서 특히 흥미롭다. 윗사람에게 예의를 갖춘다는 이유로 간접적으로 돌려 말하는 '완곡어법'을 사용하는 우리의 언어 습관이, 1분 1초의 판단에 따라 생사를 결정지을 수 있는 비행기 조종석에서 큰 위험요소가 될 수도 있다는 설명은 21세기 대한민국 사회에 시사하는 바가 크다.

완곡어법이 오히려 성과에 악영향을 미치는 곳은 비단 비행기 조종석만이 아니다. 당장 패스를 하고 골을 넣어야 하는 축구장에서도, '선배님'이 두려워서 말을 할 수 없다면 좋은 성적을 기대할 수 없다. 2002년 국가대표 축구팀 감독 거스 히딩크는, 그 점을 파악해 구체적인 대안을 마련함으로써 대한민국을 월드컵 4강에 올려놓는 기염을 토했다. 히딩크가 처음 국가대표 축구팀 감독으로 부임했을 당시 선수들은 훈련 중에도 서로 대화를 하지 않았고, 심지어는 밥을 먹을 때에도 자기들끼리 몇 개의 그룹으로 나뉘어 섞이려 들지 않았다. 그 모습을 유심히 관찰하던 히딩크는 며칠 후 선수들을 모아놓고 파격적인 이야기를 꺼냈다.

"나이가 많건 적건 선수끼리는 무조건 반말을 한다. 밥 먹을 때에도 마찬가지다."

엄격한 위계질서 속에서 살아온 선수들에게 히딩크의 말은 그야말로 '황당 선언문'이었다. 잠시 정적이 흐르던 찰나, 대표팀의 막내 그룹이었던 김남일이 최고참 선배인 홍명보를 보며 한 마디 툭 던졌다.

"명보야, 밥 먹자!"

식당은 순식간에 웃음바다로 변했고, 대한민국은 이기고 또 이기며 승승장구했다. 2002년 6월, 평등했던 '우리 팀'은 그래서 참 뜨겁고 강렬했다.

문화적 유산의 힘은 그토록 강력한 것이며, 양면성을 지니고 있다. 혹자는 우리가 영어를 모국어로 사용해야 '세계화 시대'에 적응할 수 있다고 말하지만, 말콤 글래드웰의 생각은 다르다. '일이삼사오륙칠팔구십'으로 숫자를 세는 우리의 산술 체계는, 영어의 불규칙적인 산술 체계에 비해 훨씬 논리적이다. 정보화 사회를 이끌어가는 원동력은 결국 수학에서 나온다. 한국의 어린이들은 미국 어린이들에 비해 훨씬 더 수학을 잘할 수 있는 문화적 배경을 타고난 것이다. 대한민국이 빠른 시간 내에 IT강국으로 떠오를 수 있었던 이유 중 '문화적 유산'이 큰 몫을 했다고 여긴다면 과도한 추측일까? 숫자를 빨리 셀 수 있는 한국인들은, 봄철 모내기를 하듯 순식간에 인터넷선을 깔았고, 지금은 세계 어느 나라보다 빠른 속도로 인터넷 세상을 살아가고 있다. 문화적 유산에 대한 논의는 '영어 공용화론'처럼 단순한 양상으로 펼쳐져서는 안 된다. 문화적 유산이 낳는 긍정적 효과와 부정적 효과를 모두 직시하고, 객관적으로 대처하는 자세가 필요하다.

말콤 글래드웰이 감탄하고 칭송한 우리의 '쌀농사 문화'도 그렇다. 우리는 사람이 성공하려면 어린 시절부터 꾸준히 노력해야만 한다는 사실을 너무도 잘 알고 있다. 그래서 여름방학과 겨울방학동안 보충수업을 하고, 밤늦게까지 '자율학습'을 실시하며, 해가 뜨기 전부터 아이들의 어깨에 책가방을 얹어 학교에 보낸다. 요컨대 한국의 모든 학교는 미국의 키프보다 더 치열하게 돌아가고 있는 것이다. 하지만 과연 대한민국의 경쟁력이 미국보다 앞서나간다고 말할 수 있을까? 분명히 우리는 우리의 아이들을 '집중 배양'하고 있는데, 왜 미국보다 잘 사는 나라가 되지 못하고 있을까? 어린 시절부터 하루에도 몇 시간씩 영어를 가르치는데, 영어 시험은 곧잘 보면서 왜 입도 뻥긋하지 못할까? 열심히 끈기 있게 하는 우리의 문화는 분명히 장점을 지니고 있다. 하지만 무조건 열심히만 한다고 해서 다 잘 되는 것은 아니다. 말콤 글래드웰이 미국의 독자들에게 '아시아의 근면·성실을 본받자'라고 말한다면, 우리는 반대로 고개를 들어 '서구인들의 평등함과 여유를 배우자'고 해야 하는 것은 아닐까?

서태지는 '교실 이데아'에서 이렇게 노래했다.

"매일 아침 일곱 시 삼십분까지 우리를 조그만 교실로 몰아넣고, 전국 900만의 아이들의 머릿속에 모두 똑같은 것만 집어넣고 있어."

7시 30분부터 밤 9시까지 열심히 노력하지 않으면 1만 시간의 법칙을 실천할 수 없다. 문제는 '그 아이들이 무엇을 하느냐'이다. 빌 게이츠가 한국에 태어났다면, 야간 자율학습도 무시하고 수업시간도 종종 빠져가며 고등학생 프로그래머로 이름을 날릴 수 있었을까? 빌 조이가 한국의 대학생이었다면, 토익 점수를 높여야 한다는 부담감을 쉽게 이겨낼 수 있었을까?

게다가 우리는 아이들을 너무도 빨리, 우수한 아이와 열등한 아이로 나누어버린다. 하키 선수들의 사례를 떠올려보자. 엘리트 그룹에 속하면 더 많은 연습 기회를 얻는다. 더 많은 연습 기회는 더 나은 실력으로 이어진다. 연습시간과 실력의 부익부 빈익빈 구조가 탄생하는 것이다. 한국의 교육도 비슷한 방향으로 나아가고 있는 것 같다. 본문에도 언급되었지만, 덴마크에서는 아이들이 10살이 되기 전까지는 그 어떤 평가도 내리지 않는다. 숙련도와 재능을 혼동할 수 있기 때문이다. 교육 선진국으로 각광받고 있는 핀란드에서는 '순위는 달리기를 할 때나 매기는 것'이라며, 학생들을 성적에 따라 줄 세우는 것을 이해하지 못하는 반응을 보인다. 쌀농사를 짓듯 아이들을 집중적으로 돌보아주는 것은 아름다운 문화적 유산이다. 하지만 농부는 모든 논에 골고루 정성을 들이고, 모든 벼의 잎사귀를 쓰다듬어준다. 농부는 '1등으로 자라는 벼'와 '꼴등으로 자라는 벼'를 차별하지 않고 길러낸다. 우리도 그럴 수 있다.

이 책은 성공에 대한 이야기였다. 동시에 사회와 문화, 심리와 철학에 대한 이야기이기도 하다. 더 많은 아웃라이어를 탄생시키기 위한 조건을 개발하는 것뿐 아니라, 아웃라이어가 아닌 평범한 사람들도 행복하게 살 수 있는 세상을 만들기 위한 방법을 고민하고 있는 것이다. 말콤 글래드웰의 어머니 조이스 글래드웰이 바로 그렇다. 조이스는 아웃라이어가 아니다. 자메이카에서 태어나 영국으로 유학을 왔다는 점에서는 보통 사람의 범위를 뛰어넘지만, 핵무기를 만든 오펜하이머나 '뉴욕의 소송 황제' 조셉 플롬에 비하면 평범한 사람이다. 하지만 조이스 글래드웰이 캐나다의 언덕에서 평화로운 여생을 보내는 일상적인 삶에도, 엄청난 행운과 노력과 기회와 재능이 필요했다. 우리의 평범한 삶의 이면에는, 이토록 평범하지 않은 것들이 한가득 웅크리고 있다. 평범한 사람과 비범한 사람을 가르는 그 작은 차이, 작은 기회들을 더 많은 이들이 골고루 누릴 수 있는 세상을 글래드웰은 꿈꾼다. 아마 독자 여러분도, 나처럼, 이제는 그 꿈에 함께 빠져들고 있을 것이다. 더 많은 사람들이 그 꿈을 나누었으면 좋겠다. 꿈은 모든 사람들이 함께 꿀 때에 비로소 현실이 되는 것이기 때문이다.

김영사에서 이 책을 번역하겠냐는 제안을 받았을 때, 나는 딱 한 챕터만 읽어보고 번역을 결정했다. 집으로 돌아가는 지하철 안에서 받은 원고를 다 읽었다. 나머지 내용을 누구보다 먼저 읽어보고 싶었기 때문에, 나는 이 책을 번역하기로 한 것이다. 나머지 내용들을 사탕을 빨듯 쪽쪽 읽어 내려갔다. 말콤 글래드웰의 책을 첫 번역 작품으로 세상에 내놓을 수 있게 된 것은, 정말이지 매우 드문 기회다. 경험이 부족한 내게 이렇게 좋은 원고를 안겨준 김영사의 박은주 대표님과 편집자들께 심심한 감사의 뜻을 표한다. 그들은 내게 함부르크에서의 연주 기회를 주었다. 나 또한 1만 시간을 채우기 위해 나아가는 신인일 따름이다. 혹시라도 '삑사리'가 난 부분이 있다면 그것은 모두 나의 미숙함 때문이다. 아무쪼록 독자 여러분들께 이 책이, 짜릿한 지적 엔터테인먼트가 되었으면 한다.

노정태

참고
문헌

*일러두기: 국내에 번역서가 나와 있는 경우에는 번역서의 이름을 함께 표기했으며, 원문으로만 표기된 경우
는 아직 번역 출간되지 않은 것이다. 논문과 저널의 이름은 원문을 그대로 표기했다.

[프롤로그]

1. 존 G. 브룬과 스튜어트 울프는 로제토에서 행한 연구를 바탕으로 두 권의 책을 펴냈다. 《The
   Roseto Story(Norman: University of Oklahoma Press. 1979)》와 《The Power of Clan: The
   Influence of Human Relationship on Heart Disease(New Brunswick, N.J.: Transaction
   Publishers, 1993)》가 그것이다. 이탈리아의 로제토와 미국의 로제토를 비교한 책으로는 카를
   라 비앙코(Carla Bianco)가 쓴 《두 개의 로제토(The Two Rosetos, Bloomington: Indiana
   University Press, 1974)》가 있다. 로제토는 펜실베이니아의 작은 마을 중 유독 학자들의 관심을
   많이 끈 독특한 마을이다.

[1장 : 마태복음 효과]

1. 젭 부시가 스스로를 자수성가한 사람인양 포장하는 내용은 S.V. 데이트(S.V. Dáte)의 책 《Jeb:
   America's Next Bush(New York: Jeremy P. Tarcher/Penguin, 2007)》 중, 특히 80~81쪽을
   참조하라. 데이트는 다음과 같이 적고 있다. "1994년과 1998년의 선거에서 젭 부시는 그것에
   대해 분명히 선을 그었다. 그는 자신이 재정적으로 독립해 있으며 그것은 스스로 노력하고 일
   해 온 결과라고 강조했다. '저는 제가 성취한 바를 위해 열심히 일해 왔고 그것을 자랑스럽게
   생각합니다.' 그는 1993년 〈세인트피터스버그 타임스〉와의 인터뷰에서 이렇게 말했다. '죄책
   감을 느껴본 적도 내가 잘못하고 있다고 생각해본 적도 없다.' 이러한 태도는 그가 1992년
   CNN의 〈래리 킹 라이브〉에서 드러냈던 것과 거의 같다. '저는 사실 불이익이었다고 생각합
   니다. 왜냐하면 할 수 있는 일이 제한되기 때문이죠.' 대통령의 아들이었던 것이 그에게 사업
   기회를 주지 않았느냐는 질문에 대한 대답이다. 병리적이라는 말 외에 그 어떤 말로 이 사고
   방식을 설명할 수 있을까."

2. 파울라와 로저 반슬리가 생일이 빠른 아이들과 하키의 상관관계를 발견해낸 팀인 레스브리지

브론코스는 1974년부터 1986년까지 웨스턴 하키리그에 있던 청소년 아이스하키 팀이었다. 그 팀은 1982년과 1983년 시즌에 웨스턴 하키리그 챔피언십에서 우승하고, 3년 후 캐나다 서 스캐처원주(Saskatchewan)의 스위프트 커런트(Swift Current)로 연고지를 옮겼다. 자세한 내용은 http://en.wikipedia.org/wiki/Lethbridge_Broncos를 참조하라.

3. 연령대 분할이 낳는 효과에 대해서는 조첸 무시(Jochen Musch)와 사이먼 그론딘(Simon Grondin)의 논문 'Unequal Competition as an Impediment to Personal Development: A Review of the Relative Age Effect in Sport', 〈Developmental Review〉 21, no.2(2001): 147~167쪽에 실려 있다.

4. 자기실현적 예언의 역사는 고대 그리스와 인디언 문학까지 거슬러 올라가지만, 그 개념이 정교화된 것은 로버트 머튼의 책《Social Theory and Social Structure (New York: Free Press, 1968년)》에서다.

5. 반슬리와 그의 팀은 다른 스포츠에까지 연구 영역을 넓혔다. 로저 반슬리와 A. H. 톰슨, 필립 르골(Philipe Legault)의 논문 'Family Planning: Football Style. The Relative Age Effect in Football', 〈International Review for the Sociology of Sport〉 27, no.1(1992): 77~88쪽을 참조하라.

6. 연령대 분할효과를 통계로 내서 야구에 적용해본 사람으로는 그렉 스파이라(Greg Spira)가 있다. 웹진 '슬레이트Slate'의 http://www.slate.com/id/2188866/를 참조하라.

7. 암스테르담 대학의 A. 듀딘크(A. Dudink)는 영국 프리미어 리그에 존재하는 연령 기준일이 어떻게 캐나다 하키리그에서와 같은 결과를 낳았는지를 보여주었다. 'Birth Date and Sporting Success', 〈Nature〉 368 (1994): 592쪽을 참조하라.

8. 흥미롭게도 벨기에의 경우 축구선수 선발 연령 제한 날짜가 8월 1일이고 최고 수준 선수들의 절반 이상이 8월과 9월생이었다. 그런데 벨기에 축구협회가 날짜를 1월 1일로 옮기자 몇 년 지나지 않아 엘리트 축구 선수 중에 12월생은 한 명도 남지 않았으며 1월생의 숫자가 압도적으로 많아졌다. 추가적인 내용을 알고 싶다면 베르너 F. 헬센(Werner F. Helsen), 자넷 L. 스탁스(Janet L. Starkes), 그리고 얀 반 빈첼(Jan van Winckel)이 쓴 논문 'Effects of a Change in Selection Year on Success in Male Soccer Players', 〈American Journal of Human Biology〉 12, no.6(2000): 729~735쪽을 참조하라.

9. 켈리 베다드와 엘리자베스 듀이의 자료는 〈Quarterly Journal of Economics〉 121, no.4(2006): 1437~1472쪽에 실린 'The Persistence of Early Childhood Maturity: International Evidence of Long-Run Age Effects'에서 확인할 수 있다.

[2장: 1만 시간의 법칙]

1. 빌 조이의 인생사 중 상당수는 2000년 5월 16일 〈살롱(Salon)〉에 실린 앤드루 레오나르드(Andrew Leonard)의 기사 'BSD UNIX: Power to the People, from the Code', http://archive.salon.com/tech/fsp/2000/05/16/chapter_2_part_one/index.html에서 확인할 수 있다.

2. 미시건 대학 컴퓨터센터의 역사를 알고 싶다면, 전자공학 및 컴퓨터공학부 명예교수들이 쓴 《A Career Interview with Bernie Galler》, IEEE Annals of the History of Computing 23, no.4(2001): 107~112쪽을 참조하라.

3. 에릭손과 동료들이 쓴 1만 시간의 법칙에 대한 (다수의) 놀라운 논문 중 하나를 소개한다. K. 안데르스 에릭손, 랠프 Th. 크램프(Ralf Th. Krampe), 그리고 클레멘스 테시-뢰머(Clemens Thesh-Römer)가 쓴 'The Role of Deliberate Practice in the Acquisition of Expert Performance', 〈Psychological Review〉 100, no.3(1993): 363~406쪽을 참조하라.

4. 다니엘 J. 레비틴은 《This Is Your Brain on Music: The Science of a Human Obsession(New York: Dutton, 2006)》에서 1만 시간을 투자해야 뭔가를 통달할 수 있다고 주장한다. 197쪽 참조.

5. 모차르트가 신동으로 성장한 과정은 마이클 J. A. 호의 《Genius Explained(Cambridge: Cambridge University Press, 1999)》 3쪽을 참조하라.

6. 헤롤드 쇤베르그의 말은 존 R. 헤이스(John R. Hayes), 《Thinking and Learning Skills》. Vol.2: 《Research and Open Questions, ed. Susan F. Chipman, Judith W. Segal, and Robert Glaser(Hillsdale, N.J: Lawrence Erlbaum Associates, 1985)》를 참조하라.

7. 체스 그랜드마스터 바비 피셔가 1만 시간 법칙의 예외였는지는 닐 카네스(Neil Charness), 랠프 Th. 크램프, 그리고 울리히 마이어(Ulrich Mayr)가 쓴 에세이 《The Role of Practice and

Coaching in Entrepreneurial Skill Acquisition, in The Road to Excellence: The Acquisition of Expert Performance in the Arts and Science, Sports and Games, ed. K. Anders Ericsson(Hillsdale, N.J. Lawrence Erlbaum Associates, 1996)》의 51~126쪽, 특히 73쪽을 참조하라.

8. 시간 공유 터미널이 개발되면서 발생한 혁명을 더 알고 싶다면 스티븐 메인스(Steven Manes)와 폴 앤드루스(Paul Andrews)의 《Gates: How Microsoft's Mogul Reinvented an Industry-And Made Himself the Richest Man in America(New York, Touchstone, 1994)》 26쪽을 참조하라.

9. 존 레논과 조지 해리슨이 함부르크에서 겪었던 밴드의 초창기를 회고하는 내용은, 조지 해리슨(George Harrison), 아스트리드 커처(Astrid Kirchherr), 그리고 클라우스 부어만(Klaus Voorman)이 쓴 《Hamburg Days(Surrey: Genesis Publications, 1999)》에서 따왔다. 인용된 부분은 122쪽에 있다.

10. 로버트 W. 와이스버그(Robert W. Weisberg)는 비틀스의 연습 시간을 계산하고 그에 대해 논하고 있다. 로버트 J. 스타인버그(Robert J. Steinberg)가 편집한 《Handbook of Creativity(Cambridge: Cambridge University Press, 1999)》의 226~250쪽에 수록된 'Creativity and Knowledge: A Challenge to Theories'를 참조하라.

11. C. 라이트 밀스의 각주에 대한 인용은 〈the Journal of Economic History 5(December 1945)》의 20~44쪽에 수록된 'The American Business Elite: A Collective Portrait'에서 나온 것이다.

12. 〈포브스〉에서 선별한 인류 역사를 통틀어 가장 부유한 사람들의 전체 목록은 http://en.wikipedia.org/wiki/Wealthy_historical_figures_2008에서 찾아볼 수 있다.

13. 스티브 잡스가 빌 휴렛을 설득한 이야기는 리 부처(Lee Butcher)의 《Accidental Millionaire: The Rise and Fall of Steve Jobs at Apple Computer(New York: Paragon House, 1987)》에 실려 있다.

[3장 : 위기에 빠진 천재들]

1. 크리스토퍼 랭건이 등장하는 〈1 대 100〉 방영분은 2008년 1월 25일 전파를 탔다. 그의 인생 및 루이스 터먼에 관련된 훌륭한 정보는 다음 자료를 참조하라. 헨리 L. 밀턴(Henry L. Milton)의 책 《The Rise of Experimentation in American Psychology, ed. Jill G. Morawski(New Haven: Yale University Press, 1988)》 내용 중 'Charting Life History: Lewis M. Terman's Study of the Gifted' 부분. 그리고 조엘 N. 셔킨(Joel N. Shurkin)의 《Terman's Kids(New York: Little, Brown, 1992)》와 메이 시고(May Seagoe)가 쓴 《Terman and the Gifted(Los Altos: Kauffman, 1975)》. 헨리 코웰의 얘기는 시고의 책에서 따왔다.

2. IQ 검사의 한계에 대한 리암 허드슨의 논의는 《Contrary Imaginations: A Psychological Study of the English Schoolboy(Middlesex: Penguin Books, 1967)》에서 찾을 수 있다. 허드슨의 책은 대단히 재미있다.

3. 미시건 로스쿨의 연구 'Michigan's Minority Graduates in Practice: The River Runs Through Law School'는 리처드 O. 렘퍼트, 데이비드 L. 챔버스(David L. Chambers), 테리 K. 애덤스(Terry K. Adams)가 수행했으며, 〈Law and Social Inquiry〉 25, no. 2(2000)에 실렸다.

4. 터먼에 대한 피티림 소로킨의 반박은 《Fads and Foibles in Modern Sociology and Related Science(Chicago: Henry Regnery, 1956)s)로 출간되었다.

[4장 : 랭건과 오펜하이머의 결정적 차이]

1. 카이 버드와 마틴 J. 셔윈의 책 《American Prometheus: The Triumph and Tragedy of J. Robert Oppenheimer(New York: Knopf, 2005)》에 오펜하이머의 인생이 잘 나와 있다.

2. 로버트 J. 스턴버그는 실천적 지식과 인접 주제에 대해 광범위한 저술 작업을 해왔다. 전문적이지 않으면서도 읽을 만한 것으로는, 《Successful Intelligence: How Practical and Creative Intelligence Determine Success in Life(New York: Plume, 1997)》를 들 수 있다.

3. 당연한 말처럼 들리겠지만 나는 아네트 라루의 책을 좋아한다. 읽어볼 가치가 있으며 《Unequal Childhoods: Class, Race, and Family Life(Berkeley: University of California

Press, 2003)》에서부터 논의의 가닥을 잡아가면 좋을 것이다.

4. IQ에만 집중해서는 성공을 논하기 어렵다는 주장에 대해, 또 다른 훌륭한 논의를 찾아보고 싶다면 스티븐 J. 세시(Steven J. Ceci)의 《On Intelligence: A Bioecological Treatise on Intellectual Development(Cambridge, Mass.: Harvard University Press, 1996)》를 참조하라.

5. 그레첸 크뤼터(Gretchen Kreuter)는 터먼의 논의에 대해 정중하지만 정확한 비판을 가했다. 'The Vanishing Genius: Lewis Terman and the Stanford Study', 〈History of Education Quarterly〉 2, no. 1(March 1962): 618쪽에 수록되어 있다.

[5장: 조셉 플롬에게서 배우는 세 가지 교훈]

1. 스캐든 압스와 인수합병 문화의 역사에 대한 결정판은 링컨 카플란(Lincoln Caplan)이 쓴 《Skadden: Power, Money, and the Rise of a Legal Empire(New York: Farrar, Straus, and Giroux, 1993)》에 실려 있다.

2. 알렉산더 비켈의 부고는 1974년 11월 8일 〈뉴욕타임스〉에 실렸다. 그의 인터뷰 녹취록은 미국 유태인협회가 진행한 구술사 프로젝트에서 발췌되었고 뉴욕 공립도서관에 소장되어 있다.

3. 어윈 O. 스미겔은 뉴욕을 지배하던 '하얀 신발' 로펌에 대한 책을 썼다. 《The Wall Street Lawyer: Professional Organization Man?(Blooming-ton: Indiana University Press, 1969)》의 37쪽에는 그들이 선호하던 직원상이 기록되어 있다.

4. 루이스 아우친클로스(Louis Auchincloss)는 제2차 세계대전 이후 변화가의 로펌들이 겪었던 변화와 도전에 대해 그 누구보다 많은 책을 썼다. 인용문은 그의 책 《The Scarlet Letters(New York: Houghton Miflin, 2003)》의 153쪽에서 찾아볼 수 있다.

5. 대공황 기간에 사회적 하층민을 대상으로 하던 변호사들이 겪어야 했던 경제적 고난을 알고 싶다면, 제롤드 S. 아우어바흐(Jerold S. Auerbach)의 《Unequal Justice: Lawyers and Social Change in Modern America(Oxford: Oxford University Press, 1976)》의 159쪽을 참조하라.

6. 20세기 미국의 출생률 변동은 http://www.infoplease.com/ipa/A0005067.html에서 통계로 확인할 수 있다. 절구형 그래프가 낳는 효과는 리처드 A. 이스털린(Richard A. Easterlin)

의 《Birth and Fortune: The Impact of Numbers on Personal Welfare(Chicago: University of Chicago Press, 1987)》를 보라. H. 스콧 고든(H. Scott Gordon)은 캘리포니아 애너하임(Anaheim)에서 열린 서구경제연합회(Western Economic Association)의 연례모임에서 회장 취임사를 하였는데, 그 내용은 《On Being Demographically Lucky: The Optimum Time to Be Born》으로 출판되어 있으며, 절구형 그래프의 잘록한 부분에서 태어난 이점은 4쪽부터 잘 설명되어 있다. 인용된 내용은 31쪽에서 나온 것이다.

7. 유태인 변호사의 급부상에 대한 확실한 논문은 'The Rise and Fall of the WASP and Jewish Law Firms', 〈Stanford Law Review 60〉, no. 6(2008)의 1,803쪽을 참조하라.

8. 루이스에서 해롤드 H. 프리드먼(Harold H. Friedman)에 이르기까지, 보르게니시트 집안의 이야기는 《The Happiest Man: The Life of Louis Borgenicht(New York: G. P. Putnam's Sons, 1942)》에 수록되어 있다.

9. 19세기와 20세기 미국 이민자의 다양한 분포를 알고 싶다면 토머스 케스너(Thomas Kessner)가 쓴 《The Golden Door: Italian and Jewish Immigrant Mobility in New York City 1880~1915(New York: Oxford University Press, 1977)》를 보면 된다.

10. 스티븐 스타인버그의 《The Ethnic Myth: Race, Ethnicity, and Class in America(Boston: Beacon Press, 1982)》에는 유태인 이민자에 대해 훌륭하게 기술된 부분이 다수 등장하며 나는 이 책에 크게 빚지고 있다.

11. 루이스 팔카스의 조사는 퀸스 칼리지에 제출한 그의 박사학위 논문의 일부분이다. 〈Occupational Genealogies of Jews in Eastern Europe and America〉, 1880~1924(New York: Queens College Spring Thesis, 1982)

[6장: 켄터키주 할란의 미스터리]

1. 해리 M.카우딜은 켄터키의 아름다움과 험난함을 소개한 《Night Comes to the Cumberlands: A Biography of a Depressed Area(Boston: Little, Brown, 1962)》라는 책을 썼다.

2. 할란 카운티에 석탄광산이 생기면서 발생한 변화는 폴 프레데릭 크레시(Paul Frederick Cressey)의 논문 'Social Disorganization and Reorganization in Harlan County,

Kentucky', 〈American Sociological Review〉 14, no. 3(June 1949)의 389~394쪽에 기술되어 있다.

3. 터너-하워드 가문 사이의 피로 얽힌 분쟁은 다른 켄터키 분쟁과 함께 존 에드 피어스의 책 《Days of Darkness: The Feuds of Eastern Kentucky(Lexington: University Press of Kentucky, 1994)》 11쪽에 실려 있다. 그러한 분쟁을 인류학적 관점에서 다룬 논문으로는 케이스 F. 오터바인(Keith F. Otterbein)의 'Five Feuds: An Analysis of Homicides in Eastern Kentucky in the Late Nineteenth Century', 〈American Anthropologist〉 102, no. 2(June 2000)의 231~243쪽을 참조하라. J. K. 캠벨의 에세이 'Honour and the Devil' appeared in J. G. Peristiany (ed.), 《Honour and Shame: The Values of Mediterranean Society(Chicago: University of Chicago Press, 1966)》도 권할 만하다.

4. 스코틀랜드 아일랜드계 선조들이 남부에 자리 잡은 이야기는 미국의 초기 역사를 다룬 데이비드 해케트 피셔의 기념비적 저작 《Albion's Seed: Four British Folkways in America(Oxford: Oxford University Press, 1989)》의 652쪽을 참조하라.

5. 미국 남부지방의 유별난 살인 발생률과 그 범죄의 특이한 성격에 대해서는 존 쉘튼 리드의 책 《One South: An Ethnic Approach to Regional Culture(Baton Rouge: Louisiana State University Press, 1982)》를 참조하라. 특히 11장 'Below the Smith and Wesson Line'을 보라.

6. 남부인의 성향과 미시건 대학에서 행한 모욕 실험에 대한 반응의 원인을 역사적으로 찾는 연구는, 리처드 E. 니스벳과 도브 코헨의 《Culture of Honor: The Psychology of Violence in the South(Boulder, Colo.: Westview Press, Inc., 1996)》가 있다.

7. 레이몬드 D. 거스틸(Raymond D. Gastil)의 남부인의 성향과 미국의 살인 범죄 발생률과의 상관관계에 대한 연구는, 'Homicide and a Regional Culture of Violence'라는 이름으로 〈American Sociological Review 〉 36(1971): 412~427쪽에 수록되었다.

8. 코헨은 조셉 반델로(Joseph Vandello), 실비아 푸엔테(Sylvia Puente), 그리고 에이드리언 란틸라(Adrian Rantilla)와 함께 미국 남부-북부의 문화적 간극을 연구했다. 'When You Call Me That, Smile! How Norms for Politeness, Interaction Styles, and Aggression Work Together in Southern Culture', 〈Social Psychology Quarterly〉 62, no. 3(1999)의 257~275쪽을 참조하라.

[7장 : 비행기 추락에 담긴 문화적 비밀]

1. 미국 교통안전위원회는 민항기 사고를 조사하는 연방기관이다. 대한항공 801편 추락에 대한 보고서도 이곳에서 발행했다. 〈NTSB / AAR-00 / 01.〉을 참조하라.

2. 스리마일섬 발전소 사건에 대한 각주는 찰스 페로의 고전적 저작 《Normal Accidents: Living with High Risk Technologies (New York : Basic Books, 1984)》에 크게 의존하고 있다.

3. 일곱 가지의 실수가 사고로 이어지는 통계는 미국 교통안전위원회가 작성했다. 〈A Review of Flightcrew Involved Major Accidents of U.S. Air Carriers〉, 1978~1990 (Safety Study NTSB / SS-94 / 01, 1994)를 보라.

4. 아비앙카 52편의 대화 녹취록과 분석은 〈National Transportation Safety Board Accident Report AAR-91 / 04〉를 참조하라.

5. 우테 피셔(Ute Fischer)와 주디트 오라사누(Judith Orasanu)의 조종실 내 완곡어법 사용에 대한 연구는 〈Cultural Diversity and Crew Communication〉이라는 제목으로 1999년 10월 암스테르담에서 열린 제15회 항공학회 모임(Astronautical Congress)에서 발표되었다. 이것은 American Institute of Aeronautics and Astronautics에 의해 출간되었다.

6. 사고를 낸 플로리다 항공 기장과 부기장의 대화는 피셔와 오라사누의 두 번째 연구인 〈Error Challenging Strategies : Their Role in Preventing and Correcting Errors〉에서 인용되었다. 그 연구는 캘리포니아 샌디에이고에서 2000년 8월에 개최된 International Ergonomics Association fourteenth Triennial Congress and Human Factors and Ergonomics Society Forty-second Annual Meeting의 일부였다.

7. 국민성이 행동에 미치는 영향에 대한 공식적인 계측은 게에르트 홉스테드의 책 《Culture's Consequences : Comparing Values, Behaviors, Institutions, and Organizations Across Nations (Thousand Oaks, Calif. : Sage Publications, 2001)》에 실려 있다. 그가 102쪽에서 인용한 프랑스와 독일 공장의 비교는 M. 브로상(M. Brossard)과 M. 모리스(M. Maurice)의 연구 'Existe-t-il un mod?le universel des structures d'organisation?', 〈Sociologie du Travail〉 16, no. 4(1974)의 482~495쪽에서 재인용된 것이다.

8. 홉스테드 차원을 항공사 조종사들에게 적용한 결과는 로버트 L. 헬름라이히와 애슐레이 메리트의 논문 'Culture in the Cockpit: Do Hofstede's Dimensions Replicate?', 〈Journal

of Cross-Cultural Psychology〉 31, no. 3(May 2000)의 283～301쪽을 참조하라.

9. 로버트 L. 헬름라이히는 아비앙카 52편의 추락 사건에 대한 문화적 연구를 진행한 후 논문을 발표했다. 'Anatomy of a System Accident: The Crash of Avianca Flight 052', 〈International Journal of Aviation Psychology〉 4, no. 3(1994)의 265～284쪽을 참조하라.

10. 한국어의 간접적 화법을 미국식 영어와 대조한 연구로는 하와이 대학의 손호민이 쓴 논문 'Intercultural Communication in Cognitive Values: Americans and Koreans', 〈Language and Linguistics〉 9(1993)의 93～136쪽을 참조하라.

[8장: 아시아인이 수학을 더 잘하는 이유]

1. 쌀농사의 역사와 그 복잡함을 더 알고 싶다면 프란체스카 브레이의 《The Rice Economies: Technology and Development in Asian Societies(Berkeley: University of California Press, 1994)》를 읽어보라.

2. 아시아의 수 체계를 서구 언어의 그것과 비교한 연구는 스타니슬라스 데하네(Stanislas Dehaene)의 《The Number Sense: How the Mind Creates Mathematics(Oxford: Oxford University Press, 1997)》를 보면 된다. 그레이엄 롭의 《The Discovery of France(New York: W. W. Norton, 2007)》도 참조하라.

3. 쿵족의 안전하고 한가한 생활에 대해 자세히 알고 싶다면, 《Man the Hunter, ed. Richard B. Lee and Irven DeVore, with help from Jill Nash-Mitchell(New York: Aldine, 1968)》의 4장을 참조하라.

4. 유럽 농부가 한 해 일하는 날짜는 안톤 라보시어(Antoine Lavoisier)가 산출했고, B.H. 슬리처 반 바스(B.H. slicher van Bath)의 책 《The Agrarian History of Western Europe, A.D. 500～1850, trans. Olive Ordish(New York: St. Martin's, 1963)》에 인용되었다.

활동	쟁기질, 씨뿌리기	곡물 수확	건초 만들고 나르기	써래질	그 외 노동	종합
일한 날짜	12	28	24	130	12	206
전체 비중 (퍼센트)	5.8	13.6	11.7	63.1	5.8	100.0

5. 러시아 농부의 속담에서 드러나는 숙명론은 중국 농부의 자기확신과 대조된다. R. 데이비드 아르쿠시의 'If Man Works Hard the Land Will Not Be Lazy Entrepreneurial Values in North Chinese Peasant Proverbs', 〈Modern China〉 10, no. 4(October 1984)의 461~479쪽을 참조하라.

6. 학생들이 속한 나라의 TIMSS 성적과 그들이 설문지에 대답하는 비중 사이의 상관관계는 얼링 E. 보, 헨리 메이(Henry May), 제마 바카닉(Gema Barkanic), 그리고 로버트 F. 보루치(Robert F. Boruch)가 펜실베이니아 대학의 교육대학원에 소속된 교육과 사회정책연구소에서 작성한 논문, 〈Predictors of National Differences in Mathematics and Science Achievement of Eighth Grade Students: Data from TIMSS for the Six-Nation Educational Research Program〉을 참조하라. 그 논문은 2002년 2월 28일 다시 게재되었다. 결과를 보여주는 그래프는 9쪽에서 확인할 수 있다. 그동안의 TIMSS 시험결과는 미국 국립교육통계청의 웹사이트 http://nces.ed.gov/timss/에 있다.

7. 프리실라 브링코의 연구는 'Task Persistence in Japanese Elementary Schools'라는 제목으로 Edward Beauchamp, ed., 〈Windows on Japanese Education(New York: Greenwood Press, 1991)〉에 실렸다.

[9장: 마리타에게 찾아온 놀라운 기회]

1. 〈뉴욕타임스〉에 실린 폴 터프(Paul Tough)의 기사 'What It Takes to Make a Student(November 26, 2006)'는 정부의 'No Child Left Behind' 정책이 가져온 결과를 검토해보고, 성취도 차이가 나는 이유를 탐색하며 KIPP같은 대안학교가 낳은 효과를 살펴보고 있다.

2. 케네스 M. 골드의 《School's In: The History of Summer Education in American Public Schools(New York: Peter Lang, 2002)》는 미국 학사력의 뿌리에 대해 예기치 않게 놀라운 사실을 가르쳐준다.

3. 여름방학의 영향에 대한 칼 L. 알렉산더, 도리스 R. 엔트와일(Doris R. Entwisle), 그리고 린다 S. 올슨(Linda S. Olson)의 연구는 'Schools, Achievement, and Inequality: A Seasonal Perspective'라는 제목으로 〈Education Evaluation and Policy Analysis〉 23, no. 2(Summer 2001)의 171~191쪽에 수록되었다.

4. 더 많은 국가간 자료 비교를 보고 싶다면 마이클 J. 바렛(Michael J. Barrett)가 쓴 《Atlantic Monthly(November 1990)》의 78쪽 'The Case for More School Days'를 참조하라.

[에필로그: 자메이카에서 온 이야기]

1. 윌리엄 M. 맥밀런은 《Warning from the West Indies: A Tract for Africa and the Empire (U.K: Penguin Books, 1938)》의 2판 서문에서 이 책이 불러온 반향에 대한 공포심을 드러내고 있다.

2. 자메이카 백인 지배층의 성적 학대와 끔찍한 처벌을 자세히 알고 싶다면, 트레버 버나드 (Trevor Burnard)의 《Mastery, Tyranny and Desire: Thomas Thistlewood and His Slaves in the Anglo-Jamaican World(Chapel Hill: University of North Carolina Press, 2004)》를 참조하라.

3. 미국 남부에서는 찾아볼 수 없는 혼혈 유색인종에 대해서는 도널드 L. 호로비츠의 논문 'Color Differentiation in the American Systems of Slavery', 〈Journal of Interdisciplinary History〉 3, no. 3 (Winter 1973)의 509~541쪽을 참조하라.

4. 1950년대 자메이카 내에서 피부색 계층마다 달라졌던 인구와 고용통계는 레너드 브룸 (Leonard Broom)의 논문 'The Social Differentiation of Jamaica', 〈American Sociological Review〉 19, no. 2(April 1954)의 115~125쪽에 실려 있다.

5. 가족 내에서 피부색에 따른 차별이 발생하는 것은 페르난도 헨리크(Fernando Henriques)가 쓴 'Colour Values in Jamaican Society', 〈British Journal of Sociology〉 2, no. 2(June 1951)의 115~121쪽을 참조하라.

6. 영국에서 흑인으로 살아간 조이스 글래드웰(Joyce Gladwell)의 경험은 《Brown Face, Big Master(London: Inter-Varsity Press, 1969)》에 실려 있다. 이것은 훌륭한 책이다. 강력히 추천 한다. 물론 이 추천에는 약간의 편견이 개입하고 있다.